JN122759

Oral Proficiency Interview

テスティング、教育、研究に生かす

鎌田修・嶋田和子・三浦謙一 編著
牧野成一・奥野由紀子・李在鎬 著

はじめに

コンビニで働く留学生はもちろん、ホテル、工場、役所、テレビのニュースやお笑い番組等、さまざまな場面で日本語を母語としない人たちが日本語でコミュニケーションを行っているのを見かけない日はありません。そして、その人たちの日本語の能力というと、ただ習い覚えた決まり文句しか使えないレベルから、日本語の母語話者と区別できないようなレベルまで千差万別なものであることに容易に気づきます。しかし、そのような人たちの会話能力のレベルを客観的に示すとなると、そう簡単にはいきません。どのようにその人たちの日本語を採集し、どのような基準のもとで、どう測定、どう評価するのか、決して一筋縄で片づくものではありません。一見、文法的に正確で発音もよいにもかかわらず、少し質問するとまったく答えられない人もいれば、逆に、少々発音が悪くても、また、文法的に間違いがあっても、しっかり受け答えのできる人たちもいます。立派な教育機関で何年も学習したのにそれがまったく役に立たないケースから1、2年で問題なく話せるレベルに達するケースまでさまざまですが、そのような学習時間や学習環境と関わりなく、身についた能力が本書のキーワードである「プロフィシェンシー」というものであり、その口頭面の能力をインタビュー方式で客観的に測定、評価するのがOPI（Oral Proficiency Interview）です。

実は、本書は2001年に出版された『ACTFL-OPI入門』（アルク）が絶版になったのを機に執筆メンバーを再編成し、新たな体制のもとOPIの理論と応用についてより詳しく、また、最新の情報と研究成果を採り入れた入門書として完成させたものです。OPIが世に出て、30年以上経ち、その間、OPIの理論、構造はまったく変わっていないものの、プロフィシェンシー・ガイドライン（能力評価基準）は2度改正され、また、何よりもインターネットを利用したテクノロジーが驚異的に発展、私たちの言語教育に多大な影響を与えています。本書はこれらの変遷をしっかりとらえ、2012年のプロフィシェンシー・ガイドラインの改正と同時に出版された『2012年OPIテスター養成マニュアル』(*2012 ACTFL Oral Proficiency Interview Tester Training Manual*、非売品）に準拠した形で構成を試みました。また、読者の理解をより深めるため各章にタスクを設けたのも新たな特徴の一つです。以下、本書の構成について説明します。

まずは序章（牧野成一）にてOPIの全貌を示し、そもそもOPIとは何か、OPIで測る会話能力とは何かについて基本的理解を試みます。次に第1部（第1章：鎌田修、第2章：三浦謙一）ではOPIの構造、会話能力評価基準、インタビューによる発話サンプルの抽出法とその判定の仕方について解説します。続く、第2部（第1章と第2章：嶋田和子、第3章：奥野由紀子、第4章：李在鎬）では、まず、日本語の教育現場におけるOPIの理念の活用について具体的な実践例を紹介します。さらに、OPIが教師の育成にとってどれほど貴重な知恵を提供するかについて述べます。また、第3章では、この20年ほどの間に蓄積された膨大な量のOPIデータを活用した第二言語習得研究の成果について述べ、第4章でコーパス化されたOPIデータをコンピュータを使ってどのように処理するのか、そのノウハウの基礎を具体的に示します。最後に本書の最終章（三浦謙一）として、時系列的にOPIの発展過程を示し、その将来的な広がりと深まりについて述べます。

OPIはACTFL（米国外国語教育協会）が開発したものですが、日本の伝統的スポーツである相撲の精神や茶道でよく言われる「一期一会」に通じるところがあります。何時間学習したか、誰に習ったか、どんな教科書で習ったかなどということはその人の外国語能力を直接示すものではありません。そのような二次的、三次的な要因は一切横に置き、今置かれている現実の生活場面（土俵や茶室）において、どれほど、そして、どのように日本語を介した言語行動や活動が行えるか、つまり、言語運用に関する「実力」をインタビューによって調べるのがOPIなのです。これからテスターになろうと思っている方はもちろん、OPIを研究の対象にしようと思っている方も、まずは序章から入り、最終章に至るまでそれぞれの章に与えられたタスクをこなしながらしっかり「真の実力」をつけてくださることをお願いします。

目次

序章　OPIを知ろう（牧野成一）　002

❶はじめに：OPI への序奏　002
❷OPI のレベルの判定をするのに、
どんな基準を使うのか？　007
❸OPI のインタビューの構成は起承転結？　013
❹判定可能なサンプルの抽出法　016
❺OPI の日本語教育へのインパクト　021

第1部　OPIの理論と実践を学ぶ

第1章　OPIのすがた（鎌田修）　028

❶はじめに　028
❷OPIにおける口頭能力とは　029
❸OPIの枠組み、構造　035
❹OPIの判定尺度（rating scale）　040
❺OPIの評価基準（assessment criteria）　050

第2章　OPIのインタビューを学ぶ
―インタビューと判定の留意点―（三浦謙一）　060

❶はじめに　060
❷OPI の構成　060
❸判定の仕方　067
❹各レベルのインタビューにおける留意点　072
❺おわりに　084

第2部　OPIを教育、研究に生かす

第1章　教育現場に生かすOPI
—試験開発と教材開発を例として—（嶋田和子）　088
❶はじめに　088
❷会話試験としての有効活用　089
❸会話試験開発に生かす　098
❹教材開発に生かす　109
❺おわりに　118

第2章　教師の成長を支えるOPI
—教師が変われば、授業が変わる—（嶋田和子）　122
❶はじめに　122
❷評価する力が養える 〜学習者の力をタテ軸で評価できる〜　123
❸質問力が養える 〜授業のカギは、教師の引き出す力〜　128
❹対話力が養える 〜答えが一つではない楽しさ！〜　134
❺教室での学びと実生活をつなげる力を養える
〜実践が豊かになる〜　136
❻自己教育力が養える 〜振り返りが成長を助ける〜　141
❼おわりに　147

第3章　研究に生かすOPI
—OPIデータが語る日本語の習得過程—（奥野由紀子）　152
❶はじめに　152
❷第二言語習得研究におけるOPIの活用　153
❸社会・文化的アプローチによる研究へのOPIの活用　167
❹学習者をとりまく環境に着目した縦断的OPIデータの分析　170
❺まとめ　182

第4章　研究に生かすOPI
—コーパス化とその活用—（李在鎬）　186
❶はじめに　186
❷OPI コーパスができるまでに　186
❸OPI コーパスの構築　190
❹OPI コーパスを使ったレベル判定の検証　204
❺まとめ　207

終章　OPIの過去、現在、未来（三浦謙一）　210

❶はじめに：ACTFL-OPI の誕生と歴史　210
❷ACTFLプロフィシェンシー・ガイドラインと
ナショナル・スタンダーズ　221
❸ACTFLプロフィシェンシー・ガイドラインを
もとにしたその他のアセスメント　225
❹OPI の現在と今後の見通し　233
❺おわりに　243

おわりに　246
索引　248
著者プロフィール　253

序章　OPIを知ろう

日本語が話せるって何でしょう。

そして、それを、測定、評価するって何でしょう。

それに答えるのがOPI。まずは、全貌を眺めてみましょう。

序章　OPIを知ろう

牧野成一

❶ はじめに：OPIへの序奏

口頭能力のテストは日本語を教えている機関ならほとんどどこでも行われていますが、日本語教師や日本語教育機関はより汎用性の高い口頭能力テストを強く求めています。その要望に応えてくれるのがAmerican Council on the Teaching of Foreign Languages（米国外国語教育協会, ACTFL）Oral Proficiency Interview（OPI）です。OPIは口頭能力がどのレベルに達しているかを測るためのインタビュー方式のテストです。

1.1　ACTFLについて

ACTFLは1967年にアメリカで設立された大変大きな学会で、会員数は2019年現在12,500人を越えています。会員は初等から高等教育機関に至るまでの外国語教育者および言語学と応用言語学（特に第二言語習得理論）の研究者および実践者です。毎年11月に開かれる年次総会には3,000人以上の会員が出席して研究発表、ポスターセッションなどが行われています。例えば2018年は11月22日から24日にかけてニューオリンズで行われ、その前の21日にいろいろなOPI関係の会合を含む、ワークショップが開かれました。

ACTFLは1968年より学会誌*Foreign Language Annals*という論文集を年に4度発行し、外国語教育に関連する学術研究に貢献しています。

1.2　OPIはどのようにしてできあがったか

それまで国務省に属するForeign Services Institute of the U. S. Department of State（アメリカ合衆国国務省外交局, FSI）の外国語教育者と外国語教育の研究者たちと政府機関をつなぐ外国語研究会のInteragency Language Roundtable（省庁間言語円卓会議, ILR）は口頭能力の基準を完成しました。ACTFLは大学関係者を中心とする学識経験者らが専門委員会を発足させ、特に大学機関での外国語教育のための評価基準として *ACTFL Provisional Proficiency Guidelines*（ACTFL暫定版プロフィシェンシー・ガイドライン）を、そして1986年に完成版として発行し、それに基づいたOPIが実施されるようになりました。日本語教育と日本語学を専門にしている筆者もOPI完成間近に非インド・ヨーロッパ語を代表して一部参加し貴重な経験をしました。その当時は、政府機関（ILR）と大学機関の代表が6～7名参加して長時間口頭能力の基準を検討したのです。OPIが拡大進行する過渡期でした。

OPIの評価基準とそれに基づくテスト法は、再び専門委員会の検討を経て、1999年に「第2版」、さらに改訂が進み、2012年に「第3版」が発行されました。ここで紹介するOPIの内容はこの最新の改訂版のOPIの評価基準と『OPI テスター養成マニュアル』（*ACTFL Oral Proficiency Interview Tester Training Manual*, 以下「マニュアル」）に基づいています。このマニュアルはOPIのテスターを希望する人々のワークショップのためのもので、参加者だけに配布されています。本項のテーマは「OPIが生まれるまでの経緯」ですが、ここでは日本における第1回のOPIテスター養成のためのワークショップのことに少し触れておきます。

OPIワークショップが最初に東京のアルクで行われたのは1990年3月1日～4日で、そのときのトレーナーはキヨ・ヤマダ・スティーブンソン（アメリカ政府機関代表）と筆者でした。トレーナーが入れ替わり、現在の日本でのワークショップは、筆者以外に鎌田修トレーナー（南山大学）、嶋田和子トレーナー（アクラス日本語教育研究所）によって実施されています。ワークショップ参加者の定員は原則として1回につき10名で、2016年には第100回目のワークショップが開催され、その後も回を重ねています。1991年の拙稿「ACTFLの外国語能力基準およびそれに基づく会話能力テストの理念」『世界の日本語教育』第1号（pp.5-22）が日本語で書かれたOPIに関する最初のものでした。

1.3 OPIはインタビュー？

OPIのOはOral で「口頭の（オーラル）」という意味です。焦点は聞くことでも読むことでも書くことでもなく、話すことだという意味です。

OPIのPはProficiency の Pで、今や日本語教育者の間ではカタカナ語にして「プロフィシェンシー」と呼ばれています。しかし、プロフィシェンシーとはなんでしょうか。技能が関わるものは別に外国語だけでなく、音楽、工芸、料理、スポーツなどいろいろあります。そして必ずそれに携わる人の技能に差があります。特定の基準によって技能がどこに到達しているかがプロフィシェンシーで、日本語としては「熟達度」と言ってよいでしょう。

日本語学習者のプロフィシェンシー・レベルは上から順に見ると、卓越級（Distinguished）、超級（Superior）、上級（Advanced）、中級（Intermediate）、初級（Novice）のようなレベル分けになっています。これではあまりにも荒っぽいレベル分けになるので、さらに、上級から初級までは下位レベルが「-上」「-中」「-下」という下位区分があります。例えば、「中級-上」「中級-中」「中級-下」という具合です。しかし、これ以上細分化していくことはしません。あとで詳しく触れますが、一番上の「卓越級」は「教養高く、考えを巧みに話せる言語使用者」（educated and articulate users of the language）の口頭能力にきわめて近いレベルですが、このレベルは2012年の評価基準に加えられたレベルで、具体的にそのレベルをどのようにテストすべきかは準備されていません。

OPIのI はInterviewで、これは「インタビュー」です。どうしてOPT（TはTestのT）と言わないで「インタビュー」と呼ぶかというと、普通の「テスト」と違ってできるだけ自然な形でのインタビュー方式をとるからです。しかし、なんと言おうと、OPIはプロフィシェンシーを測るテストなのです。このテストがアチーブメント・テストとどう異なるかを知ることによってOPIのテストの性格が浮き彫りになります。このことを考えながら読みつづけてください。

ところで、マスコミの職業としての「インタビュアー」は何かの話題についてその道の専門家から聞き出し、それを記事やテレビ番組にまとめます。インタビュアーはインタビューをしている相手からできるだけ多くの情報を引き出すのが目的です。OPIでも、インタビュアーはできるだけ多くの情報を被験者から引き出さなければなりません。ただし、OPIの場合は被験者からある特定の専門的な知識を引き出すことを目的とはしていません。これは卑見ですが、OPIは「取材内容」として、被験者がそれまでどんな人生を過ごしてきたのか、どんなものの見方をする人なのかを、相手に共感を示しながら、かつ相手の気持ちを傷つけずに探ることではないかと思います。「人生を取材する」などと言うのは被験者の口頭能力レベルが低い初級レベルの場合はおおげさな言い方かもしれませんが、レベルが低くても、それなりに荒削りな形で、あるいは、ときによっては俳句のような深遠な形で、被験者の人生が見えてくるものだと思っています。ただし、読者の中には、そうか、被験者の人生を聞き出せばよいのかと思う人がいるかもしれませんが、それだけではOPIではなくなってしまいます。もしそれでよければ本書のようなOPIに関する入門書は不要でしょう。

ここでOPIの暫定的な定義をしておきます。あとでその改良版を出します。

> OPIとは、外国語学習者の口頭能力の熟達度を、汎言語的能力基準を参照しながら対面のインタビュー方式で判定するテストである。

OPIはたしかに口頭能力のレベルを判定するテストですが、被験者がインタビュアーの言うことを聞き取れなければ会話は進まないのですから、レベルが低ければ低いほど、聴解能力のレベルが問題になります。レベルが上級かそれ以上になると、抽象概念を表す高度な漢字を含む語彙が読めないと抽象的な内容の話ができないというのが私の考えです。例えば、新聞が読めないと時事問題を適確に議論できないということがあります。4つの技能の中で書く能力は口頭能力ともっとも関係が薄いと思いますが、それでも超級と卓越級の日本語使用者は論文などを適切な日本語で書ける人が多く、日本語としてわかりやすく発話をまとめて自分の考えを伝えることにも秀でているのではないかと思います。話す能力はほかの3つの能力と交差する部分があることも知っておくべきでしょう。OPIの卓越級の記述の中に「このレベルの話しことばは、たいてい、書きことばの様相を呈している」と明記されています。OPIのレベルがほかの3つの能力とどのように関係しているかは大変おもしろい問題だと考えます。

1.4 プロフィシェンシー・テストとアチーブメント・テストはどう違う？

OPIはプロフィシェンシー・テストですが、アチーブメント・テストと比較することによってその性格が浮き彫りになります。

広辞苑(第6版)によるとアチーブメント・テストという用語は1949年から高校入試を対象に使われはじめ、「学習到達度を客観的に検査、測定するもの」となっています。この解釈だとプロフィシェンシー・テストと同じではないかという疑問が出てきます。

では、プロフィシェンシー・テストとアチーブメント・テストの決定的な違いはなんでしょうか。下に両者の違いをはっきりさせる表をつけておきます。

表1 アチーブメント・テストとプロフィシェンシー・テスト

		アチーブメント・テスト (学習到達度テスト)	プロフィシェンシー・テスト (実力テスト)
(a)	テストの内容/目的	学習したこと。	日本語を使って何ができるか。
(b)	テストの範囲	決まっている。	決まっていない。
(c)	テストの準備	比較的短時間にできる。	短時間にできない。
(d)	テスト結果の評価	点数化が容易。100点満点で100点が取れる。	点数化が困難。幅のあるレベル(例えば、中級-中)という判定が出る。
(e)	テストの種類	偏差値。相対評価型。ほかの学生と結果が比較される。	基準中心・絶対評価型。ほかの学生との比較に基づかない評価。

(f)	テストの頻度	頻繁に施行可能。	半年とか1年という、かなり長い期間をおいて施行される。

❷ OPIのレベルの判定をするのに、どんな基準を使うのか？

2.1　OPIの判定尺度の捉え方

話す熟達度を測る尺度 (rating scale) がどうなっているかと言うと、次頁の図1のような逆ピラミッド型になっています。ただ、これをワイングラスに見立てるためワインの脚部を加えました。ワイングラスにしたのは筆者のアイデアではありませんが、初級のレベルではワインの分量が一番少なく、したがって比較的容易に初級の上のレベルに達することができます。しかし、上のレベルに行くにしたがってワインの量が急激に増えていき、一つひとつの主要境界 (major border) を越えるのに時間がかかります。ワインはタスクの複雑さ＋量のメタファーなのです。

すでに触れた一番上の卓越級はこれには入っていません。たしかに卓越級は文化的に適切な形で意見を述べることができるし、文化や歴史にちなんだ表現を用いることによって簡潔に話すことができるし、書きことばに似た話し方もできます。しかし、現在のところACTFLではテスターは「卓越級」の判定は不要だとしています。

ところで、初級・中級・上級と聞くと、日本語の先生方はいわゆる1年生、2年生、3年生、4年生等の日本語のレベルを頭に浮かべるに違いありません。しかし、OPIの熟達度のレベルは日本語を教えている機関のレベルとは無関係だと考えてください。実生活におけるコミュニケーション能力と言えるでしょう。

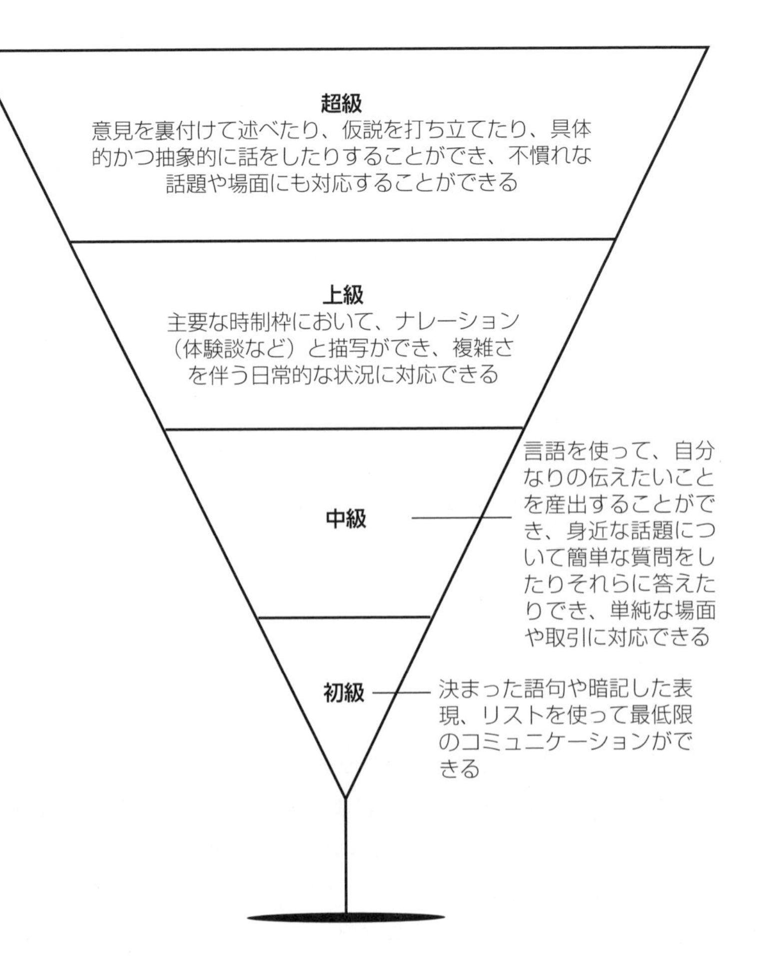

図1　ACTFL 判定尺度における主要レベルを示す逆ピラミッド

（『マニュアル』p.9）

2.2　各主要レベルの判定基準

ここまではOPIのレベル判定の尺度について説明してきました。ここからは判定基準(assesment criteria)について説明したいと思います。まず主要レベル、つまり初級、中級、上級、超級に判定される基準について述べたいと思います。卓越級の基準はありますが、そのレベルの判定は下さないという現在のACTFLの意向にしたがい、ここでは詳説しません。-上、-中、-下の下位レベルについてはあとで詳しく見ていくことにします。

OPIの根底にある考え方はコミュニカティブ・アプローチ(Communicative Approach)がそうであるように、言語を伝達の道具として捉えています。ですから、OPIのレベル別の基準は言語の使用者が各レベルで言語をどの程度、道具として使えるかというタスク達成の能力基準となっています。一つひとつのレベルについてACTFLの基準は詳しく文章で綴られています。その日本語訳がACTFLのオンライン情報[注1]に出ています。ただし、それをいきなり読んでも、木を見て森を見ずということになるので、基準の骨子をまとめたものを下の表2に出しておきます。まずはそれを見てください。

表2-1　正確さ

	文法	語彙	発音
超級	基本文法に間違いがない。低頻度の文法には間違いがあるが伝達に支障は起きない。	語彙が豊富。特に漢語系[注2]の語彙を駆使できる。	誰が聞いてもわかる。母語の痕跡がほとんどない。
上級	統括された複段落で話せる。	漢語系の抽象語彙の部分的コントロールができる。	外国人の日本語に慣れていない人にもわかるが、母語の影響が残っている。
中級	高頻度の文法はかなりコントロールされている。	具体的で身近な基礎語彙が使える。	外国人の日本語に慣れている人にはわかる。
初級	語・句のレベルだから文法はないに等しい。	わずかの丸暗記した基礎語彙や挨拶ことばである。	母語の影響が強く、外国人の日本語に慣れている人にもわかりにくい。

注1　http://www.ACTFL.org/publications/guidelines-and-manuals/ACTFL-proficiency-guidelines-2012/japanese

注2　『ACTFLプロフィシェンシー・ガイドライン2012年版』では個別言語の特性について触れないことになっているが、ここでは、あえて、1986年のガイドラインにしたがい日本語の特性を取り上げた。

表 2-2　正確さ (つづき)

	社会言語学的能力	語用論的能力 (ストラテジー)	流暢さ
超級	くだけた表現も、かしこまった表現もできる。	ターンテイキング、貴重な情報のハイライトの仕方、間のとり方、あいづちなどが巧みにできる。	会話全体が滑らか。
上級	主なスピーチレベルが使える。敬語は部分的コントロールだけ。	あいづち、言い換えができる。	時々つかえることはあるが、一人でどんどん話せる。
中級	常体か敬体のどちらかが使える。	あいづち、言い換えなどに成功するのはまれ。	つかえることが多いし、一人で話し続けることは難しい。
初級	暗記した待遇表現だけ ができる。	語用論的能力はゼロ。	流暢さがない。

[表 2-1、2-2、2-3 は牧野 (1991) を
ACTFL (2012) の基準 に沿って改訂した]

表 2-1、表 2-2 は各熟達度レベルで発話がどのぐらい正確なのかを示すものです。「正確さ」は発話そのものを形成する「文法」「語彙」「発音」「社会言語学的能力」「語用論的能力 (ストラテジー)」「流暢さ」がどれほど「正確」に聞き手に「理解され得るか」という判定に立っています。それ以外にも「総合的な知力と知識力」も情報の正確さと密接な関係にあると思いますが、ACTFLは「正確さ」は上記 6 つの要素からなっていると考えています。この 6 つのレベルが総合的に上がるのに応じてインタビュアーが被験者の話す日本語がわかる程度 (理解度) は高まります[注3]。

表 2-3では熟達度に応じて機能・総合的タスク (Global Task)、場面・内容とテキストタイプがどうなっているかを示しています。「機能」と「タスク」ということばが使われていますが、ACTFLは同義語として

注 3　英語では“Accuracy/Comprehensibility”という用語になり、聞き手に理解される度合いが高ければ高いほど、その話者の発話は正確であるという意味が表されています。言うまでもなく、それは発音だけでなく、文法、語彙などのレベルにも言えるわけです。

使っているので、言語を使って何ができるかというように考えればよいでしょう。テキストタイプ(型)というのは発話で使う日本語の形が何なのかということで、簡単に言えば、初級、中級、上級、超級の学習者はそれぞれ表出するテキストの型から見ると「単語的人間」「文的人間」「段落的人間」「複段落的人間」だということです。テキストの型の「段落」は文相互の関係がない文の羅列文ではなく、適切な接続詞で文が統括的につながっている文の集合体を指しています。比喩を使うと、羅列文はスライド・ショーのように、段落はビデオの映像のように流れていきます。中級の典型的な被験者はスライド・ショーはできますが、ビデオの映像のように話すのは難しいレベルです。それは上級に属する発話構造です。

表 2-3　レベルの判定基準（骨子）

	機能・総合的タスク	場面・内容	テキストの型
超級	具体的にも抽象的にも話せて裏付けのある意見が言える。仮説が立てられる。不慣れな状況に対応できる。	フォーマル、インフォーマルな場面で、一般の関心をひいている話題と興味のある特別の話題、専門的な話題。	複段落
上級	詳しい説明・語りができる。予期していなかった状況、あるいは交渉に対応できる。	ほとんどのインフォーマルな場面とフォーマルな場面の一部。個人的な話題と一般的な話題。	段落
中級	自分が伝えたいことを話したり、答えたりできる。ごく普通の状況や交渉ができる。	インフォーマルな場面の一部。自分の身の回りに関連した予測可能な身近な話題。	文
初級	決まり文句や暗記した語句やリストを使って最小限の伝達ができる。	普通のインフォーマルな状況。日常生活のごくありふれた内容。	単語、かたまり

2.3　下位レベルの判定基準

1.3 で触れたように、OPIの主要レベルは上から超級、上級、中級、初級の4つがあり、トップの2つ以外は-上、-中、-下の3つの下位レベルがあります。

それでは、どうやって下位レベルを決めるのかという判定の大事な部分を説明しましょう。一般に「～の上」は主要境界のすぐ上のレベルの特徴を半分以上持っています。しかし、そのレベルを「維持できない」レベルです。被験者が「～の上」のレベルの場合、一つ上のレベルのタスクをするように突き上げられると、そのレベルのタスクをかなりのところまで遂行できますが、完全ではなく、正確さ、流暢さが落ちたり、母語の統語法とか語彙が顔を出したりといったさまざまな「言語的挫折」が出てきます。「～の中」はそのレベルの遂行能力は完璧ですが、主要境界のすぐ上のレベルの遂行度は2、3割という感じです。あくまでも問題なく維持できるレベルがその被験者の今のレベルになるわけです。「～の下」というのは、そのレベルの必須条件をぎりぎり維持するために言語能力を出し切っているレベルです。一つ上のレベルに突き上げられると、ほとんどできないレベルと言えます。

ここで、話を具体的にするために、「中級-上、-中、-下」の場合を考えてみましょう。「中級-中」というのは典型的な中級のレベルですから、中級の基準に出ている特徴を常に維持できるレベルです。インタビュアーはこのレベルを決めるために何回も確認のためのサンプルを集めます。「挫折」しないレベルはどこかという精査をしなければなりません。「中級-中」の話者は、総合的タスクとしては日常的なサバイバルのタスクを遂行できますが、外国人の日本語に慣れていない日本人にはわかってもらいにくいレベルです。それでは一つ上の「中級-上」のレベルはどうかというと中級のタスクは問題なくできますが、主要境界を越えた上級のタスクとなると、先述したように、遂行できることはあっても、維持できません。例えば、上級の話者は詳しい説明や語りができますが、「中級-上」の話者は、詳しい説明や語りが半分以上できますが、話題によってはできません。つまり上級の典型的なタスク能力がまだ身についていないのです。「中級-下」はサバイバルの基本はできていますが、上級話者のように具体的な話題についてはほとんど話すことができません。

❸ OPIのインタビューの構成は起承転結？

ACTFL-OPIは、被験者の外国語を話す能力のフロア（下限）とシーリング（上限）を決めて被験者のレベルを判定することを目的にしているので、それを効率よく実行する仕組みと判定の方法をシステム化しています。まず全体の構成ですが、次のようなステップになっています。

ウォームアップ → レベルチェック ⇄ 突き上げ (probe)
→ ロールプレイ → 終結部

以下、構成部分を一つずつ説明します。

3.1 ウォームアップ

「導入部」では、テスターは次の2点をすべきです。⑴あとで使える話題を3つ～5つ集めて記憶しておく。⑵この数分の導入部は、被験者にとって日本語の口慣らしとインタビューの方式に慣れるチャンスになります。かける時間は初級レベルでは短く、その上のレベルでは3分～5分を使います。テスターができるだけ被験者をリラックスさせるような雰囲気づくりと同時に基本的な身辺情報を得る時間帯です。

3.2 レベルチェックと突き上げ

レベルチェックと突き上げは全体の構成でわかるように「反復過程」です。レベルチェックではリラックスして話せる下限を決めますが、そのあと突き上げをして上限を決めなければ判定はできません。たいていの場合、もう一度レベルチェックに戻るという反復過程になります。もし下限が間違っていて修正をしなければならないときはまた突き上げをすることになります。

例えば、どうも下限は中級でないかと思っていたのに、上級への突き上げをしたところ、話題（例えば、好きなアニメのあらすじ）に関して詳しく話せることがわかり、下限を上級にして下限を確実にするレベルチェックをします。被験者からすると、突き上げは一番大変で、「言語的挫折」が起こることがあります。

3.3 ロールプレイ

構成を見るとわかるように、ロールプレイは終結部の直前に行われます。マニュアルでは、「初級-上」から「上級-中」までは必ずしなければならないことになっています。

筆者の経験では90％以上の被験者はロールプレイが何かわかっていますが、もしわからないときは「ミニ・ドラマです」と言えばわかります。ロールカードはACTFLが準備したものがあり、それを使うことになっています。なお、ロールプレイを始める前に2人がどのロールをするかの分担をはっきりさせておくことが肝心です。

ロールプレイを行う理由は2つあります。一つはその前の会話・対話ではつかめないタスクができるかを確認するレベルチェックのためで、もう一つは突き上げのためです。ロールプレイが終了したときは終了したことをはっきり告げなければなりません。それをしないと、そのあともロールプレイのつもりで話しつづける被験者が出てくるからです。

以下に初級用、中級用、上級用のロールプレイの例を一つずつ挙げておきます。

[中級用ロールプレイ]

友だちから週末のパーティーに来ないかという電話がありました。いつ、どこでパーティーがあるかなどについて、いくつか質問をしてください。私はあなたの友だちです。

[上級用ロールプレイ]

友だちから借りた車で軽い事故を起こしてしまいました。友だちに電話をして事故のことや解決法について話してください。私はあなたの友だちです。

超級用のロールプレイは一般には使いませんが、複雑な敬語体系をもつ日本語は超級用に「普通体」と「丁寧体」の区別ができるかどうかを調べるためのロールプレイを行います。日本語の超級用のロールプレイでは被験者の待遇表現能力、つまり、常体（ウチ関係にある人に対して使うくだけたスタイル）ばかりでなく、敬体（ソト関係にある人に対して使う改まったスタイル）、とりわけ、敬語（丁寧語、尊敬語、謙譲語）も使えるかどうかを精査しなければなりません。しかし、日本語OPIにおいても2015年コンピュータで行うOral Proficiency Interview by Computer (OPIc) が出てきたことにより、今後こうした超級用のロールプレイについても再検討が必要となります。これまで行われてきた超級用ロールプレイは次のようなものです。

[超級用ロールプレイ]

A:あなたは日本の大学院で日本史の博士号を取りました。今は日本のある大学の講師です。博士論文の指導教官である恩師の山田教授を講演に招待したいと考えています。
このことを山田先生に電話してください。私は山田先生です。

B:ロールプレイAのつづきです。山田先生があなたの大学に講演に見えることを親しくしている幼なじみの友人に伝えてください。私はあなたの幼なじみです。帰りの道でばったり会い、いつものように友だちことばでこのことを伝えてください。

もし常体か敬体かどちらか一つしかできない場合は、それだけで超級と判定せず、上級-上という判定を下すことになります。厳しいようですが、日本の社会に入り込んで仕事をするためには常体と敬体の両方が使えることは不可欠だからです。

3.3 終結部

終結部では被験者が無理なく話せる言語レベルに戻し、達成感を与えることが目的で、最後に簡単な挨拶をして被験者に感謝をして終わります。

❹ 判定可能なサンプルの抽出法

本節では、どうしたら判定可能なサンプルを抽出できるか、その効果的な方法は何かということについて詳しく見ていきたいと思います。そのようなサンプルの抽出法をまとめると、次のようなものがあります。「すべきこと」の最後に挙げた (8) は筆者の 1991年からの経験に基づいたものです。

[テスターがすべきこと]

(1) OPIはテストではあるが、より自然な会話・対話方式で進めること
(2) 被験者の言うことに強い興味と共感を示すこと
(3) その場、その場でぴったりする「質問の型」をうまく使うこと
(4) 一つのレベル内で、話題をできるだけ豊富にすること
(5) レベルを上げるときは既出の話題をらせん状に下から上に持っていくこと
(6) 被験者の沈黙の意味をすばやく読み取ること
(7) レベルチェックと突き上げを十分に行って、下限と上限をはっきり決めること
(8) 日本語教師としての習性を捨てて、「普通の」日本人になること

上にリストした点について少し説明を加えておきます。(1) ですが、OPIはテストであり、被験者はそのつもりでインタビューに臨みます。とりわけ初級、中級だろうと思われる被験者にはテスターはできるだけテスト性をなくして、自然な会話モードでOPIを運ぶことが大切です。矢継ぎばやに、まるで尋問をするように質問を被験者に浴びせかけてはいけません。できる限り自然な会話体でにこやかに会話を進めると被験者は力を出し切ってくれると思います。

(2) ですが、テスターが被験者の話すことに強い関心・共感を示せば、被験者はもっとその話題について話したい気持ちになります。特に被

験者が自分の趣味（例えばバード・ウォッチング）について話すときには、「とてもおもしろい趣味ですねえ。私も鳥を見るのが大好きです。どこでバード・ウォッチングをするんですか。」など、被験者がどんどん話してくれる応答をすることで判定を助ける発話を抽出できるのです。インタビュアーが普段の生活でもさまざまなことに興味と知的好奇心を持ち、しかも、会話の運び方がうまいことがテスターとしての基本的な必要条件でしょう。かく言う筆者もOPIのおかげで日常の自分の会話の運び方を見直すことができたと思います。

⑶では、「質問の型」ということばをはじめて使いました。一体いくつ質問の型があると思いますか。たいていはYes/No Question、Wh-疑問文と付加疑問文の3つぐらいを考えますが、OPIでは下のように、なんと8つの質問の型を考えます。

⑴ はい/いいえ疑問文（Yes/No Question）
例：「アニメをよく見ますか。」

⑵ 選択疑問文（Choice Question）
例：「スポーツはするのが好きですか、それとも見るのが好きですか。」

⑶ 事実や情報を求める疑問文（Fact and Information Question）
例：「どうして日本に来ましたか。」

⑷ イントネーション疑問文（Intonation Question）
例：「今日テニスする？」

⑸ 付加疑問文（Tag Question）
例：「今日は暑いですね。」

⑹ 丁寧な依頼　（Polite Requests）
例：「あなたの町について詳しく話してください。」

⑺ 前置き型疑問文（Prelude Question）
例：「さっき写真を撮るのが趣味だと言いましたよね。詳しく説明してください。」「東京は空気がきれいですよね。あなたの国の空気はどうですか。」

⑻ 仮説質問（Hypothetical Question）

例：「今日本は核保有国ではありませんが、防衛のために核保有国にしようという政治運動が起きたらどのような展開になるでしょうか。」

この中で ⑴ の「はい/いいえ疑問文」、⑵ の「選択疑問文」と ⑷ の「イントネーション疑問文」はその答えだけでは被験者が本当にわかって答えているかどうかはわかりません。答えを聞いたら、テスターは必ず ⑶ の「事実や情報を求める疑問文」を使って確認する必要があります。⑸ の付加疑問文はテスターに「今日は暑いですね」と言われたときに「暑いですね」と同じ付加疑問文を使えるかどうかは共感表現の能力を表すということも知っておくべきでしょう。⑹ の「丁寧な依頼」はテスターが被験者から情報を得るのに大事な依頼表現です。⑺ の「前置き型疑問文」は一つ目の例のように、OPIのはじめのほうで被験者が言ったことを前置きにして使うこともできるし、2つ目の例のように、新しい質問だが、いきなり質問するとわかりにくいので、前置きをつけて質問をするという型です。⑻ の「仮説質問」は上級-上か超級レベルの質問で、被験者の意見を抽出するのに有効です。

次は「すべきこと」の ⑷ と ⑸ をまとめて説明します。テスターは同じレベルの中で話題をできるだけ発展させることで効果的な抽出ができます。言い換えると、話題を変えるときは同じレベルでしなければならないということです。レベルを変えるときは話題を変えないで話題をらせん状にレベル・アップすべきです。例えば、中級の話題として、被験者が趣味として日本映画を観ることだと言ったら、上級への突き上げには、その話題をそのまま使って、今まで観た日本映画で一番好きな映画は何かを尋ねてそのあらすじを語らせるということになります。なお、レベル別の話題は次のようなものです。

表３　レベル別の話題例

超級：	専門的内容、社会問題（例えば、少子高齢化の問題）、国際問題（例えば、テロリズムの問題）、などソト的な話題。
｜｜	
上級：	職場、学校、趣味に基づく余暇活動、社会での出来事、衣食住文化などの話題。
｜｜	
中級：	自分のこと、家族、自分の家、自分の国や町や観光名所、学校、趣味、日常生活など、ウチ的な話題。

下限を決めるときに中級はウチ的な話題について文を使って答えることが自由にできること、上級ではウチ・ソト的な話題について詳しく段落を使って説明が難なくできること、超級ではソト的な話題で、まず (a) 裏づけのある意見を言う　(b) テスターはこれに反論する　(c) それに対してテスターが仮説を含む再反論をしても超級話者はそれに応じて答えるという、「トリプルパンチ」を超級とおぼしき話者に行うことが大事です。

(6) ですが、被験者が黙ってしまうと、間髪を入れず、「じゃあ、いいですよ」と言って次の質問にすぐ移るテスターがいます。しかし被験者からすると、もうちょっとテスターが待ってくれれば発話できたかもしれないのです。下のレベルの学生を落胆させないように「待つ」ことが大事です。(7) は非常に大事です。なぜならば、楽に話せる下限とコミュニケーションに破綻が起きる上限を決めなければ、正確な判定はできないからです。最後の (8) は、日本語教師としての習性を捨てて、「普通の」日本人になることです。日本語の教師の習性のようなものから脱却しなければならないということです。その習性の中には第1に、テスターが正確さにこだわりすぎてしまうことです。たしかにレベルを判定するときには「正確さ」は大事です。しかし、2.2 で説明したように、日本語教師は正確さの要素である「文法」「語彙」「発音」「社会言語学的能力」「語用論的能力」と「流暢さ」の6分の1の「文法」の正確さに敏感です。例えば、「は」と「が」の基本的な使い方を間違うと、こんなことが正しく使えないようでは初級に違いないといった判断を下しがちです。OPIはあくまでも外国語を使ってどれだけタスクが遂行できるかに焦点を合わせていることを忘れてはいけません。第2の習性として、とりわけ海外で日本語を教えている先生方は被験者の母語がわかり、普通の日本人には通じないことばを理解してしまう傾向があります。特に英語が母語の学習者は日本語がわからないときにカタカナ語化してしまい、教師も英語がわかるからそれを許してしまいます。教師の習性を捨てて、普通の成人になって虚心坦懐に被験者の日本語を聞かなければなりません。第3に、日本語教師は使っている教科書を基準に日本語能力を測る傾向があります。しかじかの教科書を終わっていれば、こうした文法語彙、タスク練習をしているはずだから、日本語の実力はこれぐらいだろうというようなことを考えてしまいます。OPIによる能力測定（プロフィシェンシーの測定）はどの教科書を使って第何課までやったといったこととは無関係です。第4として「ティーチャートーク（teacher's talk）」と言ってよいような日本語教師独特の話し方は避けなければなりません。OPIのテスター養成のワークショップ中に、上級か超級の被験者に「ティーチャートーク」をつかうテスターはいませんが、初級か中級の被験者に対して文節ごとにポーズを置いて不自然なほどゆっくり話すテスターがいます。このような不自然なインタビューも避けるべきです。

[テスターがすべきでないこと]

テスターとしてすべきでないことは主に5つあります。

(1) タブーのような微妙な話題、相手を傷つけるような話題を取り上げないこと
(2) OPI中にノートを取らないこと
(3) さまざまな話題を出すことはよいが、次から次へ目まぐるしく変えないこと
(4) インタビュー中に被験者の日本語について評価しないこと
(5) OPIそのものについて話さないこと

(1) は、話題にするのを避けたほうがよいのは、政治的な問題とか、

宗教上の問題などです。(2) では、テスターがノートを取りながらインタビューをすれば、自分の間違いを書きとめ、減点されるのではないかなど、不必要な緊張感を与えるので避けるべきだという指摘です。(3) は説明不要でしょう。(4) では、OPIのはじめのほうで日本語の学習歴、使った日本語の教科書のことなどを聞いたり、OPIの終結部で被験者の日本語の能力について評価してはいけません。ただし、非公式（アドバイザリー）OPIでは、OPIが終わって録音したインタビューを聞いた上で非公式の判定結果を伝えるのは構いません。(5) は、被験者の中にはときどきOPIそのものについて聞きたがる被験者がいますが、そのような質問が出ないように、OPIの被験者にそのような情報をあらかじめ印刷物で伝えておくとよいでしょう。

本節までで、OPIとは何なのか、OPIを通して学習者の日本語の口頭能力のプロフィシェンシー・レベルをどうやって測るかという中核の問題について、その概略を説明しました。

5 OPIの日本語教育へのインパクト

おそらく読者の中にはすでに自身が実施していた口頭能力のテストと比較して、その違いを強く意識された人もいると思います。本節では、OPIが実際の日本語教育にどのようなインパクトを与えるかについて「口頭能力の目標設定」、カリキュラムと教授法、教室内での口頭能力教育を中心に考えていきたいと思います。

5.1 口頭能力の目標設定をしてみよう

会話能力のアセスメントは、OPIでなくても各機関が編み出した基準に基づいて数値で表すなどしていると思います。その多くの場合、学習者がどんなプロセスで会話能力を伸ばしているかは測れません。その点で、OPIは汎言語的能力基準に基づいているため、外国語の口頭能力のプロフィシェンシーがどうやってタテの時間軸で伸びていくか、個々の機関で目標を立てることができます。「汎言語的」というのは、ACTFL-OPIの基準は特定の言語のために作成された基準ではないということです。このような基準を使って日本語であれヒンディー語であれ、アラビア語であれ、それぞれの言語の口頭プロフィシェンシーの到達目標を時間軸で設定するのです。例えば、1学年2学期で24週のプリンストン大学（Princeton University）の例を紹介します。教室で学ぶ時間は、日本語の1年生、2年生、3年生は週5時間、4年生は週4時間、5年生は週3時間で、OPIのプロフィシェンシーの到達目標は1年生、2年生、3年生は年間120時間の教室学習でそれぞれ、OPIの「初級-上」「中級-下」「中級-中」という目標設定を2000年度から使っています。4年生は年間96時間で「中級-上」、5年生は年間72時間で「上級-下」を目標にしています。この目標は非公式のOPIを学生に行うことによって目標設定の調整が必要です。さらに目標は各機関の教育の質、学習者の質、教材の質などさまざまな因子で変わってきます。プリンストン大学では1年生と2年生が終わると金沢で2000年から続いているPrinceton-in-Ishikawa（PII）という2カ月の夏期日本語・日本文化の集中講座に参加します。そこではいろいろな大学から来ている総数約50名の学生が全員ホームステイをしながら2カ月勉強します。プリンストン大学で日本語を勉強している学生は約100名いますが、その中から毎夏12～15名が参加しています。アメリカに戻って、日本語の3年生と4年生を続けるのですが、クラスだけではなく、ホームステイで生きた会話を学んでいるので、PIIに参加しなかった学生よりも秋学期のはじめのOPIのレベルが、少なくとも一段階高くなります。

5.2 OPIのための教材と教育法はあるのか

OPIとの関連ではどんな教材がよいでしょうか。考えてみてください。教材がプロフィシェンシーを志向するものの場合、OPIとの相乗効果が出やすいと思いますが、教師がプロフィシェンシー志向の教育（proficiency-oriented instruction）の基本を知っていれば、どんな教科書でも学習者の到達度を考えながら日本語教育をすることはできるでしょう。OPIの基準を思い出してください。もし使用中の1、2年生用の教材がそれほど「タスク・機能」中心でない場合はどうやってタスク・機能中心にするかを考えるべきです。レベルごとの具体的なタスクがわかっているのですから、その能力をできるだけ速いテンポで進める方略をとればよいのです。正確さについても同じです。逐一ここでくり返しませんが、OPIの基準に合った教材の改善や新しい開発も教育者の知力だけではなく、想像力と創造力に大きくかかってきます。

日々のクラス内の教育ではOPIの［導入部］→［レベルチェック］⇔［突き上げ］→（［ロールプレイ］）→［終結部］というインタビューの流れはおおいに参考になります。毎日の授業はOPIのように数カ月、あるいは半年、1年の学習後に受けるOPIテストとは違います。しかし、50分授業でもいきなり新しいことに取り組む前に導入部で学習者全体がわかるような日常の出来事などから入っていくことは大事でしょう。次に今まで学習した下限を確認する復習の部分とそれを越えた新しい表現などを教えます。そのときに学習者がすでに知っていることがらに絶えず戻ることが大切です。既習のことと未習のことを断絶して教えるのではなく、既習事項をうまく使って新規の課題に入っていく教え方をOPIの構成から学べると思います。例えば、新しい文法項目として受身文を教える場合に、いきなり文法説明から入るのではなく、受身が使われるような状況をロールプレイで演じさせ、そのあと、「実は、受身文を使うと日本語としてはもっと自然になるよ」と言ってから新規の文型を導入するというタスク先行型の教育法が示唆されます。ロールプレイでさまざまな活動を演じさせ、そこで新たな学習課題を認識させた上で新規の文法項目を導入するという方法です。

筆者は学生に非公式のOPIをする前にOPIの英語版の能力評価基準（ガイドライン）を読ませて自分の日本語の口頭能力がどのあたりのレベルかを自分で判定させたことが数回あります。実際にOPIをやってみてからその自己判定と筆者の判定を比べるとおもしろいことがわかりました。同じクラスの学生でも日本語のいわゆる成績が高い学生の自己判定は筆者の判定と合致している確率が高く、低い学生は実際のOPIの判定より高かったり、低かったりしていたのです。学習者に現時点の自分の話す能力を自覚させるためにもガイドラインを読ませて自己判定をさせることは意味があると思います。

ところで、外国語能力は口頭能力だけではありません。ACTFLには聞く能力、読む能力、書く能力のガイドラインもオンライン情報として公開されています。日本語訳もあるので見てみてください[注4]。1.3で触れたように、OPIによる能力評価は4つの技能の連携からなされています。それぞれが同じバランスで最終的に熟達度が決まるものとしてACTFLのガイドラインはできあがっていますが、それほど単純ではなさそうです。さらに、筆者は文化能力が話す能力と密接につながっているという考えを発表したことがあります(牧野, 2003, 2015)。ACTFLの卓越級の記述では、卓越級の話者は自身の発話をあたかも布地のように文化的に適切な形で「裁断」できなくてはならないと書かれています。ACTFLのガイドラインには文化能力は記述されていませんが、「言語も文化だ」という視点を持って、「言語文化」と「非言語文化」の密接な関わりを分析していかないと、言語能力の総体はつかめないと思います。この問題については牧野(2003)を参照してください。

OPIのテスターになるためには判定可能なOPIができるということが必要ですが、それができるようになるためには、普段の母語での会話・対話で聞き上手であることが必須ではないかと思います。OPIに則して説明すると、被験者に話を合わせるということです。テスターには聞きたい話題があるわけですが、その話題は被験者とのインターアクションを行いながら、被験者に合わせて選ぶわけですから、どの被験者にも同じ話題ということはあり得ません。とりわけ低いレベルの被験者には共感をもって接することが大事です。「ああ、それはおもしろいですね」とか「私もそんなことがありましたね」とか言いながらできるだけ被験者も乗ってくるような共感のことばが必要です。一番悪いのはテスターがしゃべりまくることです。このことは母語の会話・対話でもまったく同じだと思います。

被験者と話しはじめるOPIの導入部はごく普通の日常的な会話モードで始まるので被験者の熟達度はわかりませんが、この短い導入部が終わり、被験者に則した質問をして被験者が容易に話せる下限を決めるころから熟達度の大枠がわかるようになります。テスターは低いレベルの被験者に高いレベルの質問をしたり、逆にかなり高いレベルの

注4　http://www.ACTFL.org/publications/guidelines-and-manuals/ACTFL-proficiency-guidelines-2012/japanese

被験者にいつまでもやさしい日常会話をしたりしてはいけません。上級なら上級の下限がどこかを見定め、もし上級だとわかったら超級への「突き上げ」をしなければなりません。テスターは被験者とただ楽しみながら会話をするだけではレベル判定はできないのです。被験者の下限を決め、上限を決めなければそのOPIは判定不能になります。そのためにはテスターはやさしい笑みを失わず、同時に心を鬼にして「突き上げ」をしなければなりません。

1.3に挙げたOPIの仮の定義を次のように書き直し、序章を終わりとします。

> OPIとは、外国語学習者の口頭能力の熟達度を、一般的な能力基準を参照しながら対面のインタビュー方式で被験者の口頭能力の上限と下限を見極め、安定した能力判定を見いだすテストである。

参考文献

鎌田修・嶋田和子・迫田久美子（編）(2008).『プロフィシェンシーを育てる ―真の日本語能力をめざして―』凡人社.

鎌田修・嶋田和子（編）(2012).『対話とプロフィシェンシー』凡人社.

牧野成一 (1987) .「ACTFLの外国語能力基準とアメリカにおける日本語教育」『日本語教育』61号, pp.49-62. 日本語教育学会.

牧野成一 (1991).「ACTFL言語能力基準およびそれに基づく会話能力テストの理念と問題」『世界の日本語教育』1号, pp.5-22. 国際交流基金.

牧野成一・鎌田修・山内博之・齋藤眞理子・荻原稚佳子・伊藤とく美・池﨑美代子・中島和子 (2001).『ACTFL-OPI入門―日本語学習者の「話す力」を客観的に測る』アルク.

牧野成一 (2003).「文化能力基準作成は可能か」『日本語教育』118号, pp.1-16. 日本語教育学会.

牧野成一 (2008).「OPI、米国スタンダード、CEFRとプロフィシェンシー」鎌田修・嶋田和子・迫田久美子（編）,『プロフィシェンシーを育てる ―真の日本語能力をめざして―』pp. 18-39. 凡人社.

牧野成一 (2015).「OPIは口頭能力をどうやって測るのか。さらに、OPIでは文化能力は測れるのか」『日本語教育研究』pp.1-35. 一般社団法人　長沼言語文化研究所.

第1部　OPIの理論と実践を学ぶ

そばから見ていると

とてもテストをしているとは見えないのがOPI――。

しかし、その奥にはしっかりとした理論と

それに基づいたインタビュー構成がなされています。

その理論とは、そして、それを実践して

客観的な評価をめざす会話テストを行うとは何でしょう。

さあ、ドアを叩いて中に入っていきましょう。

1 OPIのすがた

鎌田修

1 はじめに

この章では、これからOral Proficiency Interview (OPI) を試してみようと考えている日本語、あるいは、英語などの語学教育に携わる人を対象に、OPIの本質とその構成をわかりやすく説明します。まず、もっとも大切な点、つまり、OPIがその測定の対象としているOral Proficiency (口頭能力) とはいったい何を指しているのかを明らかにします。次に、それはどのような枠組み (方法や構造) で測定されるのかを説明します。さらに、そのようにして集められた発話データをどのような判定尺度 (ものさし) で測るのか、また、その測定に際し分析の対象となる発話データの評価基準について学びます。

以上をまとめると、次のような課題に答えることが本章の目的です。

(1) OPIが対象とする口頭能力とは何か。
(2) それを示す発話データはどのような枠組みで収集するのか。
(3) 収集した発話データはどのような判定尺度で測定するのか。
(4) 収集した発話データにどのような評価基準を用いてレベルの判定を下すのか。

本論に入る前に、一点、注意を要する事項があります。本章が拠り所としている文献ですが、それはOPIのテスター養成に使われ、また、テスターとして資格取得後も随時参照を必要とされる『OPIテスター養成マニュアル』(*ACTFL Oral Proficiency Interview Tester Training Manual*)と呼ばれるものです。OPIが今のように普及する40年ほど前、*ETS Oral Proficiency Testing Manual* (1982) (『ETS口頭能力テスティングマニュアル』) という資料が発行されました。それも、TOEFL

等の大規模な公的テストの作成で有名なEducational Testing Service (ETS) から発行されたため、大きな影響力をもちました。当時の口頭能力測定基準は暫定的 (ACTFL Provisional Proficiency Guidelines) なもので、それに沿ったOPIとテスター養成が行われていましたが、その後、著作権もテスト研究機関であるETSから学会活動団体であるAmerican Council on the Teaching of Foreign Languages (米国外国語教育協会, ACTFL) に移譲され、それと同時に、「暫定版」ではなく「完成版」としての*ACTFL Oral Proficiency Guidelines 1986* (ACTFLプロフィシェンシー・ガイドライン1986年版) が生まれました。また、それにともない*The ACTFL Oral Proficiency Interview Tester Training Manual* (1989) が発行される運びとなりました。さらに、1999年と2012年の測定評価基準の改定にともないテスター養成マニュアル1999年版、テスター養成マニュアル2012年版 (Swender & Vicards, 2012) も発行され、日本語にも翻訳されています。あいにく、これらは市販されていないため読者の皆さんの目には届きにくいのが現状ですが、そのことを考慮してできるだけわかりやすく説明をしていきたいと思います。

2 OPIにおける口頭能力とは

ここではまず、そもそもOPIが対象とする口頭能力とは何かについて述べます。次に、それをプロフィシェンシー (proficiency) と呼ぶゆえんについて述べます。コミュニケーション能力やアチーブメントとの違いを示し、OPIの基本概念であるプロフィシェンシーの意味を探ります。

2.1 そもそも口頭能力とは

口頭能力とは何かと聞かれて、書く能力とか、あるいは、読む能力と答える人はいないでしょう。しかし、OPIテスターの養成を長年経験していると、話す能力を測定しているにもかかわらず、「お名前は漢字でどう書くのですか？」とか、「スペリングを教えてください」などと、ついつい日常よくやる「癖」をインタビューの中でもしてしまう人 (テスター候補者) がいます。あるいは、被験者が英語母語話者の場合、

「"What do you do every morning?" は日本語で何と言いますか」などという翻訳問題を与えたりする人もいないわけではありません。とりわけ、被験者の日本語の口頭能力が低い場合、話せるテーマを探すのに困窮し、ついつい、このような「初級レベル」の「学習項目」を頭に浮かべ、それを日本語で言わせてみるということはよくあることなのです。実際、コミュニケーション能力の向上が語学教育の目的だと言われてかなりの年月になる今日においても、会話能力のテストと言うと、あらかじめ用意しておいた会話文を暗唱させたり、あるいは、いくつかの文型を事前に与え、それを使った文を口頭で作らせたりというケースがないわけではありません。もちろん、これらのどれをとってもOPIが測定の対象とする口頭能力を指すとは言えません。この点についてテスターマニュアルは1982年から2012年の間に何度も改訂が試みられましたが、OPIで対象とする口頭能力とは何かという根本的な課題についてはなんら修正・変更もなく、一貫して、以下のように定義づけられています。

> OPIは、話し手の機能的な言語能力を評価するものである。それは言語能力とは現実生活において効果的かつ適切に使用する能力であるという観点から言語パフォーマンスを評価する。
> "The OPI is an assessment of a speaker's functional language ability. It assesses language performance in terms of the ability to use the language effectively and appropriately in real-life situations."
> （『テスターマニュアル 2012』p.1　下線は筆者による）

ここで下線を施した「機能的な言語能力」とは、言い換えれば、「伝達（コミュニケーション）の道具としてのことばを通して現実生活におけるもろもろの活動を遂行する能力」となるでしょう。「機能的」とは「形式的ではなく実質的な」という意味合いで、挨拶をはじめ、買い物、人前でのスピーチ、ディベート、交渉等と実にさまざまな現実生活における活動を単にその形式を知っているというのではなく、実質的にこなせる能力というわけです。いわゆる、「できる」(Can-do statements)能力に該当するものです。

さらに、「効果的かつ適切に」とあるように、当該の活動が行われるコンテクスト(文脈、人間関係など)に適した形で運用されなければなりません。公的な場面、私的な場面、あるいは、目上の人との会話なのか、気心の知れた幼なじみとの会話なのかという社会言語学的概念である「ポライトネス」(Brown & Levinson, 1987)に関わる能力も機能的言語能力と言えます。

2.2 OPIとプロフィシェンシー

前項で述べたことをふまえると、OPIがいわゆる筆記テストに使われるような「~は英語で何と言いますか」といった翻訳型の質問や「レストラン( )食べましたか」といった穴埋め問題など言語そのものに関する知識(メタ知識と言われるもの)を直接問うものではないということもわかるでしょう。むしろ、より自然に発話される、その人のもっとも根源的な口頭面における言語運用能力を調べるのがOPIの目的です。また、なんらかの理由で日本語を第二言語として学ぶ人を一般に「日本語学習者」と言いますが、ここで述べたプロフィシェンシーの概念からすると、むしろ「日本語使用者」、あるいは、さらに厳密に言うと「日本語運用者」の能力を調べるのがOPIの目的だと言えます。

かつては一般的であった文法偏重の時代からコミュニケーション能力を重要視する現代に移る過程において、文法知識があるだけではなく、それをいつ、どこで、どのように使えるかを問題にすべきだということが強調されるようになりました。OPIの開発は1950年代、1960年代の米国において広く「蔓延」していた教養主義としての文法翻訳法では、アメリカ国民の外国語能力はいっこうに伸びないという危機感から生まれたものです。実際、そのような改革は『危機に瀕した国家:必然的教育改革』(*A Nation at Risk: The Imperative for Education Reform*)という報告書(1973)に記されているように、国家政策の一部として実施されるようになったという経緯があります。それが引き金となり、全米的な改革として外国語教育はより高い運用能力を養うべきだという「プロフィシェンシー志向の教育」(proficiency-oriented instruction) が唱えられるようになり、1996年には『21世紀の外国語学習スタンダーズ』(*National Standards for Foreign Language Learning: Preparing for the 21st Century*) として、全米の外国語教育に対するスタンダード（指針）が示される域にまで達しました (Omaggio Hadley, 1986, 1993, 2001)。

これまでの説明でOPIが現実生活における機能的言語能力の評価をめざしているということはよく理解できたことと思います。また、そのような言語能力観が米国の外国語教育の改革につながり、より高い運用能力を備えた外国語話者を育てる教育をめざす指針が生まれたことも確認しました。ここでは、そのような背景にあるプロフィシェンシーという概念についてもう少し深く考察し、それに類似した用語であるコミュニケーション能力とどう違うのかを探り、それから、テスト用語であるアチーブメントとの違いについても考えたいと思います。

前にも述べたように、私たち人間が必要とする言語能力は文法能力だけではありません。現実の生活場面において適切に、そして、効果的に使用する能力、つまり、コミュニケーションを行う能力こそが重要だと言えます。たいていの場合、コミュニケーションには対話者がともない、適切で効果的に他人との関わり合いを持つ能力が必要だと言えるでしょう。自分とは異なる他人と関わるということは、そこになんらかの擦り合わせ、つまり、交渉が必要になります。したがってコミュニケーション能力とは、単に文法能力を備えているというだけではなく、コミュニケーションの行われる場面、話し相手との社会的関係、さらにどのような方略を用いて目的を達成するのかなど、たいへん動的（ダイナミック）なものであるとの指摘が多くの研究者によってなされています (Hymes, 1972)。同様にプロフィシェンシーという概念も言語能力とは動的なものであるという点においてコミュニケーション能力と同じ考えに立ちます。では、これら2つの概念の違いはいったい何なのでしょう。この点に関して牧野 (2001) は「縦軸志向」という表現を用いてその差異を指摘しています。つまり、プロフィシェンシーという概念には「熟達度、堪能度、習熟度」等の訳語にうかがえるように、言語能力にはその程度（高い、低い）を示す要素があり、語学教育はより高い能力を縦軸的に志向すべきだという含みを持ちます。一方、コミュニケーション能力という概念には「測定、評価」という点は含まれていません。

このようにプロフィシェンシーという概念が言語能力(コミュニケーション能力)には高低があることを前提にしているのには、もう一点、重要な意味が含まれています。それは言語能力は測れるものだという前提に立っていることです。プロフィシェンシーがテスト用語で、アチーブメントと対立する側面があると考えられる以上、測定の対象とする能力をどのような観点で測定するのかも示す必要があります。この点に関して、『テスターマニュアル』は次のように端的な表現でOPIが対象とするプロフィシェンシーはアチーブメントとは根本的に異なるものであるとうたっています。

> OPIはあるコースやカリキュラムの特定の内容に関する習得を測るアチーブメント・テストではない。あるいは、あらかじめリハーサルをしたものを発表させるテストでもない。また、その話者が、いつ、どこで、なぜ、そして、どういう環境でその言語を学んだかということともまったく関係がない。
> "…The OPI is not an achievement test assessing a speaker's knowledge of various aspects of course and curriculum content. Nor is the OPI a test of rehearsed performance. Nor does it matter when, when, why, and under what conditions a speaker learned the language."
> (Swender, 2012, p.1, 下線、訳とも筆者)

上の文は、OPIは当該の話者の学習背景や学習環境とはまったく関係のない、その話者の「実力」がプロフィシェンシーだという宣言です。どんな教師から、どんな教材で、どのように、また、国内で学んだのか、海外で学んだのか、最近なのか10年前なのかなどという要素とはまったく関係のない「実力」だと宣言しています。さらに、プロフィシェンシーのレベルを示すACTFL Proficiency Guidelines (ACTFLプロフィシェンシー・ガイドライン、『プロフィシェンシー・ガイドライン』)は"proficiency"とは何かということについて、次のように記述しています。

ACTFLプロフィシェンシー・ガイドラインは現実世界の生活における即時的で、かつ、リハーサルをした上のものではない場面において、話す、書く、聞く、読む技能面の言語使用を通して各人何ができるかを記述したものである。
"The ACTFL Proficiency Guidelines are descriptions of what individuals can do with languages in terms of speaking, writing, listening, and reading in real-world situations in a spontaneous and non-rehearsed context."

(Swender, 2012, p.i, 訳は筆者による)

ここで興味深いのは「即時的で、かつリハーサルをした上のものではない場面」("spontaneous and non-rehearsed context") という言い方です。つまり、生身の人間そのものの、その発話時点におけるダイレクトな言語使用を記述するというわけです。「何が即時的で、何がリハーサルをした上のものではないのか」「純粋に即時的な行為やリハーサルをしていない行為等が本当に存在するか」「もしそれが存在するとしても、それらを非即時的でリハーサルをした上の場面とどう区別するのか」「そもそも現実世界の生活とは何か」等、深い問題を抱えた疑問が残りますが、ここで言われているプロフィシェンシーとは、発話時における生身の人間の「声」そのものを記述しようとしたものだと言えるでしょう。

これらのことから判断し、OPIが対象とする口頭能力とは次のようにまとめられるでしょう。

OPIが対象とする口頭能力とは現実の生活において経験する活動を口頭面で効果的、かつ、適正に遂行できる能力を指す。さらにその能力には高低で示せるレベル差があり、その記述は発話時におけるその話者の即時的で、かつ、リハーサルをした上のものではない「生」の声、つまり、その話者の「実力」として表される。

タスク 1

あなたが受けてきた外国語教育はどのような考えに基づいていたものでしょう。それは「プロフィシェンシー」の考えからするとどのように評価されるでしょう。

❸ OPIの枠組み、構造

前節で見たようにOPIが対象とする口頭能力は、現実生活における測定可能な言語能力であり、その話者の「生」の声としての「実力」を示すものでなければなりません。それはいったいどのような枠組みでどのようにして判定するのでしょうか。それが本節の課題です。

テスターマニュアルはこの点について次のように述べています。

> OPIは、発話の上限・下限[注1]のパターンを見極めることによって言語を包括的に測定する総合評価である。
> The OPI is a global assessment that measures language holistically by determining patterns of strength and weakness.
> (Swender & Vicars, 2013, p.2, 訳は筆者による)

つまり、口頭能力は「強い部分を示す「フロア(下限)」と「弱い部分」を示す「シーリング(上限)」からなり、そのパターンを見極めることにより総合的な評価が可能になるということです。OPIは最長30分という時間設定を行い、その時間内にテスターは被験者に必要な限りの課題を与え、その過程において最高の実力を発揮させ、能力の上限と下限を見極め、能力評価を行うという方法をとります。

OPIは30分以内で完了する山登りにたとえることが可能です。どんなスポーツでもそうであるように、OPIにおいても、まずはウォー

注1　英語では "strength and weakness" となっているため、「長所・短所」という訳語が与えられたようですが、その意味するところは「安定して強固なところと不安定で軟弱なところ」つまり「上限・下限」と訳す方が妥当で、ここではそちらにしました。

ムアップを行い、話を開始する体勢を整えます（ときにはラジオ体操も！）。最初は緩やかな坂から登りはじめ、徐々にレベルを上げ、被験者の様子を見ながら、レベルを上げたり、下げたりしながら会話を続けるわけです。最後はまた緩やかな坂に戻り、平地へと降りて、被験者に別れを告げるという、きわめて常識的な会話の手順を踏んで一連のインタビューを終えます。一見、手順は簡単でも、どうやって「上限」と「下限」を示す発話サンプルを得るのか、どうやって被験者の「生」の声を示す発話を得るのか、そして、その過程においてどうやって最大限の「実力」を発揮させるのか。生身の人間の真の口頭能力を示す発話を引き出すという課題はそれほど簡単ではありません。

OPIがどういうものであるかを知るのに一番よい方法は、とにかく、一度会話テストを試みてみることでしょう。あれこれ理屈を言う前に、みなさんの周りにいる留学生、あるいは、同じ職場で仕事をしている日本語非母語話者がいれば、ぜひ、その人と最長30分の面接テストを試みてください。のちほど詳しく見るように、プロフィシェンシーの考えからしても、とにかくやってみるという姿勢が大切なのです。日本語が流暢な人が相手ならしっかり会話の主導権を握られ、とめどなく話されてしまうかもしれません。一方、日常生活に事欠かないほど日本語ができる人でも、能力が低いと、すぐ話に詰まり、会話がちっとも先へ進まず30分が1時間に感じられたりするものです。これでは、どちらのケースもその人の会話能力を測ったということにはなりません。

筆者は1996年に仲間（川口義一、鈴木睦）とともに『日本語教授法ワークショップ』（凡人社）という本を編纂し、そこで取り上げられている教授法の実際を示すためのDVDもあわせて出版しました。そこで紹介したOPIの動画を見ていただくと中級レベルのOPIがどういうものであるのかよくわかると思いますが、ここではそれを四コマ漫画にして説明します。これまで使った用語とは少し異なるものがありますが、「レベルチェック」は下限探し、「突き上げ」（probe）は「上限探し」に該当し、意味するところは同じです。

［OPIの構造］

⑴ ウォームアップ：簡単な挨拶などでウォームアップをし、その間に簡単な会話ができるかどうかを確かめる

⇩

⑵ レベルチェック：容易なタスクを与え、被験者が楽に話せる下限レベルを探す

⇩⇧　・・・細部チェック：

「維持レベル」が判明するまで、さまざまなテーマで上限探しと下限探しをくり返す

⑶ 突き上げ：難易度の高いタスクを与え、被験者が話すのに困難を示すレベルを探す

⇩

⑷ ロールプレイ：インタビューとは異なるモードにおけるタスクをロールプレイとして与え、それまでの仮判定の検証を行う

⇩

⑸ 締めくくり：被験者もテスターも満足のうちにインタビューを終える

最初は自己紹介による挨拶などで⑴ウォームアップ。そして、⑵レベルチェックによる下限探し、それから、⑶突き上げによる上限探し。レベルチェックと突き上げをくり返し、より正確な能力レベルを探る。この作業のくり返しの目的は被験者がどのレベルの話者であるかをしっかりと見極めるためです。ある一つのタスク（例えば、イランの民族料理「クク」の作り方を説明する）ができるからといって、それだけで被験者のレベル（例えば、「上級」）と決めつけるわけにはいきません。同じレベルの、ただし、異なる話題・内容のタスク（例えば、空手のルー

ルを説明することなど）を必要な限り与えつづけ、それらすべてのタスクがこなせてはじめて、そのレベルに該当すると言えるわけです。それが「(該当レベルの）維持」という意味です。言わば、「水平線」を引くためには同じ高さの「点」を集め、それらを結ぶことをしなければなりません。それと同じ原理です。(鎌田, 2014)

より正確なレベル測定をするためには、より細かいレベル調整が必要であるように、それを可能にするさまざまな話題を与え、それぞれの話題について「スパイラルに」(らせん階段を上がるように）突き上げていきます。そのように連続する作業の結果、やっと、仮のレベル判定が可能になります。その後、仮判定を検証するため、⑷ロールプレイ「被験者が泥棒に入られたので、警察に連絡し、その処置を依頼する」を与えました。その結果を受け、⑸で締めくくるという経過を示しています。ロールプレイを与える理由は、それまでに得られた仮測定の検証を行うということだけではありません。インタビューという方式による能力測定では固定した場面での会話に限られてしまうので、本来のプロフィシェンシー測定（現実の生活場面における機能的言語能力）の目的を十分に果たすことができません。インタビューという枠組みの限界を超えるには、この「仮測定」の後、被験者を外に連れ出し、実際の生活場面に遭遇させ、どこまでやっていけるか観察する必要がありますが、30分という時間制限の中、それはできないことです。したがって、どうしてもロールプレイという疑似場面を作らなければならないわけです。

前にもくり返し述べているように、OPIは被験者のありのままの自然な発話を採集し、それを評価します。そのため、テスターにはテストでありながらテストとは言えない、現実生活上の意味のある自然な会話を行う技術が要求されます。インタビューの最中、メモをとることが許されていないのはそのためです。語学教室でしばしば見受けられる、「質問のための質問（わかりきったことを語学の学習のためにあえて尋ねること、例えば、ペンを持って “What is this?” という質問をするようなこと）」をすることはプロフィシェンシーの概念からも外れます。しかし、漫然とおしゃべりをしていては「測定」にはなりません。自然な応答（情報交換）を前提としたすべてのタスクは被験者の能力の

「上限」「下限」「維持レベル」を探り、最終的な能力判定を出すためのものです。テスターは常時そのことを頭にいれて、自然な会話を行うという大変難しい技能が要求されるのです。

OPIは水泳のトレーニングにもたとえることができます。トレーナーは被験者をまずゆっくりとプールに入らせ、少しずつ前に進ませます。泳ぎ（会話）の堪能な被験者にはできるだけ早く深いところまで行かせ、そこでさまざまなタスクを与えます。クロールだけでなく、背泳ぎ、平泳ぎ、バタフライ、ダイビングというように、さまざまな課題（タスク）を与え、どこまで耐えられるか試し、被験者が上級（Advanced）か超級（Superior）かを見定めます。一方、あまり泳げない（話せない）被験者には、そもそも泳げるかどうかを確認し、あまり泳げないなら無理をしないでプール（インタビュー）から引き上げさせます。低いレベルの被験者は浅いところだけで、それも短い時間（10分程度）で能力判定が終了しますが、高いレベルの被験者には深いところでさまざまな、ときには危険なタスクも与えなければならず、30分という時間がしっかり必要となるわけです。このたとえは、後述する「言語活動のプール」（051ページ, 図3）をイメージするとわかりやすいと思います。

本節では、最長30分という時間制限の中でのテストとはいえ、テストではないような自然な会話を展開し、被験者のもつ口頭能力の上限と下限をしっかり見極め、さらに中級（Intermediate）に関与するレベル以上の被験者の場合、ロールプレイを課し、測定を終了させる標準化された構造について詳述しました。しかし、何をもって上限、下限というのか、そもそもどういう話題で始め、どのように終えるのか、インタビューの中身については一切触れませんでした。次節では、この点について詳しく見ていきます。

タスク 2

この節で学んだOPIのフォーマットにしたがって、周りにいる日本語学習者 2人（能力の高い人と能力の低い人）と 15分から 30分の自然な会話を試してみましょう。

❹ OPIの判定尺度（rating scale）

人は大なり小なり、日々、なんらかの「ものさし」を持って生活しているものです。意識しているかどうかは対象によって異なるでしょうが、猫が口に蓄えた（？）ヒゲで目の前の隙間を通過できるかどうか即座に判断しながら走っていくようなことを私たちはやっています。OPIも同様で、テスターはしっかりしたものさし（判定尺度）をもって最長30分という限られた時間のうちに評価可能なデータをできるだけたくさん採集するようにします。本節ではまずその「ものさし」がどういうものであるかを説明します。それからインタビューで採集した発話データを適切に評価し、レベル判定を下すというOPIの最終目的について、次節で詳しく説明します。

4.1　OPIによる判定尺度（ものさし）：ねこのひげ(1)

猫のひげにたとえたOPIの尺度は、超級（Superior)、上級（Advanced)、中級（Intermediate)、初級（Novice)の4つに大別されます。また、上級、中級、初級のそれぞれには、「-上」「-中」「-下」という下位区分が設定されているため、合計10のレベルで判定します[注2]。「❶ はじめに」で少し触れましたが、OPIは1960年代当時、教養主義のもと、文法翻訳法が一般的であったアメリカの外国語教育を刷新する目的で開発が進められました。その基盤になっていたのは、戦前より外交官の養成など高度職業人の外国語能力の測定に使われているInteragency Language Roundtable（省庁間言語円卓会議, ILR）と称する尺度で、それはのちに学校教育機関を対象に作成されたACTFL-OPIの尺度よりさらに高いレベルの口頭能力を測るものでした。ILRは次の表が示すように、0から5までの尺度を持ちますが、ACTFL-OPIはILRの0か2までの「一般的な話者」の能力レベルを初級から上級にあてはめ、「一般的専門家」のレベルである3以上の高度な能力については漠然と「超級」とした

注2　2013年より「超級」を超える「卓越級」（Distinguished）が設けられましたが、アカデミック環境にはその必要性が乏しく、また、それをどう測るかも十分に開発されていないため、現行のOPIでは評価できないものとなっています。

のです。実際、ACTFLが強い関わりを持つ中等、高等教育レベルの外国語学習者の多くにとってILRの3を超えるレベル分けは必要なく、妥当な判断だと言えるでしょう。

ACTFL-OPI尺度	ILR 尺度
超級	5 4, 4+ 3, 3+
上級(-上/-中/-下)	2, 2+
中級(-上/-中/-下)	1, 1+
初級(-上/-中/-下)	0, 0+

ここでACTFL-OPIとILRの尺度をさらに詳しく比較する必要はありませんが、ACTFLがILRの尺度の3までをそっくり「借用」し、当時の外国語教育の向上をめざしたことに関連し、大切な点を少しだけあげておきます。

⑴ ILRは外国語を使って生活をする必要のある高度職業人(例えば外交官)が当該の言語が生活語として使用されている地域に派遣され、そこで仕事をしなければならなくなった場合、そこでどれくらい「生き延びられ」、また、職業人としてどこまで「仕事ができる」かという、まさしく、ことばを使ってどれほどコミュニケーションができるかを示すための能力測定尺度である。

⑵ ACTFL-OPIもILRと同様、当該のことばが生活語として使われている言語環境を背景に、どれだけコミュニケーションが図れるかを示す能力測定である。「現実世界」においていかに適切に、効果的にことばが使えるかを示すことを目的にしている。

当該のことばが生活言語として使われている言語環境において、どれくらいのレベルのコミュニケーション能力が発揮できるのか、つまり、「現実生活における機能的言語能力（＝プロフィシェンシー）」が、ILRが測定しようとするもので、それを引き継いだACTFL-OPIも同じ路線にあります。また、1999年にACTFLプロフィシェンシー・ガイドラインが改訂されるまで、上級レベルは「上級（Advanced High）」と「上級（Advanced）」の２区分で、それ以降、現在のように「-上」「-中」「-下」の3つに細分化されるようになりました。さらに、2012年に3度目の改訂が行われたACTFLプロフィシェンシー・ガイドラインには超級を超える「卓越級（Distinguished）」が加えられ、外国語話者のプロフィシェンシーがますます向上している現状をより正確に反映させようとしています。ただし、2019年現在においても、「卓越級」をどのように測定するかは示されておらず、卓越級に達しそうな話者はあくまで「超級」話者としか認定できない状態です。

以上のように、プロフィシェンシーとは現実生活におけるさまざまな言語活動をどれほど行えるかを示すものであるという前提に立ち、各能力判定レベルの大枠も、グローバル・タスク（総合的タスク）と呼ばれる実際の言語活動を測定することにより決定づけられます。ACTFL-OPIの説明でよく利用される概念図を使ってこのことを説明します。

この図は、OPIで想定する初級から超級に及ぶ話者がどのようなことが話せるかを示したものです。当然、レベルが低ければ低いほど「できること」は少なく、逆に高くなればなるほど「できること」も多くなるということが示唆されています。「できること」というのは、最近の学術用語ではCan-do statementsとも言われるものに該当します。この図ではそれらを難易度別に区分けし、個々の活動について述べるのではなく、それらを抽象化し、総合的タスクと称して各レベルを特徴づけています。初級レベルは決まり文句や暗記した表現だけで非常に限られたタスク（課題）しかこなせない能力、中級レベルになると身近な話題からなる日常的に日々くり返されるタスクがそれなりにこなせ、当該のことばを使っていわゆる「日常生活」が送れる能力、上級レベルになると、日常的な生活を超える（非日常的な）話題について

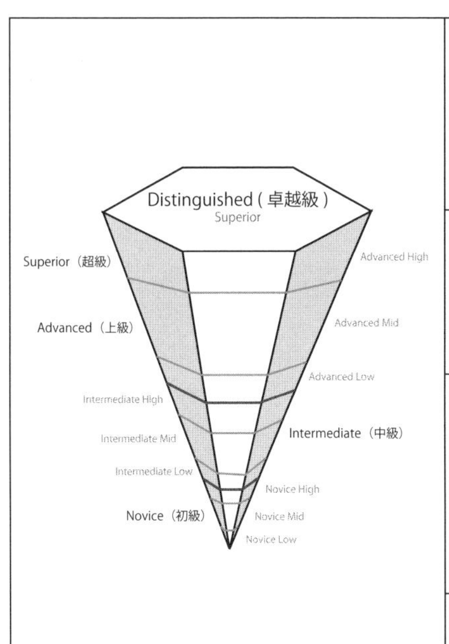 	超級(Superior)： 意見を裏付けて述べたり、仮説を打ち立てたり、具体的かつ抽象的に話をしたりすることができ、不慣れな話題や場面にも対応できる。
	上級(Advanced)： 主要な時制枠に置いてナレーション（体験談など）と描写ができ、複雑さを伴う日常的な状況に対応できる。
	中級(Intermediate)： ことばを使って、自分なりの伝えたいことを産出することができ、身近な話題について簡単な質問をしたり、それらに答えたりでき、単純な場面や取引に対応できる。
	初級(Novice)： 決まりきった語句や暗記した表現、リストを使って最低限のコミュニケーションができる。

図１　ACTFL-OPIの判定尺度と総合的タスク (Global Task) (機能・タスク)

詳細な描写ができ、物事の記述、報告、さらに予期しない出来事の事柄が処理できる能力、最後に超級は抽象的な話題について意見や議論を交わすことができ、不慣れな状況にも耐えられる能力を示すという定義づけとなっています。

さらに、図１を見てわかるとおり、OPIによるインタビューの進め方やレベル判定の方法は次のようなことが前提とされていることも記憶にとめておく必要があります。

(1) ACTFL判定尺度は、言語パフォーマンスの４つの主要レベルから成り、それらは階層的に順位づけられた総合的タスク（ことばの持つ伝達的機能）によって示される。

(2) 各主要レベルはその下の主要レベルの基準内容を内包する。

(3) 口頭能力評価には、総合的タスク以外に「場面・内容」「正確さ・理解の難易度」「テキストタイプ」の観点も加えられる。

(4) 4つの主要レベルそれぞれに一連のパフォーマンスとプロファイルが含まれる。

まず(1)と(2)について、上位にある主要レベルは下位の主要レベルを含み、そこには「階層性」があると考えます。いわゆる「大は小を兼ねる」という前提です。上級であるということは、初級はもちろん、中級の総合的タスクも遂行できると考えます。超級はその下位にある初級、中級、上級すべてを含み、中級は初級を含むと考えます。そのため、超級レベルの話者とのインタビューにおいて、中級や初級レベルのタスクを与えるようなことは時間の無駄となるわけです。このような「階層性」を前提にした総合的タスクを考えることにより、限られた時間が有効に使えることになります。これが上記(1)と(2)の意味するところです。どのような原理で階層性が保証されるかについては、のちほど詳しく説明します。

次に、(3)にある総合的タスクとは「道案内をする」とか「おいしい食べ物の作り方を説明する」とか、なんらかのコミュニケーション上の目的を果たすための総合的な活動（機能）を指しますが、それが具現化されるためには、「場面」が設定され「内容（話題）」を決める必要があります。子どもに向かっておもちゃ屋さんへの道案内をするのか、ママ友に対しておいしい餃子の作り方を説明するのか、そのような具体的な「場面・内容」なくしてどのような活動も架空の概念を抜け出し、実際の言語活動とはなりません。また、言うまでもなく、「文法」に基づいて作り出される言語表現は必須の要素になります。その言語表現を「正確さ」と「テキストタイプ」の観点から評価します。「理解の難易度」というのは、被験者の発話が聞き手（テスター）にとってどれくらい容易に理解できるものなのかを意味する概念です。とても日本語に聞こえないレベルから、誰が聞いても自然な日本語に聞こえるレベルまでの難易度が想定されます。それによってプロフィシェンシーのレベルが判定されるわけです。また、「テキストタイプ」は、1986年、それまで「暫定版」であったプロフィシェシーガイドラインの正式版の発行にともない、それと同時に発行された『OPIテスター養成マニュアル』(*ACTFL Oral Proficiency Interview Tester Training Manual*)に加えられた概念です。「正確さ・理解の難易度」と同様、グローバルタスクがどのように表面化するかを表しています。単に単語を羅列しているだけの初級レベルの発話から、それぞれがぶつ切りとはいえ、文が並べられている中級レベルの発話、そして、複数の文が接続表現などを介してつながりのある（結束性のある）集まり、一つの談話や文章として表面化している上級レベルのものなどを指し、レベル判定をより正確なものにしようとする動きから生まれました。これが(3)の意味するところです。

最後に、OPIは最長30分のインタビューにおいて、インタビュアー（テスター）とインタビュイー（被験者）の間で交わされる意味ある一連の発話の集まりからなります。そこで得られた被験者の発話サンプルの評価は、穴埋めテストやあらかじめ用意された質問に対する○×式の解答でなされるのではなく、現実の世界を背景に与えられたそれぞれのタスクに対し、どのようなパフォーマンスを見せたか、その経緯、つまり、プロファイルに一定のパターンを見極めることによって判定がなされます。これが上記(4)の意味するところです。インタビュー中に行った一連のタスクを総合して「総合的タスク (Global Task)」と呼び、総合的な評価を下すことになります。

4.2　主要レベルと下位レベルの判定尺度：ねこのひげ(2)

前項で述べたようにOPIの尺度によって初級、中級、上級、超級の4つの主要レベルと初級から上級までに付加された（-上、-中、-下）の下位レベル、合計10段階のレベル（実際は使用されていない「卓越級」を含めると11段階）に評価し、それらは階層的に順序づけられています。しかし、「階層的」とは言いつつも決して数値的な尺度ではなく、むしろ、各主要レベルで展開される発話のパフォーマンスがどのような様相（パターン、プロファイル）をなすかを見定めて判定がなされます。本項では主要レベルとその下位区分の判定尺度について説明します。この点について、『テスターマニュアル』は次のようにまとめて述べています。

⑴ ある主要レベルに規定されたタスク（機能）を一貫して遂行することによってはじめて、そのレベルの判定を満たす。

⑵ 下位区分の「-上／-中／-下」は当該の話者のレベルが隣接する主要レベルとどのように関わるかによって判定される。

例えば、中級レベルを例にしましょう。OPIでは「中級」とはその総合的タスクとして「身近な話題について質問や答えができ、日常的なやりとりに対処できる」ことが要求されています。具体的には、日常的にくり返し行う「買い物」のような活動があげられます。そのような活動の中で質問をしたり、質問に答えたりすることが「一貫して遂行できる（sustained performance）」ことが要求されます。店員に「いくらですか」と尋ねることもできれば、店員から「何枚必要でしょうか」と尋ねられたら「～枚くらいです」と答えることもできるといった日常的なタスク（ストレートな意味交渉、やりとり）がさまざまな話題について一貫して遂行できるレベルが中級ということです。

さらに、もう1点大切なのは、中級は初級を「階層的」に内包し、また、上級に内包されるという前提（「大は小を含む」）は、逆に言うと、「中級は上級を内包しない」「中級は上級には届かない」「中級は上級ではない」という「否定的証拠」も持ち合わせているということを意味します。同様に、「上級は中級を内包するが、超級は内包しない」「超級には届かない」「超級ではない」という否定的な証拠も持ち合わせているという意味をなしています。さまざまな発話データを観察していると、中級レベルの発話にはときどき、上級レベルの能力を見せる発話があります。逆に、初級レベルではなかろうかと思われる発話も見られます。ある主要レベル（初級、中級、上級、超級）にある発話は隣接する主要レベルの特徴も大なり小なり抱えます。コンピュータにことばを教えれば、そのような曖昧な状態の発話の生成を避けることができても、人間が作り出す自然な発話はそうはいきません。初級レベルの発話は初級レベルの発話だけで成り立っているのではなく、中級レベルの発話も、ときには上級レベルの発話も含んでいることがあります。同じことが中級レベルの発話、上級レベルの発話、超級レベルの発話にも言えるということを前提にしているのが、ACTFL-OPIで言う「階層性」であり、また、図2で示すような「下位区分」の判定に関わる非常に大切な要件なのです。

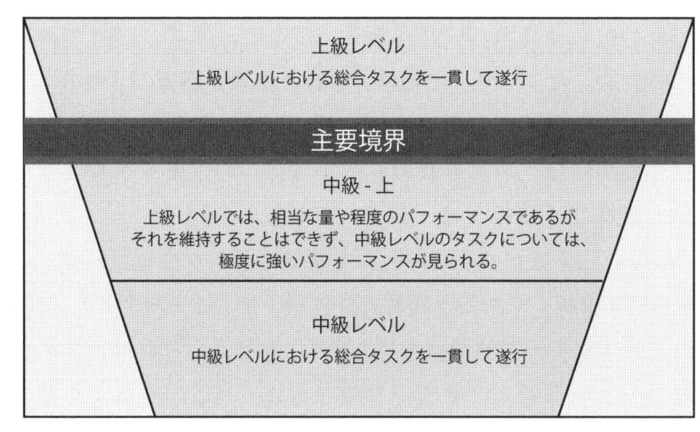

図2　主要レベルと下位レベルの判定

図2は「上級」を例に、主要境界(major border)の境にある話者が上級に入るためには、上級の総合的タスクを一貫して遂行できることが要求されていることを示しています。同様に、中級話者であるためには、中級レベルの総合的タスクが一貫して遂行できなければなりません。

続いて下位レベルについても考えてみましょう。例えば「中級-上」の話者は主要レベルを超える「上級」の総合的タスクが相当な量や程度で遂行できるものの、それを一貫して「維持」(sustain)することはできないため「上級」には入れません。しかし、中級レベルのタスクについては、極度に強いパフォーマンスを見せるということが示されています。つまり、「初級-上」「上級-上」の話者はそれぞれ、もう一段上の主要境界を超えるほどの総合的タスクのパフォーマンスを見せることができても、一貫して遂行できないため、中級、超級には入れないということを意味しています。

ここには図示されていませんが、「中級-下」の話者は、中級の総合的タスクは一貫して遂行できるものの、「場面・話題」「正確さ・理解の難易度」「テキストタイプ」においては、ときとして初級レベルの特徴を持っていることを示します。同様に、「上級-下」の話者も上級の総合的タスクは一貫して遂行できるものの、他の要素において中級レベルの特徴を持っています。

本節ではOPIによる判定尺度を説明しました。まず、OPIで得られる発話データは、大きく分けて初級、中級、上級、超級の4つのスケールに分けられ、それらには階層性があることを確認しました。その階層性を保つためには、それぞれのレベルはほかの主要レベルとは独立するという意味で「初級」は「初級」であるが、「中級」でも「上級」でも、いわんや「超級」でもないという関係にもあります。同様に「中級」は独自に「中級」であると同時に、「初級」でも「上級」でも「超級」でもないというマイナス的関係を持ちます。しかし、それは前述の「レベルの維持」という考えに基づくものであり、当該のレベルをどのように「維持」するのかという点においては、むしろ、マイナス的関係ではありません。当該のレベルに要求される機能能力（タスク遂行能力）を一貫して持っていること（つまり、維持していること）がそのレベルに入る基本的な条件ではあるものの、いくつかのタスクのでき具合によっては、主要境界を超えることもあり、それを示したのが図2になります。主要境界の超え方によって、下位区分の「-上、-下」の判定がなされるという意味です。経験豊かなテスターは被験者がどのレベルに入るかを見分けることに加えて、主要境界内の発話の状態を精査します。それによって被験者が主要境界にきわめて近い位置（下位区分の「-上」）にあるのか、それからかなり離れた位置（「-下」）にあるのかを見極め、より正確な判定を下すことになります。

4.3　妥当性と信頼性、判定不能

どのようなテストであれ、そのテストが目的としている点をしっかりテスト（測定）しているかどうかを決めることをそのテストの妥当性

(validity) と言います。人間同士が面と向かって自然な会話を心がけるOPIは、そういう意味で大変高い妥当性を誇っています。また、よいテストの条件である測定結果の客観性、つまり、一定の資格を持ったテスターなら誰が行っても一致した結果が得られるかどうかを決める信頼度 (reliability) も高いものとなっています。

しかし、良質のテストとして欠かせない高い妥当性と信頼性を保証するためには、以下のポイントが大変重要なものになることを再度くり返します。

(1) 被験者の実力 (プロフィシェンシー) を十分発揮させたかどうか。
(2) 被験者の能力の上限と下限をしっかり見極めたかどうか。
(3) 被験者の能力のもっとも安定した部分を見極めたかどうか。

OPIを終え、録音したものをもう一度聞き直し、その結果、これら3つの条件がすべて満たされていないなら、そのインタビューは失敗となり、そこで得られたレベル判定は正確なものとは言えなくなります。つまり、これらの条件をクリアしたOPIのみが判定可能な発話データ (ratable speech sample) を提供するものであり、最後にACTFLガイドラインに照らし合わせてレベル判定を出すことができるのです。しかし、これらの条件の一つでも欠けていれば、被験者が実力を十分発揮して話したものであっても、判定不可 (unratable) とされ、もう一度、やり直しが要求されます。

タスク3

タスク2で試みた日本語学習者 (あるいはあなたの知っている別の人でもよい) のプロフィシェンシーの主要レベルはどこでしょう。また、下位レベルはどこでしょう。それは妥当な発話データに基づいていますか、いませんか。信頼性はありますか。その回答の理由は何でしょう。

❺ OPIの評価基準（assessment criteria）

前節では、OPIで得られた発話データをどのようなものさしでどのようにレベル判定を下すかということについて詳しく説明をしました。ここでは、さらに一歩突っ込み、OPIで得られた発話サンプルの評価（分析）に際して用いられる基準（criteria、理由づけ、原理）について説明を試みます。

これまでくり返し述べてきたように、プロフィシェンシーとは機能的言語能力を意味します。それは現実生活においてどれほど効果的、かつ、適正にことばが使用できるかを示すものと考えられています。これはことばがなんらかのコミュニケーション上の目的（機能、タスク）を果たすために使われるという考えに基づいています。OPIではそのような目的（機能）を「総合的タスク」と称し、図1で示したように、プロフィシェンシーのレベルによって総合的タスクの内容も異なります。また、総合的タスクが具体的な活動として実現するためには、「場面」と「内容（話題）」が指定されなければなりません。

言語活動である以上、「文法（発音も含む）」に基づいた言語化が必要です。その結果、以下の図3で表すように「テキストタイプ」として表面化するわけです。また、タスクがそうであるように、「場面・内容」「文法」「テキストタイプ」も簡単に処理・遂行できるものから、かなりの困難をともなうものまであり、そこに難易度が存在すると考えます。図3は、私たちの生活がさまざまな難易度からなる言語活動で成り立っているということを表しています。その構成は、総合的タスクをプールの基底に据え、それが実現するにふさわしい「場面・話題」が与えられ、また、「文法」が起動することによって言語化が起き、最終的に形のある「テキスト」として表面化するという考えです。なお、ことばを介した活動は「言語活動」「言語行動」「言語行為」などとも言われ、それぞれに違いがあることは事実ですが、ここでは一括して「言語活動」と呼んでいます。

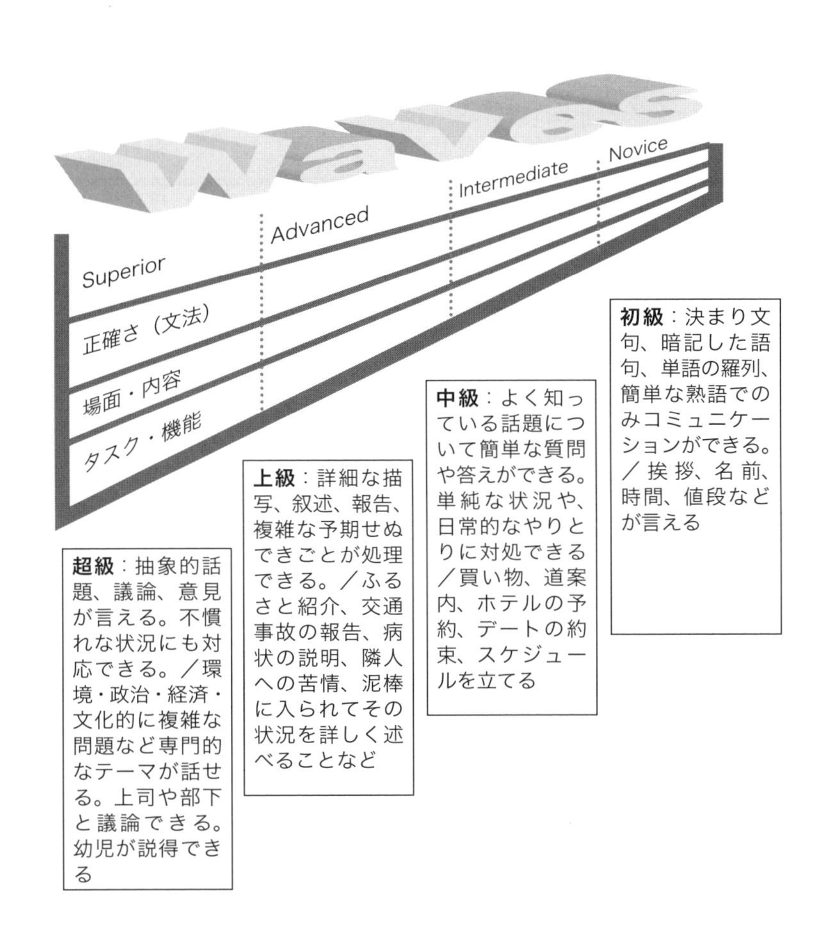

図3　言語活動のプール仮説

また、それぞれのプロフィシェンシー・レベルでどのような言語活動が遂行できるかを四角の枠の中に記入しています。枠内の上部は概念的な「機能」の記述、その下はその具体例となっています。水面の波は表面化する言語活動のサイズを表すのと同時に、外部からのプレッシャーにどれほど耐えられるか、その抵抗力の強さ（難易度）も意味しています。つまり、中級レベルは常に日常的にくり返される緩やかな波（活動、タスクの必要性）ならば、そのレベルの活動はこなせるが、さらに大きな波が押し寄せてくれば溺れてしまう（遂行できない）だろうということを意味します。また、超級レベルになるとどんな波が来てもそれに耐えられるだけのプロフィシェンシーを持ち合わせているということを示しています。もちろん、水の深さが増せば増すほど、単に泳ぐだけではなく、水底まで潜ったり、あるいは、相当高いジャンプ台から飛び込んだりとさまざまな泳ぎ方（タスク、言語活動）ができなければならないということも意味しています。ただ、これらすべてはたっぷりと水が供給されたプール（つまり、自然な言語環境というコミュニケーション場面）での活動ということになります。

さて、ある話者のプロフィシェンシー・レベルを決定づけるには、OPIで採集された発話を成り立たせている「総合的タスク」「場面・内容」「正確さ・理解の難易度」「テキストタイプ」の難易度がどのような基準で評価されるのかを知る必要があります。その評価基準を支える原理は何なのかを理解しないことには、たとえ豊富な経験を蓄えていても説得力のある判定はできないことになります。つまり、何をもってあるタスクが「処理しやすい」とか「達成しにくい」などと言われ、その難易度を決める原理は何かという課題です。

この問いに答えるために、少し「脱線」をします。皆さんは「中級とは何か」と質問されたらどう答えるでしょうか。多くの場合、「上級と初級の間にあるもの」「初級を超えるもの」「基礎的なことを終えその上に来るもの」といった答えが返ってきます。つまり、中級を定義するためには「初級」「基礎的なこと」や「上級」について定義する必要があるのです。OPIが世に広まる前までの語学教育では、基礎とは基礎的な文法を学ぶことと長らく考えられていましたが、本当にそうなのかはおおいに疑問のあるところです。では、機能的言語能力をもとにしたプロフィシェンシーの測定を目的としたOPIは中級を以下のように説明しています。

中級（Intermediate）
総合的タスク：よく知っている話題について簡単な質問ができる。単純な状況や日常的やりとりに対処できる
場面　：いくつかのインフォーマルな場面と、事務的・業務的な場面の一部

内容　：日常的な活動や自分の身の回りの事柄に関連した、
　　　　予想可能で、かつ、身近な話題
正確さ：母語話者でない人との会話に慣れている聞き手には、
　　　　何度かくり返すことなどによって、理解してもら
　　　　える
テキストタイプ：文

ここでもっとも大切なのは、総合的タスクを特徴づけている「よく知っている話題」「単純な状況」「日常的やりとり」に対処できるということでしょう。「日常的やりとり」とは、別のことばで言えば当該のことばを使って「日常生活」が送れるという意味になるでしょう。「なあんだ、日常会話か」と思う読者もいるでしょう。しかし、日常とは何かと問われると、「日々くり返されること」などと、きわめて曖昧にしか答えようがないかもしれません。しかし、OPIでは、その後に続く「インフォーマルな場面」(「インフォーマル」は「カジュアル」と言い換えても構いません) つまり、会話に関わっている人との社会的距離が近く、「予測可能な」活動ということになるでしょう。この「予測可能」という考え方は、次の「正確さ」においても、「母語話者でない人との会話に慣れている聞き手」つまり、日本語学習者に慣れている聞き手 (その代表は日本語教師) には理解してもらえる「正確さ」につながっていきます。まとめると、OPIで考える中級とは次のようにまとめることが可能になります。

●OPIにおける「中級」とは：
・ ことばを使って、日々くり返され、パターン化した活動からなる「日常生活」が送れる能力である。その特徴は次のとおりである。
・ ストレートで、複雑でない、予期した通りに起きる意味交渉からなる活動
・ 身近な場面、身近な人間関係を背景にした活動
・ 身近で予期した通りの話題・内容からなる活動

- 日本語学習者に慣れている日本語教師なら理解可能だが、そうではない一般の日本語母語話者には困難が生じる発話
- だいたい文レベルの発話

このように「中級」を規定すると「上級」はそれを超える（内包する）「非日常的な言語活動」を処理できる能力を持つ話者ということになります。

●OPIにおける「上級」とは：

- ことばを使って「非日常的な」言語活動からなる生活が送れる能力である。その特徴は次のとおりである。
- 予期せず起きるため、パターン化していない活動
- 複雑で、捻(ねじ)れた意味交渉からなる活動
- 疎遠で予期できない内容からなる活動
- 発話の理解に多少の負担はあるものの、一般の日本語母語話者に理解可能な発話
- 「（文を超え）文章レベル」の発話からなる

「非日常的な」言語活動とは、交通事故に遭いその処理をすることや、急な病気の状況を医者に詳しく説明するなど、文を超えた文章による記述、報告が必要となる言語活動のことです。単文の羅列では達成することができず、結束性の高い文の連続（段落）による記述や報告となります。多くの人にとってなじみが薄く、ことばによる説明を多く必要とします。また、「超級」は「上級」をさらに超え、発話場面から遊離した「抽象的」な事象について述べたり、より説得力のある意見を提供するため聞き手の立場に立って議論したりするなど、かなり複雑な文構成で表現できるレベルと言えるでしょう。初級は当該のことばの能力では「日常生活を維持することができないレベル」と言うことができます。

このように日常的な言語活動が行えるレベルを中級として設定すると、言語活動を構成する四大要素（「機能・タスク」「場面・話題」「正確さ・理解の難易度」「テキストタイプ」）の難易度は次のような概念で説明づけることが可能です。

⑴ 意味交渉（インタラクション）の複雑さ
⑵ 活動の予測性
⑶ 話題・場面のなじみぶかさ
⑷ 場面のフォーマル度
⑸ 聞き手に対する負担度（非母語話者の発話に対する「慣れ」の度合い）
⑹ 発話の長さ：語、語句、文、文章、複文章

そして、プロフィシェンシーが高ければ高いほど、複雑な意味交渉にも耐えられ、また、予測性の低い活動やなじみの薄い話題やフォーマル度の高い場面にも対処でき、作り出す表現も聞き手に負担の少ない、また、表現の長さもぶつ切れではなくまとまりのあるものになると考えられます。このことは、次のような図にするとわかりやすいでしょう。

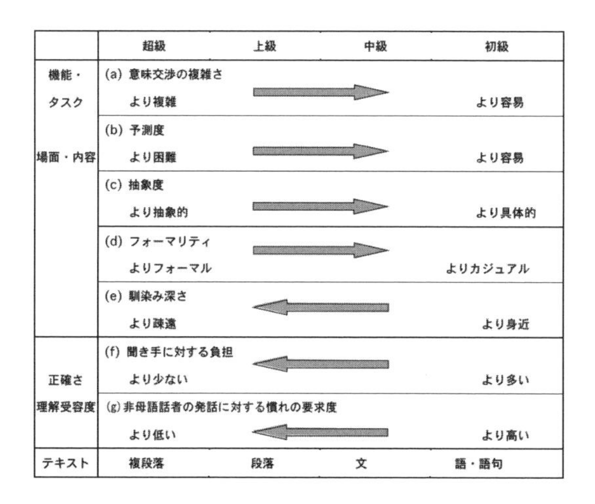

	超級	上級	中級	初級
機能・タスク	(a) 意味交渉の複雑さ			
	より複雑	→		より容易
場面・内容	(b) 予測度			
	より困難	→		より容易
	(c) 抽象度			
	より抽象的	→		より具体的
	(d) フォーマリティ			
	よりフォーマル	→		よりカジュアル
	(e) 馴染み深さ			
	より疎遠	←		より身近
正確さ	(f) 聞き手に対する負担			
	より少ない	←		より多い
理解受容度	(g) 非母語話者の発話に対する慣れの要求度			
	より低い	←		より高い
テキスト	複段落	段落	文	語・語句

図４　プロフィシェンシーの差別化に関わる基礎概念

最後に、ここで説明したプロフィシェンシーの判定尺度と評価基準をまとめると次のようになります。

(1) 総合的タスク:全体的にできること

超級	いろいろな話題について広範囲に議論したり、意見を裏付けたり、仮説を立てたり、言語的に不慣れな状況に対応したりすることができる
上級	主な時制の枠組みの中で、叙述したり、描写したりすることができ、予期していなかった複雑な状況に効果的に対応できる
中級	自分なりの文を作ることができ、簡単な質問をしたり相手の質問に答えたりすることによって、簡単な会話なら自分で始め、続け、終わらせることができる
初級	丸暗記した型通りの表現や単語の羅列、句を使って、最小限のコミュニケーションをする

(2) 場面・話題：どのような場面・話題が扱えるか

超級	場面	ほとんどのフォーマル/インフォーマルな場面
	内容	広範囲にわたる一般的な話題、およびいくつかの特別な関心事や専門領域に関する話題
上級	場面	ほとんどのインフォーマルな場面といくつかのフォーマルな場面
	内容	個人的・一般的な興味に関する話題
中級	場面	いくつかのインフォーマルな場面と、事務的・業務的な場面の一部
	内容	日常的な活動や自分の身の回りの事柄に関連した、よそう可能で、かつ、身近な話題
初級	場面	もっともありふれたインフォーマルな場面
	内容	日常生活における、もっともありふれた事柄

(3) 正確さ・理解の度合い：どのような正確さで、どれほど理解されやすいものか

超級	誤りがあっても、実質的には、コミュニケーションに支障をきたしたり、母語話者を混乱させたりすることはない
上級	母語話者でない人との会話に不慣れな聞き手でも、困難なく理解できる

中級	母語話者でない人との会話に慣れている聞き手には、何度かくり返すことなどによって、理解してもらえる
初級	母語話者でない人との会話に慣れている聞き手でさえ、理解するのが困難である

(4) テキスト・タイプ：表面的な言語形態

超級	複段落
上級	口頭段落・つながりのある談話
中級	バラバラの文と繋がった文
初級	個々の単語、語句、リスト（列挙）

タスク 4

あなたが関わっている日本語学習者 3人を思い浮かべ、その人たちは図 3の「言語活動のプール」に浸かるとどこまで行けますか。より高いレベルに行くにはどういうことを指導したらよいかも考えましょう。

【参考文献】

鎌田修 (2014).「OPIにおける"維持 (sustain)"の概念に関する一考察」筒井通夫・鎌田修・W. ヤコブセン(編著),『日本語教育の新しい地平を開く』ひつじ書房.

鎌田修・川口義一・鈴木睦 (1996).『日本語教授法ワークショップ』凡人社.

鎌田修・川口義一・鈴木睦 (2000).『日本語教授法ワークショップ (増補版)』凡人社.

鎌田修・川口義一・鈴木睦 (2006).『日本語教授法ワークショップDVD』凡人社.

牧野成一 (2001).「理論編」牧野成一・鎌田修・山内博之・齊藤眞理子・萩原雅佳子・伊藤とく美・池﨑美代子・中島和子 (共著)『ACTFL-OPI 入門』アルク.

Swender, E. & Vicars,R. (eds.)(2012). *The ACTFL Oral Proficiency Interview Tester Training Manual*. Alexandria: American Council on The Teaching of Foreign Languages.

US Department of Education (1983). *A Nation at Risk: The Imperative for Education Reform.* A Report to the Nation and the Secretary of Education.

Brown, P. & Levinson, S.C. (1987). *Politeness: Some Universals in Language Usage*. Cambridge: Cambridge University Press.

Hadley, Omaggio A. (1986, 1993, 2001). *Teaching Language in Context* [First edition][Second Edition][Third Edition] Boston: Heinle and Heinle.

Hymes, D. (1972). On communicative Competence. In J.B.Pride & Holmes (eds), *Sociolinguistics. Selected Readings*. Harmondsworth: Penguin.

The ACTFL Provisional Proficiency Guidelines(1982)

The ACTFL Proficiency Guidelines (1986)

The ACTFL Proficiency Guidelines – Speaking, Revised (1999)

The ACTFL Proficiency Guidelines – Speaking, Revised (2012)

ETS Oral Proficiency Testing Manual (1982)

The ACTFL Oral Proficiency Interview Tester Training Manual(1989,1999)

2 OPIのインタビューを学ぶ
―インタビューと判定の留意点―

三浦謙一

❶ はじめに

この章ではOral Proficiency Interview (OPI) の構成、判定の仕方について述べます。まず、全体的なOPIの構成と各段階について詳しく説明し、インタビュー、判定における留意点を示します。次に各レベルのインタビューに焦点を当て、そのレベルにおける効果的な発話の引き出し方、またインタビューにおける注意点に関して説明します。

❷ OPIの構成

ACTFL Proficiency Guidelines 2012 (ACTFLプロフィシェンシー・ガイドライン 2012年版) には、「初級 (Novice)」「中級 (Intermediate)」「上級 (Advanced)」「超級 (Superior)」の4つの主要レベルが定められています。OPIでは、被験者の「フロア (下限) 」と「シーリング (上限)」が、この中のどのレベルなのかを探ることによって判定がなされます。下限とは、被験者が常に維持できる最上の主要レベルを指します。上限はその一つ上の主要レベルです。

例えば、次の場合を考えましょう。「初級、中級の発話は常に安定している。しかし、上級レベルのタスクをしようとすると『言語的挫折』が起きてしまい、上級レベルが維持できない (「言語的挫折」に関しては3.3で詳しく述べます)」。この場合、安定しているもっとも上の主要レベルは中級ですから、この被験者の下限は「中級」です。また、一つ上の主要レベルである上級が上限ということになります。

判定において、テスターは下限の安定度、上限のでき具合を参考にします。下限は最低限安定しているが、上限のレベルの要素がほとんど見られない場合、サブレベル (下位レベル) は「下」になります。例えば、中級レベルはかろうじて維持しているが上級の要素 (段落レベルのナレーション、叙述等) がほとんど見られない被験者は「中級-下」と判定されます。また、中級の下限が質、量ともに安定していて、上級の要素も多少確認できる場合は「中級-中」と判断します。「中級-上」の話者は、中級レベルはまったく問題なく、上級のタスクもほとんどこなせます。しかし、上級レベルが安定していないために、上級の発話が完全にはできないことがあるというレベルです。このように下限と上限のでき具合を総合して判定が下されます。

OPIの目的は、上限と下限の判定のために「判断材料になり得る発話サンプルを有効的に引き出すこと」(ACTFL, 2012b, p.27) です。そのためにテスターは、決められた構成にしたがって効果的にインタビューを進める必要があります。

ACTFL によって定められたOPIの構成は次のとおりです。

ウォームアップ → レベルチェック ⇄ 突き上げ (probe)
→ ロールプレイ → 終結部

この構成は被験者がなし得る最高の話す能力を引き出すためのものです。次に、この構成の各段階においてテスターがすべきことについて述べます。

2.1 ウォームアップ

OPIの最初の段階はウォームアップです。ウォームアップは会話が続けられる最低の主要レベル、つまり中級レベルの質問で始められます。『テスターマニュアル 2012年版』によるとウォームアップにかけるべき時間は3分から5分とされています。

ウォームアップの目的の一つはインタビューに必要な話題を集めることです。OPIでは、限られた時間内に被験者にさまざまな話題について話してもらわなければなりません。そのため、ウォームアップでそれらの話題を集めておく必要があります。被験者の学校、仕事、出身地、趣味、余暇活動等についての質問をし、あとで使える話題を集めておくことにより、スムーズにインタビューが進められます。

ウォームアップでの被験者の発話は判定に入れないことが原則です。しかし、ウォームアップ中にレベルの仮判定をすることは可能です。

例えば、学校について質問した場合、単語しか発せられない被験者は初級ではないかと予想をつけることができます。被験者が学校について文をつなげて長く話せる場合は、中級以上であろうと予測できます。このように、テスターはウォームアップでその後のインタビューの構想をある程度立てることができるのです。これは、ウォームアップの「評価的側面」です。

ウォームアップのもう一つの目的は、「心理的側面」にあります。これは、被験者が落ち着いてインタビューを受けられるようにすることです。そのためには、まず対象言語で自然に話すことに慣れる機会を与えることが大切です。加えて被験者が楽に言語使用ができるレベルで話し、リラックスして受け答えできる雰囲気を作り上げることも必要です。簡単な文レベルの質問で始めるのはこのためです。「学生ですか」「趣味は何ですか」「仕事をしていますか」「週末によくすることは何ですか」等の質問に日本語で答える中で被験者の緊張はほぐれ、同時にテスターはさまざまな話題を集めることができます。加えて、被験者の緊張をほぐす過程でテスター自身も自ら落ち着いて話すための準備ができます。ウォームアップはテスターにとっても矢継ぎばやな質問、思いつきの質問を避けるための準備時間であると言えます。

ウォームアップにおいてテスターが留意すべきことは、一つの話題にのめり込みすぎないことです。一つの話題に集中してしまうと話題が十分に集められません。また、被験者を緊張させてしまう危険性も生じます。テスターは「ウォームアップで出た各話題についてはあとで戻って質問する」ということを頭に置いておくとよいでしょう。

2.2 レベルチェック

レベルチェックは被験者が維持できる最上の主要レベルを探ることです。この際、ウォームアップで集められた話題が使われます。テスターは、さまざまな話題に関して判定基準の「機能・総合的タスク」「場面・内容」「正確さ・理解難易度」「テキストタイプ」すべてを考慮して被験者の発話を促す必要があります。例えば中級で必要とされるのは、「言語を使って自分の伝えたいことを作り出す」「文レベルを維持している」「予測可能な日常生活に関する話題について話すことができる」「簡単な質問に答えられ、質問ができる」といった能力 (ACTFL, 2012b, p.19) です。これらをすべて満たしていることを証明する段階がレベルチェックです。

レベルチェックは英語では level checks と表記されています。この表記に見られるように、レベルチェックは複数回行われなければなりません。それは、さまざまな機能、話題においてそのレベルの能力が維持できることを証明する必要があるからです。1回のみのレベルチェックでは、複数の機能、話題をカバーすることはできません。

中級、上級のレベルチェックは3回以上行うのが理想的です（初級、超級のインタビューに関しては後述します)。特に「下」のサブレベルの被験者はそのレベルを本当に維持しているのかをしっかり示さねばなりませんから、レベルチェックに時間をかける必要があります。例えば、中級のレベルチェックでは、「アルバイト」「趣味」「友人」などの「予測可能な」話題について「自分で文を作り出しつつ」話せるかを調べます。「Aさんのアルバイトについて教えてください」といった「開放型」の質問が効果的です。上級では対処できる話題も機能も広がります。例えば、旅行の経験を詳細にわたって述べ (ナレーション)、自分の車はどんな車なのか詳しく話し (描写)、興味がある社会問題を詳説する (ナレーション、描写、身の回りの話題を離れた話題) といった能力を確かめてはじめて上級が下限であると言えるのです。

2.3 突き上げ

レベルチェックで下限が確定したら、次にどの程度まで上限 (下限の一つ上の主要レベル) のタスクがこなせるかをチェックします。この段階が突き上げです。

突き上げの目的は「言語的挫折」の証拠を集めることです。突き上げのレベルは被験者が維持できる主要レベルよりも上であるわけですから、発話が維持できないことを示す言語的、非言語的要素が現れます。これが言語的挫折です。(言語的挫折に関しては3.3で詳しく述べます) 被験者が言語的挫折を起こし、どこまで被験者の発話が上限に近いかという証拠が集められたとき、一つの突き上げは完了します。

突き上げもレベルチェックと同じように複数回なされなければなり

ませんが、立て続けに行うわけではありません。一つの突き上げが終わったら、また下限のレベルに戻り、異なる話題で会話を続けます。その新しい話題を使って次の突き上げをするという手順がくり返されます。つまり、「レベルチェック→突き上げ」がくり返されるということです。ここには、被験者が楽に話せる会話レベルに落とし、心理的に楽な状態に戻してから再び突き上げをするというOPIの「心理的側面」が反映されています。

下限のレベルの会話で出た話題を使って突き上げをするという手順は話題の「らせん的展開 (spiraling)」と呼ばれます。例として中級レベルの被験者のインタビューを考えてみましょう。日本での留学経験がある被験者に、まずレベルチェックとして留学の概要を話してもらいます。中級レベルの被験者は留学場所、期間、簡単な感想などについて文を並べて話すことができるでしょう。そのようなレベルチェックの後に、「留学」という同じ話題を使って、留学中、特に楽しかった経験について詳しく述べるように求めます。経験に関する詳しい叙述は上級のタスクです。つまり、「留学」という話題が、まず中級の能力のチェック、次に上級のチェックと、らせん階段を登るように使用されているということです。このような話題の使い方がらせん的展開です。

上記の例の場合、テスターは被験者の言語的挫折に着目して、どの程度まで上級のレベル (経験の詳しい説明) が維持できるかを判断します。判断のための十分なサンプルが得られた時点で突き上げは終了し、次の「レベルチェック→突き上げ」の話題に移ります。

「レベルチェック→突き上げ」は複数回なされなければなりませんが、その回数はサブレベルによって異なります。「下」のサブレベルの話者は一つ上の主要レベルの能力はほとんどないわけですから、何回も突き上げをする必要はありません。2回から3回が適当です。これに対して「中、上」のサブレベルの話者にはどこまで上のレベルに近いかが確定するまでさまざまな話題で「レベルチェック→突き上げ」を行う必要があります。初級-中、初級-上、中級-中、中級-上では3回から5回の突き上げを行うのが普通です。上級以上になると上級-下は1回の「トリプルパンチ」(トリプルパンチに関しては序章、本章4.4を参照してください)、上級-中、上級-上、超級[注1]は2回の「トリプルパンチ」を行うことが一般的です(これらの突き上げの回数もレベルチェックと同じように目安です。テスターは被験者の発話の質と量を考慮して、突き上げの回数を調整することが必要です)。

2.4 ロールプレイ

「レベルチェック→突き上げ」の段階の終わりまでに主要レベルは、はっきりと示され、サブレベルもかなり明確になっていなければなりません。次に行われるのがロールプレイです。ロールプレイは面接という会話形式からは引き出しにくい被験者の言語機能を調べるために使用され、追加のレベルチェック、または突き上げとして機能します。

例えば、上級の機能に「不測の事態に対処できる」という能力がありますが、これをOPIのような面接形式の会話の中で調べることは困難です。そのためにロールプレイの中で実際に起こり得る不測の事態を作り出し、被験者に対応させ、上級の能力を測ります（「不測の事態」に関しては後述します)。

ロールプレイは初級-上から上級-中まで[注2]の判定をするために必須とされています。「上」のサブレベルの被験者には突き上げ、「下、中」のサブレベルの被験者にはレベルチェックとして用いられることが一般的です。「下、中」のサブレベルの話者には下限(主要レベル)の安定性を確かめるために再度のレベルチェックとして使用します。「上」のサブレベルの話者の下限(主要レベル)はロールプレイまでに強固なものであることが確かめられていますので、再度のレベルチェックは必要ありません。代わりにロールプレイは一つ上の主要レベルのことがどこまでできるかを再確認する手段、つまり、突き上げとして使用されます。

注1　超級の場合は「トリプルパンチ」はレベルチェックにあたります。

注2　日本版のOPIでは、超級レベルの「敬語、くだけた話し方」のチェックもすることになっています。この能力もロールプレイによって測定されます。このロールプレイは上級-中から超級のインタビューで用いられますので、日本版のOPIでは初級-上から超級までロールプレイが必要ということになります。

2.5　終結部

終結部でテスターはインタビューの終わりをはっきり示してインタビューを終えます。また、終結部には被験者が楽なレベルで簡単な会話をし、気持ちよくインタビューを終えるという心理的目的もあります。前述のようにテスターは複数回のレベルチェックと突き上げを経て被験者のレベルを探ります。つまり、超級話者を除いて被験者は自分の能力以上の機能で話すことを求められ、なんらかの言語的挫折を起こすことになります。このような緊張を緩和し、成就感を持たせてインタ

表1　判定基準

プロフィシェンシーレベル	機能・総合的タスク	場面・内容
超級	身近な話題不慣れな話題について話し、意見を弁護し、仮説を打ち立てる	ほとんどのインフォーマル、フォーマルな場面。／一般の関心事に関連した話題と特定の興味や知識に関する分野の話題といった幅広い範囲
上級	主要時制枠において、ナレーションと描写ができ、不測の事態をはらんだ日常的な状況や取引に効果的に対応できる	ほとんどのインフォーマルな場面とフォーマルな場面の一部／個人に関連した、または一般的な話題
中級	言語を使って自分の伝えたいことを作り出す、簡単な質問に答えたり、質問をすることができる、単純な場面や取引状況に対応できる	いくつかのインフォーマルな場面と限られた数の取引の場面／予測可能な、日常生活や個人の生活環境に関連した話題
初級	決まった語句や暗記した発話で、必要最少限のコミュニケーションができる。単語、語句、リストなどを産出する	もっとも頻繁に起こるインフォーマルな場面／日常生活のもっともありふれた内容

注3 「ばらばらの文」とは、文と文の間に意味的つながりのないものを指します。例えば、「私の部屋にテレビがあります。椅子があります。部屋は小さいです。私はよく部屋で勉強します。一年ぐらい住んでいます」という発話です。

ビューを終えることも終結部の目的です。これもOPIの「心理的側面」であると言えます。

❸ 判定の仕方

この節ではインタビューでどのようなサンプルを引き出すことが必要であるか、また得られたサンプルをどのように判定に生かすべきか述べます。

正確さ・理解難易度	テキストタイプ
基本文法に間違いのパターンがない。間違いがあっても、聞き手は、メッセージから注意をそらされるなどコミュニケーションに支障をきたすことはない	複段落
非母語話者に不慣れな話し相手でも問題なく理解してもらえる	口頭段落・つながりのある談話
非母語話者に慣れた話し相手に、ときに繰り返したりすることはあるが、理解してもらえる	ばらばらの文[注3]・つながった文[注4]
非母語話者に慣れた話し相手にも、しばしば理解するのが困難な場合がある	個々の単語、語句、リスト(列挙)

注4 「つながった文」とは、文と文が緩やかにつながっているが全体的なまとまりがないものを指します。例えば、「私は毎日夜、勉強します。勉強の後、テレビを見ます。テレビはおもしろいです。それからときどき、ゲームをします。ゲームもおもしろいです」という発話です。

3.1 常に評価基準に照らし合わせる

OPIは点数化して評価するテストではなく、評価基準（assesment criteria）に照らし合わせて評価するテストです。評価基準は「機能・総合的タスク、場面・内容、正確さ・理解難易度、テキストタイプ」の4項目からなっています。各レベルの基準の記述は066ページの表1のとおりです。

これらの基準はそれぞれ独立して存在するものではなく、互いに深く関わりあっていることは言うまでもありません。言語を使って何ができるかというプロフィシェンシー（proficiency）の根幹は「機能・総合的タスク」です。覚えた事柄が産出できるのか（初級）、言語を使って創造できるのか（中級）、ナレーション、叙述を通じて詳細に手順、ストーリー等が伝えられ、不測の場面にも対応できるのか（上級）、抽象概念を用いて意見が叙述できるのか（超級）という「機能」です。これらの機能を確認するために「場面・内容」という「ステージ」が必要になります。例えば、「詳細なストーリーを伝える」という上級の機能を考えましょう。実社会において、人々が行う「ストーリーの伝達」は、身の回りの話題にとどまらず、社会一般の話題に及びます。楽しかった旅行について話すこともあれば、地域社会の問題を伝えることもあるでしょう。つまり、上級の機能は、身の回りの話題に加え、属する社会全般という「場面・内容」において確認されるべきだということです。また、いかに聞き手にわかりやすく伝えるかということを考えるとき、「段落」というテキストタイプが必要とされます。ばらばらの文では一番言いたいことを際立たせることができません。聞き手にわかりやすいようにバックグラウンドを提示したり、文と文とを強く結びつけたりして、結論をしっかり提示する「テキストタイプ」が「段落」です。また、上級の「ストーリー」は、実生活においては、「非母語話者の発話に慣れていない母語話者」に理解される必要があります。社会問題等に関して話す相手は必然的に語学教師ではない「一般の」母語話者となりますから、それらの人々に理解される必要がある、ということです。これが上級の「正確さ・理解難易度」です。

このように相互に関係しあう「場面・内容」「テキストタイプ」「正確さ・理解難易度」の上に「機能・総合的タスク」が存在しているの

です。判定の上で大切なことは、あるレベルにおいて「場面・内容」「テキストタイプ」「正確さ・理解難易度」はしっかりと「機能・総合的タスク」を支えているかを考慮することです[注5]。

3.2 「パターン」を探る

前述のようにOPIでは下限（主要レベル）と上限（主要レベルの一つ上のレベル）を明らかにすることによって判定がなされます。この際、テスターが注意せねばならないことは、下限、上限ともに一度のみの事例で判断してはならないということです。例えば、上級の機能である「段落レベルでの描写」が一度できたからと言ってその話者の下限は上級である、と判断するべきではありません。

上限に関しても同じです。会話の途中で一度発話が不完全だったからと言ってそれが言語的挫折であると判断すべきではありません。例えば、初級の話者の場合を考えましょう。テスターは、「文を創造しつつ話すことができない」ということが「パターン化（くり返し起こってしまう）」していることを証明しなければなりません。レベルチェック、突き上げは複数回なされなければならないという原則はここから来ていると言えます。

3.3 言語的挫折に関して

言語的挫折は「発話の質の低下、沈黙、発話の行き詰まり、そのレベルの能力の欠落、他言語による言い換え、タスクの回避、流暢さの喪失」（ACTFL, 2012b, p.30）等、さまざまな形で現れます。また、面接形式の場合には「視線を合わせない、赤面する、指や髪をいじる」（ACTFL, 2012b, p.30）等の非言語的な指標が見られることもあります。

言語的挫折は上限の確定に不可欠ですが、この際に現れた発話は判定材料にすべきではありません。例えば、上級話者に超級の突き上げをした場合、言語能力の不足から発話の質が極端に低下する場合があります。場合によっては、中級レベルにまで落ちることもあります。このような場合に、発話が中級レベルに落ちたからといって、下限は

注5　各サブレベルの記述は「https://www.actfl.org/publications/guidelines-and-manuals/actfl-proficiency-guidelines-2012/japanese/スピーキング」参照

中級であると判断すべきではありません。言い換えれば、言語的挫折は言語的限界を示す指標として扱うべきで、言語レベルの評価には用いないということです。

3.4 主要レベルをまず判定し、その後サブレベルを判定する

前述のようにテスターは複数のレベルチェックによって被験者の下限を明確に示します。基準のすべての点をクリアしていることや、さまざまな話題においてそのような発話ができることが判定において重要な点です。

主要レベルが確定したら、次にサブレベルの判定に移ります。サブレベルの決定はレベルチェックにおける「下限」での発話の質と量、上限の発話のできを判定材料として用います。

「下」のサブレベルは、下限のレベルをかろうじて維持していて下限のレベルの発話の量も少ない場合です。また、突き上げの際、一段階上のレベルの要素はほとんど見られません。例えば、自分が伝えたいことを文レベルでなんとか伝えられ、非母語話者の発話に慣れている会話の相手になんとか理解してもらえるが、産出できる文の量が最低限である場合は「中級-下」であると判定します。また、「中級-下」のレベルの話者は上級レベルの機能である「ナレーション、描写」等がほとんどできません。

下限の発話は安定していて質、量ともに豊富であるが、上限の発話にときどき言語的挫折が現れてしまう場合は「上」のサブレベルになります。例えば、「中級-上」の被験者は中級レベルの基準をまったく問題なく満たしています。加えて、量的にも文をつなげて長い発話ができる能力を有しています。しかし、上級レベルの叙述、詳しい説明を求められた場合、かなり上級に近い発話ができるものの言語的挫折が起きてしまい、上級のタスクを完成することができません。

「上」と「下」の間に位置する「中」のサブレベルの話者は下限において質、量ともに安定しています。しかし、一段階上のレベルの能力は多少確認できるものの、そのレベルの維持はまだ遠いということが「中」レベルの特徴です。

『テスターマニュアル 2012年版』以前にはサブレベルが図式化して示

されていました。一段階上のレベルにどこまで近いかを示すため「峰型(下)」「山型(中)」「テラス型(上)」のように表示されていました。しかし、それらの図形は誤解を生む可能性があるという理由で『テスターマニュアル 2012年版』には加えられていません。「一段階上のレベルの発話がどの程度見られるか」は、図形としてはっきり現れるわけではありません。言い換えれば、突き上げにおける上限のレベルの発話は確認できたりできなかったりというタイプのものではなく、前述のようにすべてのカテゴリーを考慮して判断されるべきなのです。テスターは下限の発話の質と量、上限のできを全体的に評価し、最終的なサブレベルを決定します。

3.5 判定不可とは

次のような場合は、OPIは判定不可とみなされます。

(1) フロア、またはシーリングが確立していない場合
(2) 話題が不足している場合
(3) 必要とされる段階が未完結であったり、OPI評価手順に即していない場合

(ACTFL, 2012b, p.24)

前述のように下限を確立するためにはそのレベルの能力が「パターン化」していることを示す必要があります。それが示されていない場合、言い換えれば、レベルチェックが十分でない場合は、判定不可となります。また、突き上げが不十分な場合には、どこまで上限のレベルの発話ができるか証明できないわけですから、この場合も判定不可になります。サブレベルが確定しないことは、突き上げのレベルが高すぎた場合にも起こります。2段階上(つまり、一つ上の主要レベルを超えたもの)のタスクを強いられた場合などには被験者はまったく機能できませんから、一段階上のレベルにどこまで近いかというサンプルが取れません。この場合にも判定不可になります。

また、話題が少なすぎる場合にも判定不可となることがあります。例えば、上級においては身の回りの話題に加えて社会問題についても

話せなければなりません。超級においてはさらに必要とされる話題の幅は広がります。これらの話題を網羅していない場合にはOPIは判定不可となります。

OPIは定められた構成に基づいて発話を抽出する評価法です。そのため、評価手順が未完結であったり、インタビューが手順に即していなかったりした場合も判定不可となります。

❹ 各レベルのインタビューにおける留意点

前述のようにOPIの目的は下限と上限をはっきり示し、判定に必要なサンプルを集めることです。この節では各レベルのインタビューにおいてテスターが注意すべき点について述べます。

4.1 初級レベルの質問

初級-下、初級-中の被験者は簡単なリスト、覚えた単語、覚えた文などが産出できるのみなので、日本語を使ったコミュニケーション能力はほとんどありません。したがって、テスターの質問も単純な交流場面において、「閉鎖型（closed）質問」（答えがある程度決まっている質問、語彙の置き換えによって答えられる質問）を多く使用することが効果的です。例えば、「毎日何時に起きますか」「食べ物は何が好きですか」「何曜日に日本語の授業がありますか」等です。このような質問で初級の発話の「質と量」を確かめます。次に、中級レベルの「開放型の質問」（後述）で突き上げをし、中級レベルの発話のできを検証してサブレベルを決めます。

4.2 中級レベルの質問
(初級における突き上げ、中級におけるレベルチェック)

中級レベルの能力は「簡単な生活場面において短文や連文などの文レベルの談話によって伝えたい事柄を創造することができる」（ACTFL, 2012b, p.58）ということです。そのために、質問は開放型の質問が効果的です。これは、被験者がどの程度「言いたいことを表現できるか」を確かめるためです。特に初級-上のレベルでの突き上げでは開放型の質問を多用しないと、間違った判断してしまいがちです。次の例を考えてみましょう。

テスター：Aさんの趣味は何ですか。
A：本を読みます。
テスター：そうですか。どんな本が好きですか。
A：ファンタジーが好きです。
テスター：そうですか。よくファンタジーの本を読みますか。
A：はい読みます。
テスター：どこで読みますか。
A：家で読みます。

この例でAさんは、文レベルで質問に答えています。しかし、このような質問に答えられるだけでは中級を維持しているとは言えません。Aさんの答えは単語の置き換えが多く、中級の「言語を使って自分の伝えたいことを作り出す」という能力が見られていないからです。それを確認するためには「Xについて話してください」「Xについてもっと教えてください」「どうして」のような開放型の質問が効果的です。このような質問に対して「自分の言いたいこと」が文レベルで表現できることが中級の能力です。この能力が維持できてはじめて「中級レベルが下限である」と言えるのです。

このとき大切なことは、テスターは被験者がなし得る能力をすべて引き出さねばならないということです。次の例を考えてみましょう。

テスター：先週は春休みだったと言いましたね。じゃあ、Bさんの春休みについてもっと話してください。
B：はい。春休みは韓国に行きました。韓国で買い物をしました。それから、おいしい食べ物をたくさん食べました。
テスター：そうですか。何がおいしかったですか。
B：韓国の焼肉がおいしかったです。ごはんもおいしかったです。

テスター：そうですか。食べ物の名前は何ですか。
B：カルビです。

このインタビューでテスターは「春休みについて話してください」という開放型の質問をしています。これに対してBさんは韓国旅行について「自分の言いたいこと」を文レベルで話しています。しかし、Bさんが食べ物について話しているときにテスターは「何がおいしかったですか」という質問をしてしまっています。この質問によって「春休みについて話す」という開放型のタスクは途切れてしまう結果になっています。つまり、「単語の置き換えによって答えられる（初級）」レベルの質問に落ちてしまっているのです。

実際の会話ではこのような会話の流れは普通に見られることです。しかし、OPIでテスターが「開放型から閉鎖型に変換する質問」をしてしまうと判定が難しくなります。サブレベルの判定はフロア（下限）の質と量を考慮するわけですから、下限の発話において、被験者がなし得る最大限の能力を測らなければなりません。

テスターは発話のレベルを維持することを常に考えるべきです。上記の会話でのテスターの理想的な進め方としては次のような例が考えられます。

B：はい。春休みは韓国に行きました。韓国で買い物をしました。それから、おいしい食べ物をたくさん食べました。
テスター（例1）：そうですか、それから？
テスター（例2）：（何も言わずにさらにBさんの発話を促す）
B：それから友だちに会いました。友だちはソウルで英語を教えます……。

例1、例2のような質問、進め方をすれば開放型の質問の「開放性」は維持されます。被験者はさらに中級レベルでの発話を続け、そのサンプルによって「自分が言いたいことが表現できる」という下限の幅を示すことができるのです。

中級レベルの能力には「簡単な質問ができる」ということも含まれています。会話の中で被験者が質問する能力を調べることは困難ですから、ロールプレイの中で確認することが一般的です。ロールプレイの中でもテスターは自らが話しすぎることを避け、被験者が複数の質問をし、会話を続ける能力があることを明確に証明する必要があります。

タスク1

中級レベルの能力を探るためには「開放型」の質問が効果的です。次の話題に関して開放型の質問を作ってみましょう。

A. 趣味　　B. 仕事／学校　　C. 友人　　D. 週末／休日

4.3　上級レベルの質問（中級における突き上げ、上級におけるレベルチェック）

フロア(下限)が中級以上であると確定した場合、上級のタスクに移ります(上級レベルで言語的挫折が起きた場合、下限は中級、起きなかった場合は上級ということになります)。上級の能力は日常生活に関連した話題に加え、「地域社会、国レベル、国際レベルにおいての話題」についても話せることが不可欠です。その際、「積極的な姿勢で」「語り(ナレーションと描写)」を通して「口語的段落」で具体的に話すことができる(ACTFL, 2012b, p.54)ことが必要です。また、「不測の事態を伴う場面」(p.54)にも対応できることが必須となります。

上級レベルの突き上げ、レベルチェックで大切なことは中級と同じようにテスターが発話のレベルを下げてしまわないように注意することです。次のようなインタビューを考えてみましょう。

テスター：富士山に登った経験について詳しく話してください。

C：はい。私は8月に登りました。富士山の一番上まで登るときは途中で一泊しなければいけません。まず、その一泊する場所まで1日目に登りました。夕

方に着いて、晩ごはんを食べて寝ました。でも、
登山シーズンだったので、一つの部屋にすごくたくさん人がいて、大変でした。

テスター：そうですか。何人ぐらいいたんですか。

C：ええと、はっきりわかりませんが、小さい部屋に50人ぐらいいたと思います。

テスター：じゃあ、寝るのは大変でしたね。寝られましたか。

Cさんは最初の発話で登山の経験のナレーションを試みています。しかし、次にテスターが「何人ぐらいいたんですか」と質問していることによって、ナレーションというタスクが途切れてしまっています。つまり、テスターがCさんの発話のレベルを落とす結果になっているということです。このような質問は日常の会話ではよく起きることですが、OPIでは避けるべきです。テスターは「ナレーション」の能力を確かめる場合は、被験者に「最初から最後まで」ナレーションをさせるべきであり、あいづち等は「それから？」「そうですか」「はい」のように、被験者が上級レベルで発話を続けることを奨励するものであることが望ましいと言えます。

上級の発話は「口語的段落」となっています。話すときは推敲ができませんので、厳格な構成は求められていませんが、上級の基準である「非母語話者の発話に慣れていない聞き手にも理解可能な」説明、叙述を含む発話が口頭的段落です。次の例を考えてみましょう。

テスター：Dさんの出身の町の特徴を教えてください。

D：私の出身はフィラデルフィアから一時間ぐらいのところにあります。ええと、人口は5万人ぐらいの小さい町です。アメリカではたいてい大きい町の人たちはリベラルで、田舎の人たちは保守的なんですが、私の町もやっぱり人々の考え方は保守的です。例えば、同性愛はキリスト教の考えに反するからという理由で反対している人がたくさんいます。それから、銃を持っている人もたくさん

います。あとは、移民に対してネガティブな意見を持っているとか、アメリカファーストとか。まあ、典型的なアメリカの田舎町ということですね。

Dさんの発話の中にはさまざまな上級の要素が見られます。まず、聞き手に内容をしっかり理解してもらうために「アメリカの田舎町は概して保守的である」というバックグラウンドを提示しています。このバックグラウンドの提示はのちに述べられる、話の要点をはっきり提示する助けとなっています。また、Dさんは、さまざまな例を提示して「出身地は典型的な田舎町である」という結論を際立たせています。このように上級の話し手は、聞き手のスムーズな理解のためにさまざまな手法を用いつつ結論を際立たせることができます。

次にEさんの発話を考えてみましょう。

テスター：ハーバード・スクエアはどんな場所か詳しく教えてください。

E：ハーバード・スクエアはハーバード大学のそばにあります。店がたくさんあります。レストランもたくさんあります。地下鉄の駅があるから、ボストンから行くのは簡単です。ハーバード・スクエアは、たいてい、人がたくさんいて、にぎやかです。僕は、よく友だちとハーバード・スクエアに行って有名なチョコレートの店に行きます。

Eさんの発話は、文の数も多く、情報の量も多いので、このような発話が流暢になされた場合、上級レベルではないかと思われがちです。しかし、細かく見てみると、文と文とのつながりが希薄で個々の情報が単発的であることがわかります。また、バックグラウンドの情報や例を使って話の中心を際立たせることもなされていません。そのために話の中心、つまり「ハーバード・スクエア」という場所の全体像を伝えることができていません。このような発話は、上級レベルの能力が欠落していると見なすべきです。言い換えれば、上級レベルで言語的挫折が起きているということです。

上記のようにテスターは被験者がナレーション、描写を通して全体像を提示できるかどうか確認します。また、上級の話題は身近な話題に加えて地域、国、国際レベルの出来事、問題を含みますから、話題の多様性も考慮してインタビューすべきだと言えます。

上級のもう一つの能力は「不測の事態に対処することができる」ことです。中級における質問の能力と同じように、この能力も会話の中で測ることは難しいと言えます。そのため、ロールプレイによって、現実の生活で起こり得る不測の事態を提示し、それに対応する能力を測ることが必要となります。(「試験当日にやむを得ない事情で試験に遅れてしまった」「借りた物を壊してしまった」「事故を目撃して警察に電話する」等の状況です)

タスク 2

上級レベルの能力を探るためには「ナレーション」と「描写」、二つの組み合わせによって内容を説明してもらう質問が効果的です。次の話題に関して上級の質問を作ってみましょう。

A. 旅行　B. 趣味
C. 社会問題／身の回りの問題　D. 仕事／アルバイト

4.4 超級レベルの質問
(上級における突き上げ、超級におけるレベルチェック)

下限が上級以上であると確定した場合、超級のタスクに移ります。超級の話者は、「フォーマル／インフォーマルな状況」において、「具体的、抽象的いずれの観点からも」会話に参加することができます。また、このレベルの話者は、論点を明確に提示し、仮定を構築し展開することもできます。(ACTFL, 2012b, p.51)

これらの能力を測定するために「トリプルパンチ」と呼ばれる3段階の質問がよく用いられます。その手順は次のとおりです。

(1) 相反する論点を提示し、被験者がどちらを支持するかを問う。
(2) 反対意見にはどのように反論するかを問う。
(3) 話題の中から仮定的状況を提示した質問をする。

トリプルパンチの具体的な質問として次のような例を考察しましょう。

(1) 日本では東京の人口集中が問題になっています。人口集中によって、通勤ラッシュ時の混雑が深刻化し、生活費も高騰しています。それに加えて人口集中による人間間のつながりの薄さ、疎外感を持つ人々の増加なども懸念されています。それに対処するために東京の機能を地方に分散しようという意見がありますが、これについてどう思いますか。
(2) 今、賛成意見を述べてもらいましたね。でも、反対意見を持つ人は、東京の機能を分散してしまったら、世界的にも例を見ない東京のユニークさが失われて東京は単なる日本の一つの都市にすぎなくなると言っています。そのユニークさを保つためには東京の機能は分散すべきではないと言っているわけです。この意見に関してどう反論しますか。
(3) ほかに過疎化という問題もありますよね。仮に農村部の過疎化を抑えるため、外国からの移民をどんどん受け入れて、農業に従事してもらうという政策がとられたとしましょう。これによって、農村部はどう変わると思いますか。

まず、「日本では東京の人口集中が問題になっています。人口集中によって、通勤ラッシュ時の混雑が深刻化し、生活費も高騰しています。それに加えて人口集中による人間間のつながりの薄さ、疎外感を持つ人々の増加なども懸念されています」という部分に着目しましょう。これは、超級のトリプルパンチにおける「プレリュード」と呼ばれます。プレリュードでは被験者に意見を述べてもらう問題が提示されます。また、テスターは、プレリュードで、被験者に使ってもらいたい言語のレベルを示します。この例では、「深刻化」「高騰」「疎外感」「懸念されている」等の洗練された「フォーマルな」語彙、言い回しを使うことにより、被験者にもそのレベルの言語使用を期待していることが伝えられています。また、プレリュードは求めている話題の深さを提示するという目的もあります。プレリュードによって、被験者は、単に賛成、反対だけではなく、話題に関しての深い考察を言語化することが要求されていると理解できます。

もし、⑴の質問が「日本では東京の人口集中が問題になっています。それに対処するために東京の機能を地方に分けようという意見がありますが、これについてどう思いますか」だったとしましょう。「話題の抽象性」「フォーマルさ」が欠けていますから、被験者もそのレベルで答える危険性があります。(例えば、「東京は込みすぎていますから、いろいろな機能を分けるのはいいと思います。地方のためにもなりますし」のような答えです)

以上のように超級では、プレリュードで、「議論モードの言語使用が必要である」ということをはっきり示すことが大切です。OPIでは、テスターが話しすぎることは避けるべきですが、被験者に求める言語、話題の深さのレベルを最低限の長さで伝えることも不可欠です。

上の質問の⑴と⑵は、「抽象的な話題を」議論形式で「フォーマルに述べる」という能力の測定が目的です。また、⑶は抽象的な話題に関して「仮定の構築、展開」ができることを確認するための質問です。

⑴に対するFさんの答えを考えてみましょう。

F：私は賛成です。私は東京に住んでいたことがあるんですが、通勤ラッシュ時の電車の混み具合とか人の多さは尋常ではないと思いました。慣れるのにかなり時間がかかりました。でも、慣れたときに考えたんですけど、ここまで人口密度が高いことや、それにともなうストレスに人間は慣れる必要があるかということです。そういうストレスに慣れることによって失うものもあるのではないかと考えたわけです。例えば、人に対する思いやりとか心遣いとかが薄れていってしまうと思うんですよね。そういう人間らしさって、便利さより大切じゃないかと思うんです。東京の機能を地方に分散することによって東京にもたらされる空間的、時間的なゆとりは人間性の回復をもたらしてくれるのではないかと思います。

この発話において、Fさんは自分の経験談を例として用いています。しかし、経験談の叙述にとどまらず、それを一般論にあてはめて東京の機能を地方に分散することの利点を述べています。また、Fさんの論点は、「電車が混まないほうがよい」「生活が便利になる」ということを超えて人間の精神生活に及んでいます。言い換えれば、抽象概念に言及して議論を進めているということです。

Fさんの使用している語彙、表現にも超級の能力が現れています。例えば、「人間性、ゆとり、心遣い」等の抽象概念を表す語彙の使用が認められますし、「ということです、ではないかと思います」等のフォーマルな文末表現も使われています。加えて、「尋常ではない、もたらされる」等のフォーマルな表現も効果的に使用して自分の意見を提示しています。

超級の判定においてテスターは、上のような点に留意するべきなのですが、「意見の叙述」というタスクに気を取られ、間違った判定をしてしまうこともあります。次の同じ質問に対するGさんの発話を考えてみましょう。

G：私は、東京の機能を地方に分散することに賛成です。東京はすごく人が多いので、家の値段が上がって、家が持てる人が少ないです。だから人は遠くに住まなくてはいけません。それで、通勤時間も長くなります。私は東京に住んだとき、1時間ぐらいかけて仕事に行きました。それはいつも時間の無駄だと思いましたが、仕方ありませんでした。人が少なくなって普通の人も都心近くに住めるようになったら、人々の生活は楽になると思います。

Gさんの答えは、賛成であるという「意見を述べて」います。しかし、発話の中身を考えてみると「家が持てる人が少ない」「通勤時間が長い」「自分も不便さを体験した」「人が少なくなったら人々の生活は楽になる」という「事実」の叙述が中心であることがわかります。つまり、Gさんの発話は上級の域を出ていないのです。また、テスターの問いの中の「人間性の喪失」といった問題に関してはまったく触れられていません。つまり、ここに現れているのは、「タスクの回避」という言語的挫折です。このように、判定時には、一つの機能だけではなく包括的に超級の能力を有しているかを判定する必要があります。

上記のように超級の能力を引き出したり、どこまで超級に近い発話の産出が可能かを測ったりする際、テスターが留意すべき点がいくつかあります。まず、上記のGさんのように言語的挫折が見られた場合、フォローアップの質問をするということです。OPIでは、被験者が「しない」のではなく「できない」ことを証明する必要があります。Gさんのように「タスクの回避」が起きた場合には再び「抽象レベルでの」発話を求めることが大切です。例えば、テスターは「そうですね。では、人間性ということを考えて利点を述べてもらえますか」と質問して再び超級の発話を求めることができます。

また、超級の話題は注意深く選ぶ必要があります。話題によっては超級の発話が出にくいものもあります。例えば、「都会に住むのと田舎に住むのとどちらがよいか」という質問は、「利点」という「事実」に目が行きがちです。つまり、上級以上の発話を引き出すことは難しいと言えます。超級話者は抽象概念に関して意見が述べられることが必要なので、「どちらの立場を支持するか」という質問が効果的であることを頭に置いておくとよいでしょう。

仮定の構築に関しても同じです。「もしあなたが総理大臣だったとしたらどのような政策を打ち出しますか」という質問をした場合、具体的な政策に目が行ってしまいますので、上級の発話で終わってしまいがちです。このような場合には、さらに政策の裏にある目的、期待される効果を聞き、抽象レベルを維持することが必要です。

より効果的な仮定の構築の質問は「将来の展望」です。「このような政策を打ち出した場合、社会にどのような変化があるか」という質問の形は変化、効果という抽象概念を盛り込んだ答えを求めるために有効です。

タスク 3

超級のトリプルパンチは、「ある問題に関して賛否を述べる」、「反対の立場に関して反論を述べる」、「関連した話題に関して将来の展望を述べる」というステップが一般的です。次の話題に関してトリプルパンチを作ってみましょう。

A. 暴力シーンがある映画／アニメ　　B. いじめ

C. 留学　　D. 年金制度

5 おわりに

以上、OPIの構成、判定の仕方、各レベルにおける留意点を述べました。最後にもっとも重要な点を再確認したいと思います。それは、テスターは被験者が「できること」を示さなければならないと同時に「できないこと」もはっきり示さねばならないということです(超級を除きます)。インタビュー中に「しない」という回避が見られた場合はさらに質問する必要があります。また、確認しているレベルの機能は何かをしっかりと頭に置いてそれを引き出す質問をすべきです。

OPIは被験者の言語使用能力を測る手段ですが、多様な応用が可能です。まず、日本語教育のさまざまな分野での研究に応用できます(第2部第3、4章を参照)。また、実際の日本語教育の場でも学習者を上のレベルに導くには何が必要かを具体的に示すツールとしても役立てられます。OPIでは学習者の言語的挫折を起こさせますが、挫折を起こさないようにするために必要な要素も明確に示されます。教師はその点を中心にして学習者を上のレベルに導くことができるのです(第2部第1、2章を参照)。

このように、アセスメントのツールとしてだけでなく、さらに多くのことが「できる」レベルに学習者を導くためにOPIがおおいに活用されることを期待します。

タスク4
自分の学生のレベルを考えてみてください。その学生を上達させるには、どのような指導が効果的でしょうか。

参考文献

ACTFL (1986) . *ACTFL Provisional Proficiency Guidelines*. [http://www.actfl.org/sites/default/files/pdfs/public/ACTFLProficiencyGuidelines1986.pdf] (参照 2016-02-17)

ACTFL (2012a) . *ACTFL Proficiency Guidelines 2012*. [http://www.actfl.org/

publications/guidelines-and-manuals/actfl-proficiency-guidelines-2012](参照 2016-02-17)

ACTFL (2012b).『オーラル・プロフィシェンシー・インタビューテスター養成マニュアル』(2012年度版、日本語版) ACTFL.

第２部　OPIを教育、研究に生かす

OPIの最大の目的は被験者に精一杯の能力を発揮させ、評価可能な自然発話を最大限、採集することです。

どうやって精一杯の力を発揮させるのかは、まさしく、教育現場でめざす最大の目的でもありましょう。また、採集されたデータは日本語の習得プロセスを如実に表します。OPIをどうやって教育に生かすのか。どうやって、習得研究に生かすのか。その方法は？　OPIを利用した教育法、研究法を学びましょう。

1 教育現場に生かすOPI
—試験開発と教材開発を例として—

嶋田和子

❶ はじめに

第1部「OPIの理論と実践を学ぶ」において、Oral Proficiency Interview (OPI) の考え方・構成・評価基準などの理論面、さらにインタビューそのものについての説明がありました。そこで、そのOPIの考え方やインタビューそのものを、どのように教育現場に生かせるかについて、次に取り上げます。第2部第1章では、学内における会話試験としてフィードバックを工夫したOPIの活用、OPIから得た知見を生かした独自の会話試験・教材開発について述べることとします。

きっと「明確な評価基準に基づき、客観的に学習者の口頭能力を評価したい」という思いをきっかけにOPIに関心を持った人が多いのではないでしょうか。しかし、実は、OPIは会話試験としてだけではなく教育現場において、さまざまな活用法があるのです。まずは、『OPIテスター養成マニュアル』(*ACTFL Oral Proficiency Interview Tester Training Manual*) (1999, pp.121-128) の第8章「OPIの意義および教室における応用」を見てみます。

1. インタビューそのものが授業のモデルとなっている
    - 教師の役割とテクニック
    - インタビューの段階
    - 評価基準
    - 言語を用いて何を「する」ことができるかに対する注目

2. 指導法およびカリキュラム・デザインに関してOPIが示唆するもの
    - 想定上の知識から、観察可能な言語行動へ
    - 言語習得のための「はしご」としての「ACTFL能力基準」
    - 技能の発達
    - 実生活への注目
    - 現実的な期待
    - コントロールの度合い

「インタビューそのものが授業のモデル」という点については、次章「教師の成長を支えるOPI」で詳しく述べます。本章では「カリキュラム・デザインに関してOPIが示唆するもの」という視点から、教材開発におけるOPI活用、および会話試験開発に絞って話を進めることにします。会話試験としての有効活用は、OPIに関する現場での活用の仕方の紹介ですが、そこから派生するさまざまな活用法についても紹介します。

話を進める前に、少し『OPIテスター養成マニュアル』について説明します。それは、上述した第8章を旧バージョンから引用していることの理由を明確にしておきたいからです。

1990年、日本において日本語OPIワークショップがはじめて開催されました。その際に使用されたマニュアルは、1989年にAmerican Council on the Teaching of Foreign Languages（米国外国語教育協会, ACTFL）において開発されたものであり1995年にやっと日本語訳が出されました。しかし、早くも1999年には改訂版が誕生し、同時に日本語版も発行されました。さらに2012年には第3版として新マニュアルが発行され、2015年に日本語に翻訳されましたが（本章では第3版を「テスターマニュアル」とします）、その日本語版には第8章が削除されていました。その後、第8章は、追加配布という形でワークショップの際に配布されるということになり、いまだに「テスターマニュアル」には追加されていません。そうした事情から、本章では第8章の引用に関しては、「1999年版テスターマニュアル」を使用することにしました。今後、「テスターマニュアル」とは＜ 2012年発行の日本語版>を指すこととし、＜日本語版1999＞には「テスターマニュアル1999年版」と発行年を記します。

❷ 会話試験としての有効活用

OPIには、公式ACTFL-OPIと非公式（アドバイザリー）OPIがありますが、「テスターマニュアル」には、以下のように記されています。

非公式（アドバイザリー）OPIの判定は、ACTFL-OPIの資格を持つテスターが、自らの所属機関において機関内の目的で実施したOPIに出される。非公式（アドバイザリー）OPIは、プレイスメント、プログラム評価、卒業、レベル間連携などに関連して報告程度の目的のために実施される。(p.4)

現在、日本で実施されているOPIのほとんどがアドバイザリーOPIであり、さまざまな教育機関の実践に生かされています。アドバイザリーOPIは正式な判定として外部に向けて発信することはできませんが、学習者が自らの口頭能力を知ること、クラス分けでの教師側の利用、継続的な実施による学習者の口頭能力の伸びを明確化すること等、その結果に関しては多様な使われ方がされています。また最近では、地域日本語教育においてもOPIが活用されるようになりました。

本節では、こうした現場における多様なOPI活用事例の中から、日本語教育機関における事例として、「OPI評価＋独自の評価」というスタイルで長年実施している久留米大学留学生別科の事例を紹介します。また地域日本語教育におけるOPI実施の事例として、2007年よりOPIの枠組みを活用した「定住外国人に対する言語習得と言語生活の実態に関する調査[注1]」を取り上げます。

2.1 日本語教育機関におけるOPI活用 ～久留米大学留学生別科の事例から～

久留米大学留学生別科（別科）では、学生に対して2001年度より半年ごとの学期終了時にOPIの手法を使ったインタビューテストを実施しています。OPIを導入したのは、運用力向上をめざし、コースカリキュラムやシラバスに反映させたいと考えたことによります。別科では、口頭運用能力の養成に力を入れており、会話授業を中心としてほかの日本語科目における運用力養成にもつなげることをめざしています。そのような授業活動の成果を測るために、到達度テストとは別にOPIを実施するようになりました。判定者はOPIテスターの資格を持つ教員です。

注1　この調査は国立国語研究所「定住外国人の日本語習得と言語生活の実態に関する学際的研究」プロジェクトが実施したものです。

OPI実施の最大の目的は、自分自身の日本語運用力がどのぐらい向上したのか学習者に気づいてもらうことです。通常の授業やテストでは、30分近くさまざまな話題について日本語だけで話す機会はありません。しかし、OPIを受けることで学習者は自分がどのぐらい日本語だけで話すことができるのか、何ができないかを実感することができます。また、半年ごとに実施することによって、そのコースの期間に自分自身がどの程度向上したかという上達度を判定結果によって知ることができます。現実の場面に近い状況で日本語の会話を行い、その会話能力に関するフィードバックを半年ごとに受けることができるわけです。

学習者にとってOPIの実践そのものがフィードバックになりますが、行われた会話の詳細を伝えるために、レポート形式によるフィードバックを行っています(図1)。レポートには、総合評価として判定結果を示しますが、同時に、図1の右側にある「ACTFLの逆ピラミッド」の該当箇所に矢印を付けて自分の位置がわかるようにします。また、評価項目を数値化したものをレーダーチャート形式で明示しています。学習との関連がわかりやすいと考えられる項目を、テスターマニュアルで示される「正確さ・理解難易度」の下位項目「語彙、文法、発音、流暢さ、語用論的能力、社会言語学的能力」の中から選びました。それは「文法」「ことば」「流暢さ」「発音」の4項目です。さらに「テキストタイプ」を「話のまとめ方」として加え、各項目は10段階で評価しています。

全般的な会話の長所は「よくできた点」として記述し、数値化できない不足点は「もっと上手になるために」として具体的に記述しています。学習者には、判定尺度とレーダーチャートの5項目について簡単な説明文を渡します。

レーダーチャートは各項目の数値と面積の広がりが視覚的に明示されるので、学習者の気づきを促します。別科の学習者は中国語母語話者が大半を占めているため、漢字による文字情報の理解が容易であるものの、発音が難しい、あるいは発音の重要性に気づかないという問題があります。例えば「一階」を「いかい」と発音することがありますが、「いかい」と発音すると聞き手には「にかい」と理解されことがあり、情報を正しく伝えられません。筆記テストで正しく表記できても間違った発音では相手に伝わらないという、正確な発音の重要性に気づくことが学習の一つの要点になります。また、語の理解や発話ができるかどうかも会話の達成度に関わっているため、語が言えなかったことに対するレーダーチャートによる「言葉の質と量」の評価は、語彙力に関する有効なフィードバックになります。学習者に対するインタビュー調査（権藤ほか, 2013）でも、OPI のあとでことばの勉強に力を入れたという報告があります。こうしたことからも、効果的なフィードバックは、学習者にとって強い動機づけになることがわかります。

2018 年度前期　ＯＰＩ（会話能力）判定結果

＿＿＿＿＿さん

あなたの日本語会話のレベルは　中級ー下　です。

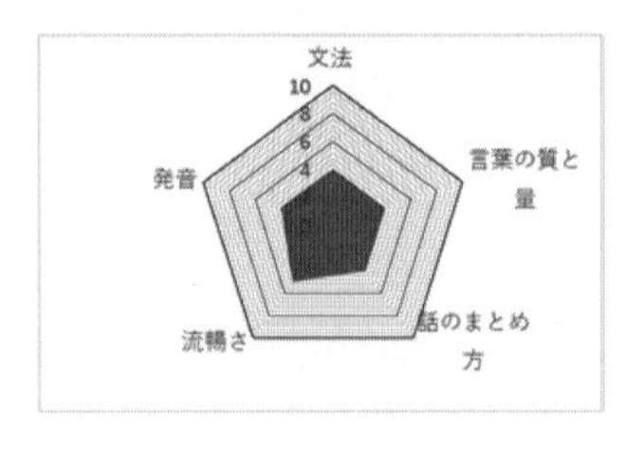

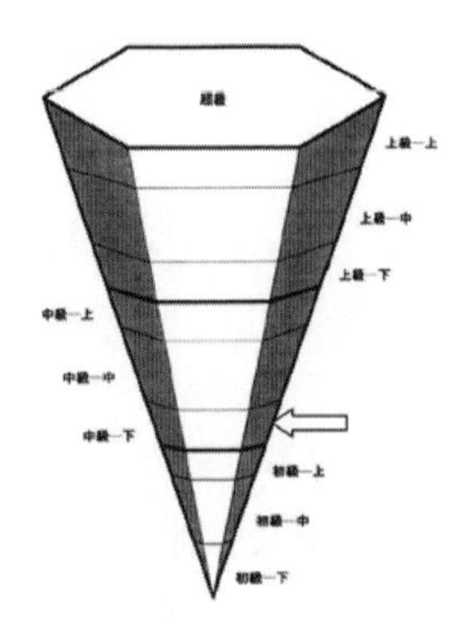

よくできた点

・いろいろな内容について詳しく話そうとしていました。
・自分で考えながら文を作っていました。
・ケーキの作り方や今中国で問題になっているニュースについても簡単に話すことができました。
・質問もできました。
・将来国際文化に入って英語も勉強したいという自分の夢についても話すことができました。

もっと上手になるために

・語彙を正確に覚えましょう。
　×デサイト→〇デザート
　×せいかい→〇せかい（世界）　　　×けいせき→〇けしき（景色）
・文法の間違いに注意しましょう。
　×本をかいたことがあります。→〇本を買ったことがあります。
　×化粧品などをかいたり～→〇化粧品などを買ったり
　文と文をつなぐ練習をするともっと自然な日本語になります。
　×勉強するとき、先生教えた、ぜんぜん勉強しないです。
　〇勉強するとき、先生が教えたことをぜんぜん勉強しなかったです。

2018 年 7 月 26 日

図１　会話能力判定結果

テスターは項目ごとの評価基準を記述形式で表し、担当者が変わっても同一基準で評価できる工夫をしています。例として表1にテスター用の「文法」の評価基準を示します。

表1 「文法の評価基準」

点数	評価基準
10	非常に正確でほとんど間違いがない。
9	母語話者がしないような文法的な誤りは多少あるが、パターン化していない。運用にはほとんど問題がない。
8	文の接続やアスペクトに多少問題があるが、理解に支障をきたすようなことはない。
7	複文レベルは安定して運用できるが、長い文になると正確さを維持できない。
6	複文を使って話そうとするが、間違いもある。
5	活用や初級文法の間違いはあるが、複文も見られる。
4	単文レベルは自発的に言える。複文は非常に少ない。
3	単文が言えるが間違いもある。
2	単文がやっと言えるが、間違いや中断が多い。簡単な質問文が作れる。
1	習い覚えた文を言うことがあるが、間違って発話することもある。

別科に入学したばかりの学習者に対しては、授業開始前のオリエンテーションの期間に第1回のOPI を行い、このときはレーダーチャートと判定結果のみを示したレポートを渡します。来日直後にOPI を受けた学習者は、はじめて日本語だけで会話するという経験から、たとえ日本語能力試験のN1やN2に合格していたとしても、そういう知識だけでは日本語が話せないことに気づきます。これは、日本語の会話力の重要性を学習者に気づかせるという動機づけになり、その後の学習につながります。

別科の1年コースの学習者は入学から修了までの間に3回、1年半コースは4回OPI を受ける機会があります。学習者は入学当時に比べて自分の日本語力がどのぐらい伸びたかを毎回のOPI で実感し、変化の詳細をレポートによって知ることができます。権藤ほか (2013) のインタビュー調査によると、レポートの中でレーダーチャートに注目している学習者がもっとも多いことがわかりました。チャート形式は数値が低いと面積が小さく、またどの項目がよくできて、どの項目が不足しているかが一目瞭然であるという発言もありました。また、レポートの「よくできた点」より、「もっと上手になるために」のほうに注目していることもわかりました。レポートの記述によって不足点を具体的に知る[注2]ことができ、次にどのような勉強をすればよいか、学習者自身が学習目標を立てることができます。半年ごとに判定結果のレベルが少しずつ上がり、またレーダーチャートの面積が大きくなっていく過程が実感できます。このように学習者は自身の成長を実感するとともに、さらに次の学習への手がかりを得ることができます。

一方、テスターには学期末OPI の場合、その学期に当該学生の授業担当をしていない教員をあてるようにしています。初対面の教師と話す機会を得て、緊張感とともに「知らない先生と話せる」という通常の教室活動とは異なる体験を楽しみにする学習者もいます。OPI が「教師との交流機会である」(権藤ほか, 2015) と捉えている学習者もいます。授業担当教員のほうも、OPI から教室活動では見えない学習者の諸側面を知ることができ、その後の学習指導に生かすことができます。

OPI は、学習者にとって日本語だけで自由な会話をするという体験になります。久留米大学での定期的なOPI の実施は、学習者に対して通時的に客観的評価を与え、またレポートによって次の学習への動機づけを行うものです。半年ごとのOPI の実施時に会話の上達度が実感でき、さらに客観的な評価基準に基づくレポート形式のフィードバックによってそのことが明確に示されます。このレポートは学習者が自身の日本語会話能力を客観的に把握し、次の目標設定を行う一助となり、学習の動機づけを促すものと言えます。

2.2 地域日本語教育におけるOPI 活用 ～「定住外国人に対する縦断調査」から～

OPI は1980年代後半から日本語教育において関心が高まってきまし

注2 不足点に対する関心が強い傾向は、調査対象者が中国語母語話者であったことが影響している可能性があります。

た。しかし、「政府の諸機関、大学などの教育機関、民間企業などで使われており、また、幅広い範囲の教育プログラムに在籍する学生の入学時、あるいは、修了時の言語能力を認定する目的でも活用されている」と「テスターマニュアル」に記されているように、地域日本語教育での活用はあまり意識されてきませんでした。

ここで少し地域日本語教育について見ておきます。日本では1990年に実施された出入国管理及び難民認定法（入管法）改正によって、それまで日系1・2世にのみ与えられていた「定住者」という在留資格が日系3世にも与えられるようになりました。また1993年には、日本の進んだ技術や技能を開発途上国に移転し、「人づくり」に寄与することを目的とした研修・技能実習制度が始まりました。さらに、日本人配偶者としての定住者も増加していきましたが、当初は、日本の国として日本語教育をどのようにするのかといった方針が明確化されていませんでした。こうしたことから、自治体に一任された状態であり、外国人に対する日本語教育の取り組み方も自治体によって異なり、次第に地域住民によるボランティア活動が活発化していったのです。

法務省の調査によると、2018年末現在、日本社会においては、2,731,093人の外国人が暮らしています。文化庁は2007年に日本語教育小委員会を設置し、「生活者としての外国人」のための日本語教育にさまざまな形で尽力してきました[注3]。しかし、日本語教育機関の学習者とは異なり、定住外国人が自らの日本語力がどの程度なのかを知る機会は多くありません。こうした地域の日本語教室でこそOPIを会話試験として生かす、また、OPIの考え方を取り入れた日本語支援を行うことは意味があると思うのですが、長い間「地域日本語教室にはそぐわない」といった思い込みが横行していました。

それを突き破ったのは、国立国語研究所が2007年度より実施してきたOPIを活用した地域における定住外国人の日本語学習環境の調査です。実施場所は、外国人散在地域の秋田県能代市、外国人集住地域の群馬県大泉町の2カ所、調査方法としてはOPIを1年に1度（第2期調

注3　文化庁では2007年より日本語教育小委員会を設置し、カリキュラム案、ガイドブック、教材例集、日本語能力評価、指導力評価などさまざまな成果物を提示してきました。現在も引き続き審議を行っています。http://www.bunka.go.jp/seisaku/kokugo_nihongo/kyoiku/nihongo_curriculum/

査では半年ごと）行い、日本語の会話力と言語生活環境の実態を縦断的に探るとともに、形成的なフィードバックを行うものでした（能代市の調査は規模を縮小し、2019年現在も進行中）。ここでは能代市の事例をもとに、OPI を継続的に実施することの意義について述べることとします。

すでに述べたように学習者自身が自分の日本語力を知ることや、学習意欲を喚起するといった要素もありますが、ここで強調したいのは「日本語で自分の考え・思いを伝えること」の楽しさです。牧野（2001, p.11）は、OPI の大きな特徴として「その被験者が毎日どのような生活を送っていて、今までどんな人生を過ごしてきたのか、どんなものの見方をする人なのかを、相手に共感を示しながら、かつ相手の気持ちを傷つけずに探ること」であるとしています。さらに「被験者の人生を取材する」といった気持ちで臨むことが重要であると述べていますが、このことは、能代市での調査でも明らかになっています。7年間OPI を受けてきたAは次のように語っています。

> 何がよかったかって、まず先生が来るときを待っての時間が一番楽しいね。で、それで、先生とこう、話し、声かけたり、いろんなこと教えてもらったから、今日はなんか失敗したかなあ。先生の、先生の心はどう思ったかなあ。このときこうやってもよかったのに。どうなるかなあ。まだまだだねえ、って思うし。これがもっとやりたいんだけど、なかなか、この日本語は難しいよ。（原文ママ）

こう語り、「楽しいよ。すごく楽しい！」とOPI を受けることの楽しさについて述べています。Aにとって日常生活で自分の考えを述べたり、説明をしたりするという言語活動はほとんどありません。そうした中、毎年実施するOPI を通して、日本語で「自らの声」を発することの楽しさを感じ、フィードバックをもとに発話を振り返っていたAは、OPI を心待ちにしていました。テスターにとってAとのインタビューは、まさに「人生を取材する」ことであり、OPI の意義を感じさせられます。

はじめてAにインタビューをしたときのことが鮮明に思い出されます。ひたすらAがしゃべり、テスターの質問も自分流に解釈をし、話しつづけました。そして、30分近いOPI が終わったあと、なんと1時間半も一方的にAが話すという状態が続きました。そんなAも回を重ねるごとに、内省を深め、相互行為として会話を捉えるようになっていったのです。レベルは、中級-中から中級-上へと下位レベル一つだけのアップでしたが、談話としての内容・構成などは大きく進歩しました。だからこそ、Aに地域の料理教室や語学教室の講師をお願いしたいという声がかかるようになり、次第に「○○町のAさん」と、地域社会にかけがえのない"人財"へと変化していくことができたのです。実は、2008年に「ビビンバの作り方」というタスクを出しましたが、同じタスクを7年後に出してみました。

(2008年)
あの、ほとんどナムルは何種類でもいいですよ。まず一番、しぐないと8つぐらい。ナムル、もやす、ほうれんそう、あと、人参、大根、セリ……。あ、キノコ、うん、あのう、肉の、何だっけ、細かくしたの何って、ひき肉。ひき肉と、あと何だっけ、卵、しぐない場合はこれだけやっても、きれいな色が飾れれば、温かく上さ、こうきれいに。すっごくおいしいの。ほとんど味は塩とゴマ。

(1分強の発話)

(2015年)
これは簡単だよ。まず石焼ビビンバをやるときには物があるのよ、鍋。で、ここさ、まずナムル作る方って、最低7種。いっぱい入れれば12種類のナムルを、醤油は使わないで塩で味付けていたためる。それで、それのほうを皿さやって、順序に、こう、何だっけ。もやし、ほうれんそう、ピーマン、こうちゃんと準備して。準備終わったら、ごま油で炒める、塩入れて。味が同じ。でも、食べるときには、この、物によって味は変わらないし、ただ、塩とゴマ油だけ使って。このときはにんにくは使いません。で、それで、ごはんをちゃんとこう石焼の所さ、ごま油をちゃんとひいて、ご飯を茶碗一個ずつここさ入れて、少しだけこちゅこちゅ、なんか音が出るまでこちゅこちゅするときに、飾りものをちゃんと上さのせる。青だったら赤、赤だったら緑、こうやって順序にやって、ひき肉もちゃんといたためて、炒めて、ここさ置いて。卵は……(後略)

(3分弱の発話)

Aに対するOPIでは、変化を見るために料理の種類は変えながら何度か料理の作り方を聞いてきましたが、同じ料理で行ったのは7年ぶりでした。質・量ともに大きな変化が見られ、OPIを始めるまでは自分自身の発話を意識することはなく、また自分の考えを日本語でこれだけ説明できるようになるとは考えてもいなかったとAは語ってくれました。

群馬県大泉町では高校生を中心に縦断調査としてOPIを実施しましたが、第2回のOPI実施の際に、高校2年生のCからこんな感想を聞きました。

先生、僕は敬語が必要なんて思ったこと、ありませんでした。でも、OPIをやって、ロールプレイで出てきて、できない！ってわかりました。それで、終わってから本屋に行って敬語のことを読んで……。それから、何回もシュミレーションをして練習したんです。お金ないから買わなかったけど、本屋で立ち読みして勉強しました。

OPIやフィードバックシートなどを通して気づき、次回に向けて練習するという被験者の姿勢は、まさにOPIの持つ形成的評価としての意義であると改めて感じることができました。

❸ 会話試験開発に生かす

❷で述べたようなOPIを学内における会話試験として有効活用している例は、ほかの日本語教育機関でも見られますが、まだまだ少数派

であると言えます。その理由としては、以下のようなことが挙げられます。

- 30分という試験時間が必要なことから、大規模実施は難しい。
- 機関内に、何人もOPI 有資格者の教師がいるとは限らない。また、外部にテスターを依頼できる環境が必ずしも整っていない。

そこで、OPI が優れた会話テストであることを認めつつも、各教育機関において、より実用性の高い会話試験の開発をめざすという動きが出てくることになります。本節では、日本語教育機関における開発事例としてイーストウエスト日本語学校の会話試験（10分）、地域日本語教育の事例として浜松のHAJACテスト（15分）を取り上げ、試験の内容・運用方法などについて紹介します。

3.1 日本語教育機関における会話試験開発例 ～イーストウエスト日本語学校の事例から～

東京都中野区にあるイーストウエスト日本語学校[注4]では、2000年にOPI をベースにした会話試験を開発し、改訂を重ねながら現在も使用しています。まずはCan-do statementsによる会話レベル表[注5]を作成し、それに基づいた会話授業をスタートさせました。ベースにあるのはOPI の考え方であり、OPI の構成を重視したものですが、実用性（一人のテスターによって、1クラス10～20人の学習者に対して実施可能であること、OPI テスターでない教師でも実施できること）を考え、「10分でできる会話試験」を編み出しました。また、学内の授業と有機的にリンクできることが重要であることから、カリキュラムとの連動、

注4　イーストウエスト日本語学校では多くのOPI テスターが在籍し（多い時期は22名）、早くからプロフィシェンシー重視の教育を行ってきました。それが後述するOPI を生かした『できる日本語』誕生につながりました。

注5　『目指せ、日本語教師力アップ！―OPI でいきいき授業―』第1章「教師力」および巻末に各国語版が掲載されています。

さらには試験実施後のフィードバック授業の充実に力を注いできました。本会話試験に関しては、拙著『目指せ、日本語教師力アップ！—OPI でいきいき授業』第3章にコンセプト・会話試験例・試験実施例・授業展開例などが載っていますので、そちらも参照してください。

イーストウエスト日本語学校の会話試験（EW会話試験）とOPI の関係について表2にまとめました。これをもとに、少し解説を加えます。構成は、「導入（1分）」→「音読（1分）」→「テーマ会話（5分）」→「ロールプレイ（2~3分）」→「最後の一言（0.5分）」となっており、特徴的なOPI との違いは音読の有無にあります。

「2. 試験のレベル設定」ですが、10分という短い時間で行うことの欠点を補うためには、レベルごとの試験開発が必要であると考えました。OPI では「レベルチェック⇔突き上げ（probe）」が重要ですが、この「レベルチェック」の部分をカットし、話題をスパイラル（らせん状）に展開していくことに焦点を当てました。

レベル設定は「初級 20、初級 30、初級 40、中級 50、中級 60、上級 70、上級 80」の 7段階[注6]で、それぞれ違う音読文、テーマ会話、ロールプレイで実施します。また、同じ評価シートを使ってはいますが、レベルによって項目の点数配分を変える、また、ロールプレイはレベルによって倍率を変えて評価するなどの工夫がされています。「倍率を変える」というのは、初級 20を基点として、「初級 30=1.5倍、初級 40= 2倍、中級 50= 2.5倍……」という設定を意味します。こうした操作をすることによって1本の尺度での判定が可能になっています。

注6　初級 20は、ほとんど使用されることはなく、実際には初級 30からの6レベルでの実施となっています。

表２　EW会話試験とOPIとの比較

	項目	EW会話試験	OPI
1	テスターと被験者	1対1	1対1
2	試験のレベル設定	あり (複数の試験を準備)	なし
3	導入	あり	あり
4	音読	あり	なし
5	テーマ自由度	音読のテーマ使用	あり
6	スパイラル展開	あり	あり
7	ロールプレイ	あり	あり
8	終結部	あり	あり
9	所要時間	10分 (すべてのレベル)	10～30分
10	評価	シングルスケール	10段階
11	テスター資格	必要なし	OPIテスター
12	研修	試験実施前に学内研修	各自
13	フィードバック	成績表および1週間後に授業内で実施	目的によって多様

※この試験は、毎年前期・後期の定期試験が行われる9月、2月に実施されます。
中間試験(6月、12月)には、クラス独自の試験を実施しています。

「4. 音読」を設置した目的は、①短い時間での実施であることから、音声面での評価はここで集中して行う、②テーマ会話に自然につなげる役割を果たす、③会話試験を通して「音読」の意義を学習者も教師も再認識するといったことが挙げられます。また学習者は、実施後のフィードバック授業で苦手な音やイントネーションについて具体的なアドバイスを受けることで、自らの発音を意識したり、クラスメートの発音にも注意を向けたりするようになります。事前の質問項目やメモを取ることが禁止されているEW会話試験において「音読」を入れることは、ある意味流れに反するとも言えますが、10分という時間的な制約があることから項目として設定しています。

「5. テーマの自由度」ですが、EW会話試験では、音読文のテーマを活用してスパイラルに展開するようにできています（例：初級 30＝日本の四季、初級 40=カップラーメン、中級 50=温泉、上級 60=スマートフォン、上級 70=若者と就職、上級 80＝IT革命）。テーマを設定することによって、OPI が持っているような魅力は減少しますが、①限られた時間を有効活用できる、②クラス全体でのフィードバック授業が効率的にできる、③試験に関わる教師にとって「話題のスパイラル展開」を仲間と協働で学ぶことができるといった長所が見られます。

「10. 評価」の「シングルスケール」については、図 2「会話試験　成績表」を見てください。素点で示されてはいますが、何点だったかが重要なのではなく、「今、自分はどのあたりにいるのか」「前回と比べてどれぐらい伸びているのか」「どうすれば上のレベルに行けるのか」といったことを意識することが重視されています。

「12. 研修」は毎試験実施前に、これまでの会話試験の録音を仲間の教師とともに聞きながら、判定とその根拠、インタビューやロールプレイの進め方などについて話し合いが行われます。こうした事前研修は、インタビュー技術や会話能力を捉える力の向上といった面で、教師力アップに大きくつながっていきます。

最後にフィードバックについてですが、EW会話試験が大切にしていることに「成績表による個別のフィードバック」「授業内でのフィードバック」があります。授業内でのフィードバックは、試験の 1週間後に、学内一斉にフィードバック授業を 1時間設定します。それぞれ会話試験を担当したクラスに入り、試験結果をもとに「会話試験を担当したクラスで、共通に問題だと思われる項目について考える」ことを中心に行っています（この内容はクラス担任とも共有）。クラス内で、ある学習者の音声を聞くことは、場合によってはその学習者を傷つけることにもつながるため、スクリプトに起こし、いくつもの学習者の発話をブレンドして「問題点を浮き彫りにする」といった手法が取られたりしています。こうした作業は「音声言語は、書記言語のように残らず、消えていってしまう」という問題点を解決し、また教師も学習者の発話をしっかり聴くことによって、これまで気づかなかった課題・クセ・

特徴などを把握することができるのです（OPI と同様、試験終了後、録音を再度聞いて判定します。また、成績表を作成するためにも、再度聞く必要があります）。

本会話試験は 20 年近く続けられていますが、同時に必要に応じて中級・上級クラスに編入する学習者に対してはOPI を実施するなど、OPI も有効に活用しています。現場に合わせた会話試験の開発は重要ですが、さらに柔軟に複数の試験を活用することにも意義があると言えます。

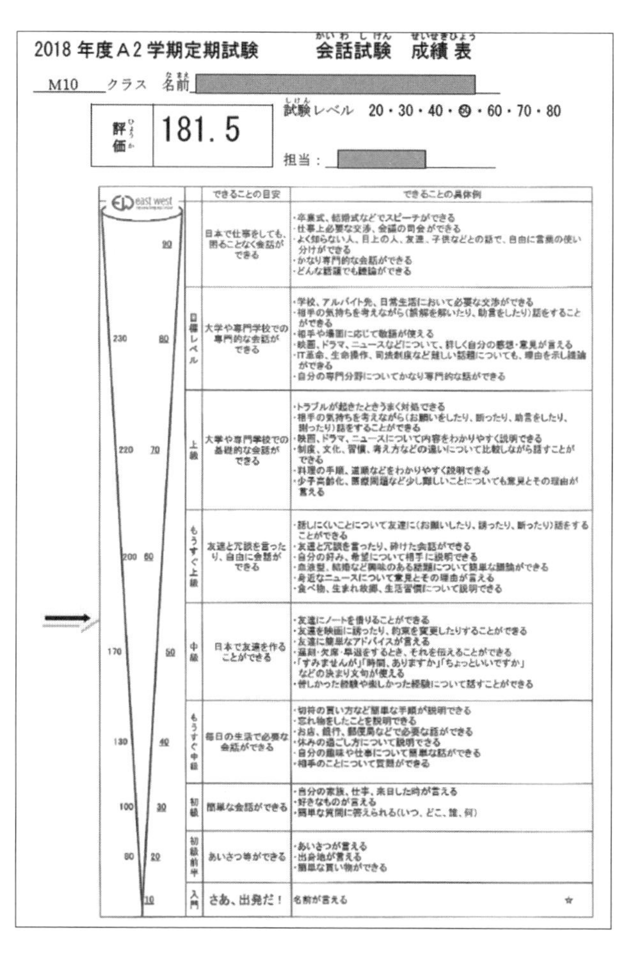

2018 年度Ａ2 学期定期試験　　会話試験　成績 表

M10 クラス　名前

評価　181.5

試験レベル　20・30・40・㊿・60・70・80

担当：

スコア			できることの目安	できることの具体例
	90		日本で仕事をしても、困ることなく会話ができる	・卒業式、結婚式などでスピーチができる ・仕事上必要な交渉、会議の司会ができる ・よく知らない人、目上の人、友達、子供などとの話で、自由に言葉の使い分けができる ・かなり専門的な会話ができる ・どんな話題でも議論ができる
230	80	目標レベル	大学や専門学校での専門的な会話ができる	・学校、アルバイト先、日常生活において必要な交渉ができる ・相手の気持ちを考えながら（誤解を解いたり、助言をしたり）話をすることができる ・相手や場面に応じて敬語が使える ・映画、ドラマ、ニュースなどについて、詳しく自分の感想・意見が言える ・IT革命、生命操作、司法制度など難しい話題についても、理由を示し議論ができる ・自分の専門分野についてかなり専門的な話ができる
220	70	上級	大学や専門学校での基礎的な会話ができる	・トラブルが起きたときうまく対処できる ・相手の気持ちを考えながら（お願いをしたり、断ったり、助言をしたり、謝ったり）話をすることができる ・映画、ドラマ、ニュースについて内容をわかりやすく説明できる ・制度、文化、習慣、考え方などの違いについて比較しながら話すことができる ・料理の手順、道順などをわかりやすく説明できる ・少子高齢化、医療問題など少し難しいことについても意見とその理由が言える
200	60	もうすぐ上級	友達と冗談を言ったり、自由に会話ができる	・話しにくいことについて友達に（お願いしたり、誘ったり、断ったり）話をすることができる ・友達と冗談を言ったり、砕けた会話ができる ・自分の好み、希望について相手に説明できる ・血液型、結婚など興味のある話題について簡単な議論ができる ・身近なニュースについて意見とその理由が言える ・食べ物、生まれ故郷、生活習慣について説明できる
170	50	中級	日本で友達を作ることができる	・友達にノートを借りることができる ・友達を映画に誘ったり、約束を変更したりすることができる ・友達に簡単なアドバイスが言える ・遅刻・欠席・早退をするとき、それを伝えることができる ・「すみませんが」「時間、ありますか」「ちょっといいですか」などの決まり文句が使える ・楽しかった経験や悲しかった経験について話すことができる
130	40	もうすぐ中級	毎日の生活で必要な会話ができる	・切符の買い方など簡単な手順が説明できる ・忘れ物をしたことを説明できる ・お店、銀行、郵便局などで必要な話ができる ・休みの過ごし方について説明できる ・自分の趣味や仕事について簡単な話ができる ・相手のことについて質問ができる
100	30	初級	簡単な会話ができる	・自分の家族、仕事、来日した時が言える ・好きなものが言える ・簡単な質問に答えられる（いつ、どこ、誰、何）
80	20	初級前半	あいさつ等ができる	・あいさつが言える ・出身地が言える ・簡単な買い物ができる
	10	入門	さあ、出発だ！	名前が言える　☆

図2　会話試験　成績表１ページ目 (中級クラス)

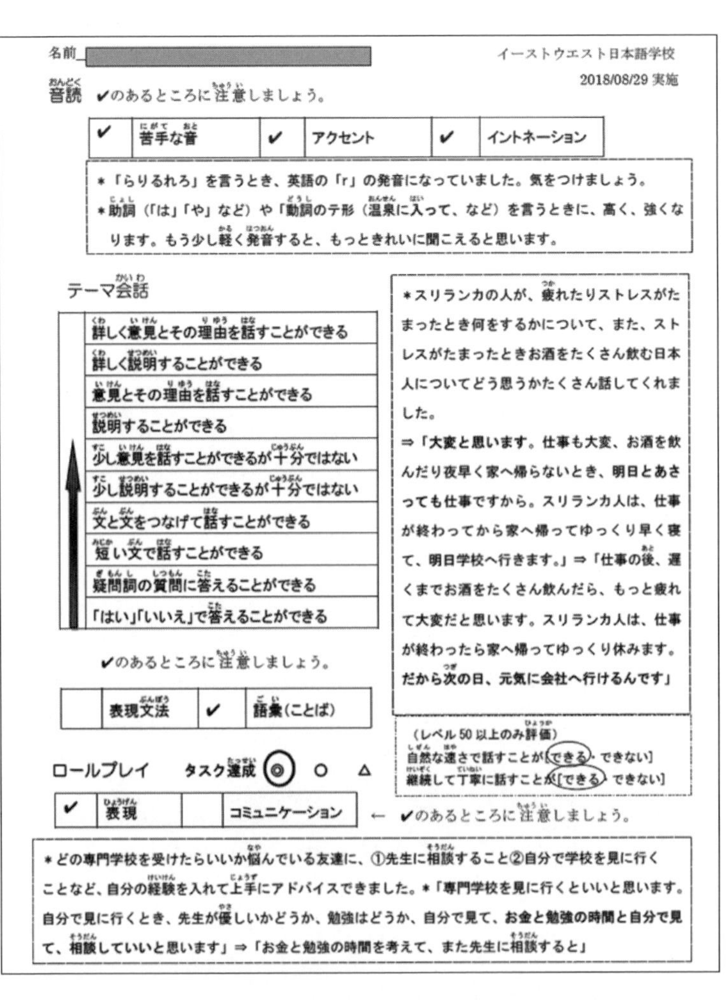

名前＿＿＿＿　イーストウエスト日本語学校
2018/08/29 実施

音読　✔のあるところに注意しましょう。

✔	苦手な音	✔	アクセント	✔	イントネーション

＊「らりるれろ」を言うとき、英語の「r」の発音になっていました。気をつけましょう。
＊助詞（「は」「や」など）や「動詞のテ形（温泉に入って、など）を言うときに、高く、強くなります。もう少し軽く発音すると、もっときれいに聞こえると思います。

テーマ会話

- 詳しく意見とその理由を話すことができる
- 詳しく説明することができる
- 意見とその理由を話すことができる
- 説明することができる
- 少し意見を話すことができるが十分ではない
- 少し説明することができるが十分ではない
- 文と文をつなげて話すことができる
- 短い文で話すことができる
- 疑問詞の質問に答えることができる
- 「はい」「いいえ」で答えることができる

✔のあるところに注意しましょう。

	表現文法	✔	語彙（ことば）

＊スリランカの人が、疲れたりストレスがたまったとき何をするかについて、また、ストレスがたまったときお酒をたくさん飲む日本人についてどう思うかたくさん話してくれました。
⇒「大変と思います。仕事も大変、お酒を飲んだり夜早く家へ帰らないとき、明日とあさっても仕事ですから。スリランカ人は、仕事が終わってから家へ帰ってゆっくり早く寝て、明日学校へ行きます。」⇒「仕事の後、遅くまでお酒をたくさん飲んだら、もっと疲れて大変だと思います。スリランカ人は、仕事が終わったら家へ帰ってゆっくり休みます。だから次の日、元気に会社へ行けるんです」

（レベル50以上のみ評価）
自然な速さで話すことが［できる・できない］
継続して丁寧に話すことが［できる・できない］

ロールプレイ　タスク達成　◎　○　△

✔	表現		コミュニケーション

← ✔のあるところに注意しましょう。

＊どの専門学校を受けたらいいか悩んでいる友達に、①先生に相談すること②自分で学校を見に行くことなど、自分の経験を入れて上手にアドバイスできました。＊「専門学校を見に行くといいと思います。自分で見に行くとき、先生が優しいかどうか、勉強はどうか、自分で見て、お金と勉強の時間と自分で見て、相談していいと思います」⇒「お金と勉強の時間を考えて、また先生に相談すると」

図３　会話試験　成績表２ページ目 (中級クラス)

3.2　地域日本語教育における会話試験開発

次に浜松国際交流協会による会話試験開発の事例を紹介します。浜松版日本語コミュニケーション能力テスト (HAJACテスト) は、2012年に誕生しました。浜松市では、2010年に全国に先駆けて外国人の学習支援に特化した行政施設を開設しています。浜松国際交流協会は施設の運営を行う中で、日本語教室の成果をどう「見える化」していくかという課題にぶつかり、2012年に文化庁「生活者としての外国人」に対する日本語教育事業の委託を受け、同テストを開発しました。開発にあたっては、「相互のやりとりを伴い、順応性があり、かつ、学習者中心の評価」(「テスターマニュアル」p.3) であるOPI を出発点としました。しかし、実用面から試験時間の短縮を図り、より簡便なテストになることを心がけました。

浜松版日本語コミュニケーション能力評価システム策定事業報告書(2012, p.25) にはシステムの目的が、「浜松市の多文化共生を目指す取り組みの一環として、外国人住民の自立と生活ステージの向上を図るために、個人がもつ日本語コミュニケーション能力をHAJACテストで視覚化(「見える化」)し、その評価を活用することで、外国人住民、日本人支援者、日本社会のそれぞれに具体的な波及効果をもたらすことを目的とする」と記載されています。自治体が行う「生活者としての外国人への日本語教育」を、「居場所づくり」という要素を大切にしながら、より効果的に日本語を習得できることを浜松国際交流協会ではめざしています。それは、「生活者としての外国人」の社会参加・自立への道をサポートすることにつながると考えたことによります。

HAJACテストは、生活者としての外国人が話す日本語をポジティブに評価し日本語学習意欲の向上や日本語学習継続の動機づけにつなげることをめざしています。そこで、「この質問に対してこの答えができる」といった一問一答的な面接テストではなく、ある程度自由度がある会話の中でコミュニケーション能力を判定する半構造化インタビュー形式となっています。半構造化インタビューとは、一定の質問にしたがってインタビューを進めますが、被験者の回答によって質問内容などを変えたりしながら進めるインタビューのことを言います。

実施にあたっては、OPI におけるインタビューのカギとなるテスターの発話を引き出す力を重視し、そのための研修会も実施されています。テスターマニュアルには詳しい能力評価基準表などが用意されていますが、ここでは概要を記すにとどめます。HAJACテストとOPI の比較に関してまとめたのが表3ですが、ここで少し解説を加えます。構成は、「導入(0.5~1分)」→「会話(9~12分)」→「逆質問/ロールプレイ:状況による(1.5~5分)」→「終結部(0.5分)」となっています。また、実施時間を15分に短縮しただけではなく、半構造化インタビューという形式を取っている点がOPIと異なります。また、レベル分けに関しては、表4に示すとおり、C0~C7の8段階であり、初級・中級レベルをしっかり測りたいというねらいがあります。

表3　HAJACテストとOPIとの比較

	項目	HAJAC	OPI
1	テスターと被験者	1対1	1対1
2	導入	あり	あり
3	テーマ自由度	ある程度あり	あり
4	スパイラル展開	あり	あり
5	ロールプレイ（RP）	あり（RPが難しいレベルでは「逆質問」	あり
6	終結部	あり	あり
7	所要時間	15分	10～30分
8	評価	8段階	10段階
9	テスター資格	HAJACテスター資格	OPIテスター資格
10	研修	不定期で実施	各自
11	フィードバック	シート配布	目的によって多様
12	日本語教室との連動	あり	なし

HAJACテストはこれまで浜松における地域の教室などで使用されてきましたが、広く普及していくことをめざしてさらにチームで話し合いが続けられています。地域日本語教育に携わる方々からは「共通の指標ができ、担当者間での対話がよりしやすくなった」「学習者の日本語力を客観的に見ることができるようになった」といったコメントが寄せられています。ここで一つインタビュー評価シートの例を図4で示すこととします。

表4　HAJACテストの能力レベル表

C7	周囲で起こっている問題について、自分の意見を述べたり、その理由について筋道を立てて説明したりすることができる
C6	日常生活上の話題について、自分の考えを伝えたり説明したりすることができる
C5	身近な話題について、会話を広げたり、会話を続けるために相手に働きかけたりすることができる
C4	身近な話題について、自分なりの表現を使って会話ができる
C3	覚えた言葉、表現や決まり文句を使ってごく身近な話題について、短い文で答えることができる
C2	覚えた言葉、表現や決まり文句を使ってごく身近な話題について、単語で答えることができる
C1	ごく簡単な表現を聞き取って、名前や出身国が言える
C0	ここからスタート！

HAJACテストは、OPIとは異なり、より短時間でできる試験をめざしましたが、実施してみるといくつかの課題が浮かび上がってきました。①テスター養成という制度を運用していくことの難しさ、②判定の質を保つことの難しさ、③より短い時間でできる試験を求める現場の声などが挙げられます。こうした課題に丁寧に向き合いながら、さらに試験としての質を高めることが重要であると言えます。

こうしてOPIの考え方をベースにして、それぞれの現場で独自の会話試験が生まれることで、教師間の対話が深まり、教師力アップにもつながっていきます。全国に多数ある地域日本語教室にはさまざまなタイプ・内容のものが存在しますが、地域日本語教育担当者とボランティアとが連携しながら、よりよい日本語教育・支援の場づくりが求められています。

インタビュー評価シート

名前(国籍): ○○○ (ペルー)

クラス: U-ToC日本語教室(初級)

判定 C4

話題	レベル							メモ
自分のこととペルーのこと	C1	C2	**C3**	C4	C5	C6	C7	○今年の7月に21年になります ○主人と子供が3人です ×大統領府の説明
ペルー料理	C1	C2	C3	**C4**	C5	C6	C7	○セビーチェの作り方 ○エビもいれてもいいです
日本料理	C1	C2	**C3**	C4	C5	C6	C7	△ごぼう御飯→五目御飯 ○~の方がいいと思います。○日本ほど野菜はありません(比較)
小学校	C1	C2	C3	**C4**	C5	C6	C7	◎学校で困ったことの説明(前の学校と今の学校の環境変化)子供の心情変化
子供の夢	C1	C2	C3	**C4**	C5	C6	C7	
	C1	C2	C3	C4	C5	C6	C7	
	C1	C2	C3	C4	C5	C6	C7	
	C1	C2.	C3	C4	C5	C6	C7	

ロールプレイ/逆質問

できたこと	勉強した方がよいこと
・質問をよく聞き、です、ますを使って丁寧に話すことができます。時制の間違いもあまりありません。 ・ペルー料理や学校など、自分の得意な話題については、自信をもって自分の言葉で説明することができました。 ・あいづちやフィラーなど会話のマナーが自然です。日本語を聞いたり話したりすることに慣れています。	・本やインターネットなどで、語彙や表現を増やしましょう。学校のお便りも、日本語で読んでみてください。 ・自分の関心のない話題は、説明が苦手です。いろいろなことを、説明したり描写したりする練習をしましょう。 ・もっと長く話せるようになりましょう。相手に自分から質問してみたり、自分のことを話したりして、会話をたくさんしてみましょう。学校の先生や日本人の友達などと、自信をもって会話を楽しんでください。

特記事項

判定日: 2019年3月18日

テスター: ×× ××

公益財団法人浜松国際交流協会(HICE)

図4 HAJACテスト インタビュー評価シート

❹ 教材開発に生かす

OPI の考え方を身につけることによって、教育実践も大きく変わってきます。「テスターマニュアル 1999年版」の第8章には以下のように記されています。

> OPI トレーニングでは、教えられたことと身に付けたこと、すなわち、学習者が目標言語について知っていることとそれを用いて実際にできることの間には、大きなギャップがあるという事実を痛感させられる。しかし、このギャップの存在に気づき、各レベルで学習者は何ができて当然なのかがわかるようになれば、その時点で、指導法やカリキュラム・デザインにおける注目点を想定上の知識から観察可能な言語行為へと移すことができる。そして、この移行によって、ほかの注目点も変わってくるのである。(p.123)

OPI の考えを援用することで、教育実践が変わり、カリキュラム・デザインが変わり、ひいては教材が変わってきます。ここで、もう一つ「テスターマニュアル 1999年版」から引用します。

> (前略) 伝統的な構造シラバスを土台とした語学教育プログラムでは、指導法に沿った語学学習装置を導入したり、場面・文脈という飾りを付け加えたとしても、なお埋めることができなかったギャップなのである。そのような方針の語学教育プログラムでは、たとえ言語の使用というゴールを掲げても、実現できずに終わっている。学習者たちに何を『する』ことができるようにさせたいかという意味での真のゴールを、機能ではなく、主に形式に関連付けてしまったためなのである。(p.124)

構造シラバスの教科書に、ただ単にCan-do statementsを加えたり、場面・状況を付け加えたりしても、しょせんあとづけのものでしかありません。つまり、構造シラバスの教科書では、場面・状況があったとしても「学習項目として挙げられている『文型』のための場面・状況」設定であり、言語活動を重視したものにはなっていないのです。そうしたことから、会話が行われている場面・状況、話者の関係性などに注目するOPI の考え方を取り入れた教科書作りが求められていると言えます。OPI の考え方で作られた教科書は、ロールプレイに特化した教材、読み教材などいろいろ出版されていますが、ここでは総合教科書として『新・生きた素材で学ぶ中級から上級への日本語』と『できる日本語』を取り上げ、具体的に話を進めることにします。

4.1 『新・生きた素材で学ぶ中級から上級への日本語』

『新・生きた素材で学ぶ中級から上級への日本語』は1998年に出た『生きた素材で学ぶ中級から上級への日本語』の改訂版として出版されました(2012年)。これは、4人のOPI テスターによって編み出された教材であり、同書の前書きには次の3点が挙げられています。

(1) 学習者に必然性のある題材を取り上げていること。
(2) 難易度が学習者の能力よりも少し高めであること。
(3) 自然な日本語で書かれていること。

さらに、次のことに留意して作成されていることがわかります。

(1) 日本にいれば経験する可能性が高く、また、彼ら自身経験してみたくなるような言語活動をテーマにする。
(2) 学習者用に手を加えられたものではない、オーセンティックな、つまり、生のエッセイや説明文、記事、アンケート調査から材料を揃える。
(3) 内容、語彙、漢字などの難易度が中級から上級へと向かうものであること。

本書の対象レベルは「中級」から「上級」をめざすレベルですが、「中級」「上級」に関して次のように記されていて、まさにOPIの評価基準の考え方と重なっています。

◇中級　日々繰り返される日常的パターン化した言語活動を文レベルの発話で表現あるいは理解できるが、文を超えた談話レベルの発話の表現や理解ができず、パターンから外れた場面での複雑なコミュニケーションには困難をきたすレベル。

◇上級　パターンから外れ、非日常的な場面における複雑なコミュニケーションが行える。つまり、予測していないコミュニケーション場面に遭遇し、そこで必要とされる事象の「説明・理由づけ」「記述」「報告」「意見表明」など、談話レベルの言語活動を表現あるいは理解できるレベル。

(p.4)

OPIでは、中級から上級へとタスクの難易度がスパイラルに上がっていくという考えに基づいていますが、この教科書においては、それがうまく仕組まれています。「この本をお使いになる方へ」には、次のように記されています。

例えば、ユニット1「自己紹介と本当の自分」の場合、名前、所属など自分に関する基本情報を伝える日常的な「自己紹介」をこなすことは中級レベルで問題なくできるでしょうが、それをさらに一歩進め、初めて会った人にどこまで自分のことを話すのか、いわゆる、自己開示の範囲はどこまでなのかを考えて話すこと（あるいは、話さないこと）は上級レベルのタスクと言えるでしょう。そのためには、聞き手との社会的関係に注意を払い、それにふさわしい談話構成能力（文を超えたまとまりのある発話を産出する能力）が要求されることになります。(p.5)

奥野（2014）は、「現代の時代に即し、プロフィシェンシーに基づいた「生きた」素材を扱った教材であり、「中級」から「上級」への橋渡しが可能な素材」であるとし、さらに「ユニットの中で段階的に高いレベルに挑戦し、ユニットが進むにつれてスパイラルに能力を向上させるという、まさにプロフィシェンシーの考えに基づいた教科書である」と使用後の感想を述べています。最後に、「テスターマニュアル 1999 年版」から「言語習得のための『はしご』としての『ACTFL能力基準』」の一部を引用しておきます。

> 次のレベルにどのような能力が含まれているかがわかっていれば、学習項目の順序を決めていく手がかりになる。（中略）
> 学習者が次のレベルへと伸びて行くための準備を整えることができる。さらに、『能力基準』の記述を見れば、学習者が目指している最終ゴールを常に念頭に置いておく助けになる。指導項目やコースデザインは、この最終ゴールによって決まってくるはずなのである。
>
> （p.124）

上述したように、この教科書は、必然性のある題材を取り上げ、真正性を重視し、タスクのスパイラル展開に留意して作成されています。最後に、本教科書の特徴とOPI とを比較した表を載せておきます。

表５『新・生きた素材で学ぶ中級から上級への日本語』とOPI との比較

	教科書の特徴	OPI の特徴
1	必然性のある題材を取り上げている。	被験者にとって意味のあるテーマを取り上げる。
2	難易度が学習者の能力よりも少し高めである。	タテ軸で能力を捉え、一つ上のレベルを意識しながら進める。
3	自然な日本語であること。	言語の運用能力を実生活で起こり得る状況で、どれだけ適切に言語を使うことができるかという観点から評価する。

4	学習者が経験したくなるテーマを取り上げる。	被験者にとって意味のあるテーマを取り上げる。
5	生のエッセイや説明文などから材料を取る。	「教室における応用」として、教材ができるだけ本物に近いことの重要性を説く。
6	難易度が中級から上級へ向かう。	「1つのレベルから次のレベルにらせん状（スパイラル）に話題を上げること」という指示がある。

4.2 『できる日本語』

『できる日本語』の開発は、「はじめに文型ありきの日本語学習」から「言語行動を重視した日本語学習」に変えたいという共通の思いを抱く出版社と現場教師との対話から始まりました。言語活動を重視し、教室というコミュニティを、外のコミュニティとつなげることに重きを置きました。それは、「予測できないような事態を教室で組み入れているだろうか。自分で自由に答えを作り出すような、本当の意味でのタスクをさせる時間を作っているだろうか」という「テスターマニュアル 1999年版, p.125)」の問いかけに応えるものとなっています。学習者も一人の生活者であり、実生活の場面を重視し、そこで起こり得る状況を教材にも取り入れることをめざしました。『できる日本語』に関しては、最初に8つの特徴をOPI との比較で提示した後、「初級 5 課」を例として説明を加えます。

表6　『できる日本語』とOPI との比較

	教科書の特徴	OPI の特徴
1	行動目標（Can-do statements）が明確である。	評価基準の一つに「機能・総合的タスク（Global Task）」があり、各レベルにCan-do statementsが明記されている。
2	場面・状況を重視し、さらに言語的知識も大切にしている。	評価基準に「場面」および「正確さ・理解難易度」があり、レベルごとに明記されている。
3	学習者にとって必然性のあるタスクである。	被験者にとって意味のあるテーマを取り上げる。

4	タスク先行（まずチャレンジ！）である。	事前に準備された質問はなく、その場でやりとりをする「出たとこ勝負」が特徴である。
5	文脈化を大切にしている。	ある話題を十分にスパイラル展開をしたり、学習者の発話から次の話題を提示したりする。
6	「固まりで話すこと」を重視している。	評価基準の1つに「テキストタイプ」がある。※
7	スパイラル展開を重視している。	「1つのレベルから次のレベルにらせん状（スパイラル）に話題を上げること」という指示がある。
8	「他者への配慮」のある談話となっている。	ロールプレイでは、相手との関係性が重要である。

※テキストタイプとは「話し手が産出する発話の量と全体の構成のこと」であり、初級＝個々の単語、語句、リスト、中級＝ばらばらの文とつながった文、上級＝口頭段落・つながりのある談話、超級＝複段落をさす（「テスターマニュアル」p.18）

タスク1

表6「8つの特徴」を見ながら、現在使っている教科書を分析してください。

表7　5課のスモールトピック「できること」

	できること	場面
ST1 週末	休みの日にしたことについて話したり質問したりすることができる。	月曜日の朝、教室でクラスメイトと話しています。
ST2 休みの後で	休みの日の感想を話したり質問したりすることができる。	教室で休み時間にクラスメイトと話しています。
ST3 今度の休みに	休みの日に何をするか話したり質問したりすることができる。	学校の帰りに電車の中でクラスメイトと話しています。

特徴1は、行動目標としてCan-do statementsのことが挙げられてい

ますが、5課の行動目標は「休みの日の出来事や予定について友だちや周りの人に簡単に話すことができる」です。また、各課はそれぞれ3つのスモールトピック（ST）から構成されており、各STにもCan-do statementsが明記されています（表7）。

特徴2は、表7「場面」の欄にSTごとに記されています。「言語的知識の重視」については、サイト「できる日本語ひろば」を参考にしてください。（http://www.dekirunihongo.jp/）

特徴3「タスクの必然性」ですが、「毎朝、何時に起きますか」「毎晩、何時に寝ますか」といった質問は、どんなときにするでしょうか。「テスターマニュアル1999年版」に以下のような記述があります（p.125）

> 実生活におけるコミュニケーションには常に目的がある。教室で教える際の理由付けを有意味な目的に置き換えることができるだろうか。現実の生活の中で「私の言った文を否定形にしてください」と頼んで歩き回ることなんてあるのだろうか。

「毎朝、何時に起きますか」という質問文は、例えば朝、教室にぎりぎりに滑りこんだ友だちや、朝から眠そうにあくびをしている人に対して使うものでしょう。OPIに基づく教科書は、場面・状況を明確に提示し、真正性（authenticity）を大切にして、学習者に必然性のあるタスクを提示しています。

特徴4は「タスク先行」です。表7の5課「休みの日」のST1「週末」を見てください。場面は、「月曜日の朝、教室で、「休みの日にしたこと」について話している場面です。そこで、場面・状況イラストを見たあと、図5のコマイラストを見て、チャレンジをします。昨日のことを言うわけですから、過去形を使いたいので

図5　5課ST1[1]

すが、まだ習っていません。そこで、学習者は「こんなとき、何て言うんだろう？」とまず考えます。

教師　　：(1のイラストの左を指す)
学習者1：日曜日、何をしますか。
学習者2：公園へ行きます。
学習者3：バーベキューをします。
教師　　：どこでバーベキューをしますか。
学習者4：公園でバーベキューをします。
教師　　：そうですか。じゃあ、CDを聞いてください。

CDでは次のような会話が流れてきます。

アンナ　：パクさん、日曜日、何をしましたか。
パク　　；公園へ行きました。公園でバーベキューをしました。
アンナ　：そうですか。

学習者は「そうか！　過去のことを言うときには、『〜ます』じゃなくて『〜ました』になるんだ」と自ら法則を発見することができます。

特徴5「文脈化」に関しては、表7を使って説明します。朝、授業前に「昨日どんなことをしたか」についてのやり取りがあり、次に、休み時間に「それはどうだったのか」について聞き合い、最後に学校の帰りの電車の中で「次の休みにどんなことをしたいのか／する予定なのか」について聞き合うことになります。このように課の中に流れがあり、さらに各STの中でも文脈化が大切にされています。

特徴6「固まりで話すこと」に移りますが、「固まりで話す」とは、段落にはなっていなくともいくつかの文を重ねて羅列文で話すことを意味します。OPIの判定基準の一つ「テキストタイプ」については、表6ですでに述べましたが、ここで再度記します。初級＝個々の単語、語句、リスト(列挙)、中級＝ばらばらの文・つながった文、上級＝口頭段落・つながりのある談話、超級＝複段落となっています。この考え方を教育現場にも生かし、初級段階から連文、羅列文でよいので、ある「固まり」で話せるようにすることをめざし、それを積み重ねることで口頭段落ができ、複段落へとつながっていきます。『できる日本語』には各課に【話読聞書】というものがあり、まさにここで「固まりで話すこと」を学んでいきます。

次は、特徴7「スパイラル展開」ですが、初級→初中級→中級とレベルが上がるにつれ、「できること」も同じテーマで変わっていきます。それぞれのレベルの1課「自己紹介」を例に挙げてみます。

初級「はじめまして」
　　簡単に自分のこと（名前・国・趣味など）を話したり相手のことを聞いたりすることができる。
初中級「新しい一歩」
　　初めて会った人に丁寧に自己紹介したり、印象よく問い合わせしたりすることができる。
中級「新たな出会い」
　　新しい環境に自分から挑戦して、その環境で印象的に自己紹介することができる。

最後は、「他者への配慮のある談話」です。教科書によくある「〜なければなりません」の練習会話として以下のようなものがあります。

A：ここでは靴を脱がなければなりません。
B：はい。

たしかにルール説明として「〜なければなりません」を使うことがありますが、真正性（authenticity）を大切にした語学教育としては適切なやり取りとは言えません。そこで、『できる日本語』では、次のようなやり取りを考えました。

A：あ、Bさん、シートベルトをしなければなりませんよ。
B：あっ、そうなんですか。知りませんでした。

Aの「あ」は発見の「あ」であり、相手が知らないことを教えるという機能を持つ終助詞「よ」がつくことで、単なる注意ではなく、他者への配慮が含まれる発話となっています。それに対してBが「はい」とただ答えるのではなく、まずは、「あっ、そうなんですか」と受け、さらに「知りませんでした」と言うことで、アドバイスしてくれた相手への感謝の気持ちが込められます。

以上、8つの特徴を軸に説明をしましたが、最後に「互いに自分の思いを伝え合い、人の発話に耳を傾け、人とつながる力をめざす」という点について触れておきたいと思います。OPIは、会話能力を測定するインタビュー試験であることから、テスターは被験者と同じように自分の考えを長々と述べるわけにはいきませんが、できるだけ被験者の発話を引き出し、自分の考えを伝えてもらえるように努めます。「テスターマニュアル」には、次のように記されています。

> 相互のやりとりをする、話し手に合わせる、話し手中心といった特質、つまり、判定可能な発話を引き出すために、インタビュアーと被験者との間で活発に意味交渉を行うという特質を持つ(後略)
>
> (p.3)

以上述べたように、『できる日本語』は、まさにOPIの理念から生まれた総合教科書であると言えます。

5 おわりに

OPIはアメリカではもちろんのこと、日本国内においても機関内で実施するアドバイザリーOPIは広く実施されています。また独自の試験開発への発展が見られたり、その考え方が教材開発に応用されたりしています。そういった展開を通して、さらには教師教育への効果も認められます。本章では、会話試験開発と教科書開発に関していくつかの事例を紹介しましたが、いずれも学会や研修会などで何度か発表されたり、論文・書籍などで紹介されたりしたものです。ほかにも紹介したいケースは数多く報告されています。

OPIは、ACTFLによって作成された会話試験ですが、ACTFLガイドラインとしては、4つの技能すべてにガイドラインがあり、評価基準が明確に記されています[注7]。明確な基準を「見える化」することで、学習者の学びに関わる多様な人々・機関が共通言語を持ち、対話をすることが可能になります。今後、OPIの考え方を軸にして、多様な対話の輪が広がり、各現場での取り組み、機関という垣根を超えた教師のつながりが、さらに大きな教育実践の改革を生み出す力になっていくことを願っています。

日本では、2019年4月に「改正入管法[注8]が施行され、今後ますます外国人との共生が進んでいきます。特に、介護の世界での外国人材の活用においては、コミュニケーション力は不可欠なものであり、その能力を測定する試験の開発が喫緊の課題となっています。そのためには、OPIを参考にして、新たに口頭能力試験が生まれることが求められています。

「OPIの応用・適用の可能性は多数」(「テスターマニュアル」p.4)であり、可能性を実現するには、「OPIを理解した人々の協働」がカギになるのではないでしょうか。

タスク2

2つの会話試験開発を紹介しましたが、皆さんの現場ではどのような会話試験を実施していますか。いろいろな観点から見直してみてください。会話試験が実施されていない場合は、どんな会話試験がよいか考えてみてください。

注7　ACTFLガイドラインは、ACTFLのホームページ上で見ることができます。http://www.actfl.org/

注8　2018年12月8日に「出入国管理及び難民認定法及び法務省設置法の一部を改正する法律」が成立し、同月14日に公布されました。これを略して「改正入管法」と呼ばれています。この改正法は、在留資格「特定技能1号」「特定技能2号」の創設、出入国在留管理庁の設置等を内容とするものです。

タスク3

2019年 4月にスタートした改正入管法によって、「特定技能」という在留資格が生まれました。以下の中から一つ分野を選び、その分野にふさわしい会話試験を考えてください。

a. 介護業　　b. ビルクリーニング業

c. 宿泊業　　d. 外食業

参考文献

ACTFL (1999).『ACTFL-OPI テスター養成用マニュアル (1999改訂版)』

ACTFL (2015).『ACTFLオーラル・プロフィシェンシー・インタビューテスター養成マニュアル』(2012改訂版)』.

奥野由紀子 (2014).「新・生きた素材で学ぶ中級から上級への日本語―実際の使用とワークブックの開発まで―」『日本語プロフィシェンシー研究』第 2号, pp.136-144. 日本語プロフィシェンシー研究会.

鎌田修・ボイクマン総子・冨山佳子・山本真知子 (2012).『新・生きた素材で学ぶ中級から上級への日本語』ジャパンタイムズ.

鎌田修・ボイクマン総子・冨山佳子・山本真知子 (1998).『生きた素材で学ぶ中級から上級への日本語』ジャパンタイムズ.

権藤早千葉・花田敦子・池田富見子・平川彩子 (2013).「ACTFL-OPI は学習者の学びをどう支援しているか―日本語予備教育コースにおけるインタビュー調査から―」『CAJLE Annual Conference 2013 in Toronto』pp.62-70.

権藤早千葉・花田敦子 (2015).「日本語予備教育における定期的OPI 実施が学習動機に与える影響―学習者の発話データを基に―」『日本語プロフィシェンシー研究』第 3号, pp.5-28. 日本語プロフィシェンシー研究会.

嶋田和子 (2008).『目指せ、日本語教師力アップ！―OPI でいきいき授業―』ひつじ書房.

嶋田和子 (監修)　澤田尚美・高見彩子・立原雅子・濱谷愛 (2011).『できる日本語 初級』アルク.

嶋田和子 (2014).「定住外国人に対する縦断調査で見えてきたこと―OPI を通して『自らの声を発すること』をめざす―」『日本語プロフィシェンシー研究』

第 2号, pp.30-49. 日本語プロフィシェンシー研究会.

花田敦子 (2007).「別科におけるOPI を生かした会話指導について」『久留米大学外国語教育研究所紀要』 第 14号, pp.153-167.

浜松国際交流協会 (2013).「2012年度文化庁委託事業：浜松版日本語コミュニケーション能力評価システム策定事業報告書」[http://www.bunka.go.jp/seisaku/kokugo_nihongo/kyoiku/seikatsusha/h24_nihongo_program_a/pdf/a_34.pdf]

牧野成一・鎌田修・山内博之・齊藤眞理子・荻原稚佳子・伊藤とく美・池崎美代子・中島和子 (2001).『ACTFL-OPI 入門』 アルク.

2 教師の成長を支えるOPI

—教師が変われば、授業が変わる—

嶋田和子

❶ はじめに

第2部第1章では、「教育現場に生かすOPI —試験開発と教材開発を例として—」について書きましたが、そこでは「教師の成長」について触れませんでした。それは、Oral Proficiency Interview (OPI) を通して教師がいかに成長することができるかについては、一つの独立した章を立てて、詳しく見ていきたいと考えたからです。まずは、『テスターマニュアル 1999年版』第8章を見てみることにします。第2部第1章と同様に本章でも、2012年に発表され、2015年に日本語版が出た新マニュアルは『テスターマニュアル』と記し、その一つ前の1999年版マニュアルに関しては『テスターマニュアル 1999年版』と記します。ここで新マニュアルに統一しなかったのは、2015年に出た日本語版マニュアルには第8章がなく、ワークショップの際に、追加資料として受講生に配布されていることによります。

> インタビューでは、テスターではなく、インタビューを受けている被験者のほうが会話のほとんどを受け持っているという事実は、教室活動を考える上で重要な教訓となる。学習者が言語運用能力を向上させたいのであれば、教師が取るべき役割は、自分自身を「舞台に上がった賢人」に見立てるような伝統的なものではなく、むしろ、「側に付き添う案内人」というようなものになるはずである。すなわち、教師側からの話を最小限に抑え、学習者が会話に参加する機会を最大限に増やすという役割である。(下線筆者) (p.121)

「教師が説明しすぎる・しゃべりすぎる」という弊害が、さまざまな教育現場で見られます。「学習者に発話を促すのは大変だ」「なかなかしゃべろうとしない学習者が多くて困っている」という声をよく聞きます。実は、こうした学習者を作っているのはほかならぬ教師自身なのですが、そのことに本人は気づいていないのです。教師が滔々（とうとう）と説明を続けることは、学習者のためというより教師の自己満足にすぎないケースが多いのではないでしょうか。私がOPI から学んだことはたくさんありますが、その中でも「待つこと」の大切さを知ったことは大きな収穫でした。カウンセリングの世界から日本語教育に入った私は、「自分は十分待って学習者の話を聞いている」と勝手に思い込んでいたのですが、その思い込みに気づかせてくれたのがOPI でした。まさにOPI との出会いは、私の言語教育観を大きく揺さぶる出来事でした。

OPI の評価基準を自分の中に持ったことによって、学習者の日本語力を包括的に見ることができるようになりました。さらに、判定のためにインタビューを何度も聞くことで、自分自身の発話のクセ・課題にも気づきました。そして、何よりも「質問力」の重要性に気づいたことが、大きく教師力アップにつながりました。本章では、OPI がどのように教師の成長につながるのかについて、5つの項目を立てて話を進めていくことにします。なお、前章では章の最後にタスクを提示しましたが、本章は「教師の成長」がテーマであることから、随時タスクを提示しながら進めていき、最後に全体的なタスクを記すという形をとります。

❷ 評価する力が養える ～学習者の力をタテ軸で評価できる～

教育現場では、学習者の会話能力に関して、「彼は本当によく話す」「とても正確に話す」といった漠然とした評価をしがちです。ところが、OPI を学ぶことによって、明確な評価基準をもとに発話の特徴を述べることができ、また、もう一つ上のレベルに行くには何が足りないのかについても明確化することができます。

OPI では、①機能・総合的タスク、②場面・内容、③正確さ・理解難易度、④テキストタイプ、以上4つの評価基準をもとに総合的に判定します。つまり、「特定の言語要素の有無で見るのではなく、さまざまな能力を同時に捉え、それらを総合的に見る」（『テスターマニュアル』p.15）のがOPIの評価なのです。また、評価にあたっては、一つ上の主要レベルのことがどれぐらいできるかによって、サブレベルが決まることから、常に上のレベルを意識してインタビューが進められます。こうしたことから、タテ軸で学習者の力を評価する力が養われます。各主要レベル・サブレベルに関しては、第1部で詳しく述べられているので、本章では省略します。

ここで、2人の異なるレベルの学習者の「一日の生活」に関する発話を比較してみます。もちろんスクリプトを見て判断することの限界はありますが、2つの発話の特徴がはっきり見えてきます。OPIを知ることによって、話者の発話の特徴がよりよく理解できるようになり、「どうすれば一つ上の段階に行くことができるのか」といった視点で見ることができるようになると言えます。

タスク1

(1) 被験者Aと被験者Bの発話には、どんな違いがあるでしょうか。

(2) それぞれどんなフィードバックをしたらよいでしょうか。

【Aの発話】

私、平日のときは、ええと、8時とか、8時ぐらい起きます。そして、たぶん3時間ぐらい学校の教科書を勉強、復習しています。じゃあ、そして、たぶん、12時、1時とか、あと、学校へ準備いきます。そう。学校の、たぶん1時10分学校へ行った。あの、そして、準備、授業準備しました。そう。5時まで、あの、教科書全部終わった。そのとき、ときどき私、アルバイトがあります。6時、そして、授業終わったら、アルバイト先へいって、アルバイトをしました。そう。そして、私、アルバイトは11時終わった。あの、うちへ帰って、あの、時間があったら、私、ええと、平日、ええと、本日の勉強したのところ復習しました。宿題をしました。そうです。

【Bの発話】

朝、6時半起きて、ここから八王子という、あ、八王子に住んでおりまして、あの、学校まで1時間半ぐらいかかるので、あの、ちょっと朝早めに起きて、あの、私は支度がかかりますので、あの、1時間以上かかりますので、朝6時半ごろ起きて、シャワーを浴びて、あの、ちょっと朝ご飯食べて、あの、7時半ごろ出て学校には9時まで、あの、来るようにしています。で、あの、学校が終わってからは、あの、木曜日から日曜日まではアルバイトが入ってますので、ええ、だいたい4時から10時ぐらいで、という具合で入ってます。木曜日から日曜日までは、学校とアルバイトというような感じで、あの1日が終わりますし。月曜日から水曜日までは、あの、私は一応ぶらぶら歩くのが好きなので、あの、新宿とか原宿あたりを、あの、見て回ったり、デパートとか多いので、ちょっとウィンドーショッピングをよくしています。

ここで、『テスターマニュアル』より「判定基準—スピーキング」を引用しておきます(p.19)。以下、発話の解説を読むときの参考にしてください。

表１　判定基準―スピーキング

プロフィシェンシーレベル	機能・総合的タスク	場面・内容	正確さ・理解難易度	テキストタイプ
超級	身近な話題、不慣れな話題について話し、意見を弁護し、仮説を打ち立てる	ほとんどのインフォーマル、フォーマルな場面／一般の関心事に関連した話題と特定の興味や知識に関する分野の話題といった幅広い範囲	基本文法に間違いのパターンがない。間違いがあっても、聞き手はメッセージから注意をそらされるなどコミュニケーションに支障をきたすことはない	複段落
上級	主要時制枠において、ナレーションと描写ができ、不測の事態をはらんだ、日常的な状況や取引に効果的に対応できる	ほとんどのインフォーマルな場面とフォーマルな場面の一部／個人に関連した、または一般的な話題	非母語話者に不慣れな話し相手でも間違いなく理解してもらえる	口頭段落・つながりのある談話
中級	言語を使って自分の伝えたいことを作り出す、簡単な質問をすることができる、単純な場面や取引状況に対応できる	いくつかのインフォーマルな場面と限られた数の取引の場面／予測可能な日常生活や個人の生活環境に関連した話題	非母語話者に慣れた話し相手に時に繰り返したりすることはあるが、理解してもらえる	ばらばらな文・つながった文

初級	決まった語句や暗記した発話で、必要最小限のコミュニケーションができる。単語、語句、リストなどを産出する	もっとも頻繁に起こるインフォーマルな場面／日常生活のもっともありふれた内容	非母語話者に慣れた話し相手にもしばしば理解するのに困難な場合がある	個々の単語、語句、リスト(列挙)

Aは、台湾で日本語を少し勉強して日本語学校に入学した学習者で、入学後2カ月後に取ったインタビューです。Bも日本語学校に通う学習者ですが、かなり会話能力が高く、サッカーのルール説明なども、実にみごとな段落構成のもと話を進めていくことができる日本語話者です。

Aの発話ですが、「機能・総合的タスク」「場面・内容」という点では、一日の生活を伝えることができています。しかし、「正確さ・理解難易度」という点では、一日の生活を伝えるのに、過去形が混じっており、また、文の質に関してもよいものとは言えません。量的にもかなり長く話してはいますが、「テキストタイプ」としては文の羅列です。フィラーも出ているものの、「じゃあ」などという母語干渉から来る適切ではないものも含まれています。

Bの発話は、「で、あの」「〜ますので」を自然に使っていたり、言い差し文の使用、「あ、八王子に住んでおりまして」という表現の挿入など、談話構成力の高い段落で話を進めています。

2つの発話を比べると、文生成能力・談話構成能力の違いがよくわかります。また、フィラーの使い方もAとBでは大きな違いが見られます。これによって、それぞれの話者は何をどうすれば会話能力をさらに引き上げることができるのかが明確になってくると言えます。また、教師にとっても学習者の能力をタテ軸で捉え、今の力が全体のどこに位置しており、何が不足しているのかという視点で捉えられるのがOPIを活用することの大きなメリットです。

❸ 質問力が養える ～授業のカギは、教師の引き出す力～

❶において教師は「側に付き添う案内人」であるという『テスターマニュアル 1999年版』のメッセージについて紹介しました。ここではOPI において判定可能な発話サンプルを抽出するためにテスターがすべきこと、してはならないことを引用することにします。このことは授業でおおいに役立つことであり、教師力アップにつながります。

●よい聞き手としての技能

・有意味な質問（話の流れに沿っていて、相手個人に合わせた内容で、答え方を限定しない質問）
・沈黙の容認—それ以外に学習者が、間違えるかもしれないという危険を冒してまで自分なりに文を作り出せるような方法があるだろうか。
・詳細な説明を引き出すこと。学習者がさらに説明するように促すこと。これは、中級から上級への移行時の指導として特に重要である。
・受身的な応答で終わらせず、相互的な話のやりとりを促すこと。そのために、グループ活動の機会を増やして、学習者たちが単に答えるだけでなく自らも質問したり、意味を明らかにするためのやりとりをしたり、自分の方からも話を切り出したり、コミュニケーション・ストラテジーを身に付けたりするようにさせる。

(p.121)

では、OPI のスクリプトを見て次の 2つのことを考えてみてください。

タスク 2

(1) 被験者Cの日本語力は、OPI のどのレベルだと思いますか。
(2) このインタビューにおけるテスターの問題点を挙げてください。
(T＝テスター)

<東京と大阪に行ったという話題>

T：誰と一緒に行ったんですか。

C:友だちと、一緒に。

T：ああ、そうなんですか。何人ぐらいだったんですか。

C：15人。

T：ああ、そうですか。多いですね。へえ、何日間だったんですか。

C：（沈黙）3か、4か？わかりません。（笑い）

T：ああ、そうですか。へえ。東京と大阪？

C：はい。

T：ああ、そうですか。東京はどこへ行ったんですか。

C：東京、有名の、有名な、ああ、原宿と渋谷と新宿と行きました。

T：ああ、そうなんですか。いろいろ行ったんですね。大阪はどこへ行ったんですか。

C：大阪は（沈黙）、大阪はわかりません。

T：ああ、そうなんですか。へえ、ふうん。何か買いましたか。

C：はい、買い物をします。私が買い物好きです。

T：へえ、そうですか。どんな物を買ったんですか。

C：服と（？）

T：ああ、そうですか。へえ。服は何を買ったんですか。

C：服は、ズボンとTシャツと……など。

T：ああ、そうなんですか。へえ、楽しそうですね。

C：買い物は楽しいです。

T：へえ、そうですか。買い物好きなんですか。

C：はい、大好きです。

T：へえ、そうなんですか。じゃあ、日本に1月に来ましたね。それから何か買いましたか。

C：はい（笑い）。服と果物と食べ物と、など、買います。

T：ああ、そうですか。へえ、果物好きなんですか。

C：果物好きです。日本の果物は高いです。

T：そうですか。へえ。どんな果物を買うんですか。

C：いちご食べます。食べました。

T：へえ、いちごか。韓国にもありますか。

このスクリプトから、Cはどのレベルだと判断しましたか。その答えは「あとのお楽しみ」ということにして、次に、このインタビューの問題点について考えてみましょう。皆さんはいくつ問題点を挙げることができましたか。

まず、一問一答式であり、「語る」という状況にもっていっていないことが挙げられます。しかも、質問は文ではなく単語で答えられてしまうものばかりでした。よく「はい／いいえ」で答えられる質問ではなく、5W1Hを使った質問をすることが大切だと言われます。しかし、5W1Hの中でも、質問の質が違うことに注意しなければなりません。つまり、「どこで、いつ、誰が、誰と、何を」といった質問は、単純な文や単語でのやりとりでも済んでしまいます。しかし、「なぜ」「どんなふうに」という質問になると、どうしても文あるいは羅列文で答えることが求められてきます。

次に、同じような質問をしていることが挙げられます。「東京でどこに行ったか」と聞いたあとに、「大阪でどこに行ったのか」と聞いていたり、「服を買った」とすでに答えているのに、さらに「買い物は好きだ」という発話を受けて、「何を買ったのか」と聞いています。こういう無意味な質問は避けなければなりません。

3つ目として、Cが発した大切なことばをキーワードとして拾っていないことがあります。「何か買いましたか」というテスターの質問に対して、「はい、買い物をします。私が買い物が好きです」と自発的に自分が買い物が好きであることを告げているのですが、ここは無視して次の質問に行ってしまいました。相手の発話を引き出すというのは、こういう相手の発話からキーワードを拾って、話を紡いでいくということなのですが、それができていませんでした。

4つ目としては、被験者の発話をさえぎる形で質問をしている点が挙げられます。被験者の単語で終わっている答えのいくつかは、テスターが質問をかぶせてしまっているのが原因です。これでは、文生成能力がどこまであるのか見ることができません。私はこうしたテスターの行為を「被験者の文末を食べる」と表現して、注意を促しています。

5つ目は、あいづちがワンパターンで単調であることです。「へえ、そうなんですか」「へえ、そうですか」と紋切型の受け答えでは、相手の話したい気持ちは失せてしまいます。もちろん声の調子がとても大切で、同じフレーズでも声の調子を変えれば印象は違ってきます。しかし、このテスターはほとんど一本調子の受け答えになってしまっているのです。授業で学習者に対して「できるだけ多様なフィラー、あいづちが使えるように」とアドバイスしている教師自身が、こんな状態では満足な指導ができません。だからこそOPI で数多くインタビューをし、それを何度も聞くことによって、教師自身の質問力を高めることは重要であると言えます。

最後に、インタビュー全体が共感的に聴けていないという点があります。『テスターマニュアル』には、以下のように記されています。

> 被験者の話をよく聞くことが、効果的な発話抽出のために重要である。
>
> ・注意深く聞くことにより、テスターは、被験者の発話に常に注意を向けることができる。そうすることによって、テスターは、被験者が前に話した内容に戻り、その内容に興味を示すことができる。

このテスターはここ何年もOPI をしておらず、4年ごとのテスター更新の時期が迫ったため、慌ててインタビューを取りはじめたと言います。スキル保持のためにスキルアップをすることがいかに重要であるか痛感させられたインタビューでした。実は、Cは私が勤務する学校の学生であったことから、3日後被験者Cに対して私自身がOPI をしてみました。では、前のインタビューと同じように導入が終わったあたりの箇所を取り上げ、タスク (3) を実施することとします。

タスク 3

(1) タスク 2の発話とタスク 3は同じCの発話です。どんな違いがありますか。

(2) その発話の質・量の違いは、どこから来るか考えてみてください。

(3) このインタビューにおける被験者Cの日本語力は、OPI のどのレベルだと思いますか。(T=テスター)

T：では、毎日の生活、1日について教えてください。

C：朝7時起きます。起きて、ご飯を食べて、朝ご飯を食べて、あ、朝ご飯を食べてさきに顔を洗って、学校へ準備して、学校へ来てさきに、図書館で勉強して、学校1時20分まで学校へ来ま、来ます。学校で勉強して、学校終わりです。うち、うち、に、帰り、うちに帰ります。家で、勉強して、晩ご飯を食べます。

T：ああ、そうですか。その家なんですけど、一人で住んでいますか。

C：あ、ルームメイトと二人で住んでいます。

T：あ、そうですか。そのうちの様子を教えてください。どんな部屋ですか。

C：ああ、広い部屋です。部屋です。ロフト？　ロフトがあります。1階、2階で生活できます。

T：ふ～～ん、そうですか。じゃあ、ちょっとご飯ですけど、お料理はCさんが作りますか。

C：ルームメイトが作ります。

T：ときどきCさんも作るんですか。

C：ときどき作りますけど、おいしい、おいしい料理、料理が、料理を作ることができませんから。

T：そうですか。でもなんかCさんがお薦めの料理、なんかないですか。

C：おすすめの料理。何がありますか。キムチの料理を作ること、できます。

T：そうですか。えっと、何という料理ですか、ちょっと教えてください。

C：キムチチゲと、あの、ご飯とキムチ一緒に作ります。

T：あ、もうちょっと教えてください。その作り方を。お願いします。

C：キムチチゲは、もう、キムチと玉ねぎと、う～～ん、水と、豆腐と、豆腐も一緒に、作ります。

T：えっ？一緒に？

C：一緒に、ええと、一緒に、作ります。ああ、ええ～～。

T：一緒に～～～。

C：わかりません。ええ、作りますだけ。
T：ああ、わかりました。ああ、キムチチゲですね。私も、ちょっと作ってみますね。ええ、そのうちから学校まではどうやって来ますか。

まず、被験者Cの発話ですが、「1日の生活」という中級タスクはなんとかこなしていますが、上級タスクである「キムチチゲの作り方」は明確に言語的挫折が見られ、歯が立たないことがわかります。

同じCの発話ですが、タスク⑵のインタビューとは、発話の量・質ともに大きな違いが見られます。それは、テスターの質問の仕方が大きく影響してくるのです。タスク3では、導入部が終わったところで、「一日の生活」について聞いています。それも「朝何時に起きますか」「何時に学校に行きますか」といった一問一答的な質問ではなく、被験者がまとめて語ることを促した聞き方「～について教えてください／について話してください」になっています。また、流れのある質問であり、被験者の発話を紡ぐような形で進めています。例えば、一日について語る中で「寮」のことが出てきたので、次は、「寮に関する描写説明」をタスクとして出し、続いて、寮では料理は自分で作るか否かを聞いたあと、料理の作り方の説明を求めました。ここでは言語的挫折が見られたので、少しタスクの難易度を下げ、道順説明となりました。

このようにインタビューをする人の質問の仕方によって、これほどまでに被験者の発話の質と量に差が出てくるのです。授業も同様であり、教師の質問力・コメント力によって、発話の引き出し方が大きく違ってきます。

※タスク２の答え ➡ 初級-上
　タスク３の答え ➡ 中級-下

❹ 対話力が養える ～答えが一つではない楽しさ！～

OPIはAmerican Council on the Teaching of Foreign Languages（米国外国語教育協会, ACTFL）によって定められた構成で行わなければなりません。導入に始まり、レベルチェックと突き上げ（probe）を何度かくり返した後、多くの場合ロールプレイを実施して終結部で締めくくるという構成です。このように構成は標準化されていますが、インタビューの内容は、一つひとつ異なるものであり、同じような被験者・レベルであっても、すべて内容は違うものになります。『テスターマニュアル』には、次のように記されています。

> 個々のインタビューは、被験者の個人的なバックグラウンド、人生経験、興味、意見などを反映しているため、固有のものとなる。このプロセスにおいて、インタビュアーの質問やタスクの出題は、被験者の答えによって決まり、難易度のレベルも、被験者の答えによって調節される。
> 各能力レベルに合った標準的な質問の型はあるものの、OPIの具体的な質問内容については、ほとんどの場合、会話のやりとりを通してインタビュアーが聞く質問や出すタスクに応じて返ってくる答えの内容によって決められる。経験豊かなインタビュアーは、被験者がどの程度の力なのかという判断と会話の中に出てくるトピックによって質問を作っていくのである。
>
> （pp.2-3）

こうしたOPIの特徴は、教師の質問力を上げることにつながり、学習者主体で臨機応変に授業を進める力を養うことにつながるのです。インタビューでは、できるだけ被験者の発話を引き出すため、インタビュアーは質問も端的にわかりやすくしなければなりません。また、自分自身の発話そのものもできるかぎり抑える必要があることは、すでに述べたとおりです。さらに、被験者の話を聞いてスパイラルに展開していくスキルは、教室において対話重視の教育実践を実施するのに、おおいに役立つ力となります。「対話」とは「異なる価値観を持つ人々とのやりとりを通して、他者理解・自己理解を図り、新たな価値をつくり出す」(嶋田, 2012, p.145) ことであり、そこにあらかじめ決められた答えはありません。よって、「決められたことを教える」「正解を求める」といった教師の姿勢は根底からくつがえされることになるのです。

多田 (2011, p.55) は、深い対話の重要性を説き、「深い対話は、知的爆発、知的化学反応が起こり、そこから新たな知恵や価値が共創されていく」と述べています。また、「伝え合う・通じ合う・響き合う・創り合う対話力」こそが今求められているのだと、対話の重要性を強調しています。教師にこうした対話力がつくことによって、授業が変わり、学習者が対話力を身につけられるような授業展開が可能になります。対話においては、話す力と同様に「聴く力」が求められてきますが、これはOPI テスターにとって非常に大切なことであり、授業でも同様のことが言えます。「聴く」と「聞く」との違いについて、私は次のように考えています。「聴く」ということは、「耳」で話を聞いて、十分に目 ([十]+[罒]) で相手の表情を見て、「心」に落として聴くことと理解しています。

あいづち、フィラー、終助詞なども大切な要素です。あるとき、私が実施したワークショップでテスター資格を取ったMさんの1年後のインタビューを聞く機会がありました。Mさんから「先生、なぜか最近うまく発話を引き出せないんです。どこに原因があるか教えていただけませんか」というメールが届きました。OPI を聞いてみると、Mさんのあいづちに問題がありました。「そうなんですか」「そうですか」のくり返しが多く、しかもビジネスライクなあいづちで、抑揚もほとんどなく共感的なものではありませんでした。つまり、すでに述べたタスク (2) のテスターと同じような傾向が見られたのです。実は、1年前のトレーニング中のMさんには、こういった傾向はまったく見られず、話しやすい、包み込むような雰囲気でした。1年経ってインタビューに慣れてきたからでしょうか。それとも、自信がついてきたことが原因でしょうか。とにかく感じたことをMさんに率直に伝えました。Mさんはしっかりとアドバイスを受け止め、このOPI を聞き直した上で、「たしかにそうですね。自分ではまったく気がついていませんでした。効率的に、よいインタビューを……、という思いが強くなっていたのかもしれません。これを機会に原点に戻ります」という振り返りメールが送られてきました。

共感的な聴き方こそが、被験者、学習者の発話を引き出すコツであり、対話力の大切な第一歩となるのだと改めて痛感させられました。

OPIにはあらかじめ決められた質問はなく、被験者の発話から話を展開するための質問をしたり、新たな質問をしたりしていきます。そこには、決められたテーマも質問もありません。だからこそ、適切な質問を投げかけ、相手の話を共感的に聴いて対話する姿勢、つまり『伝え合う・通じ合う・響き合う・創り合う対話力』がOPIに求められるのです。そして、そういった力は授業にも、とても重要なことであると言えます。

❺ 教室での学びと実生活をつなげる力を養える ～実践が豊かになる～

『テスターマニュアル 1999年版』には「実生活への注目」として、次のように記されています。

> OPIトレーニングで得られるもう一つの教訓は、実際の生活に注目しているという点である。
> 実生活におけるコミュニケーションには常に目的がある。教室で教える際の理由付けを有意味な目的に置き換えることができるだろうか。(中略) では、予測できないような事態を教室で組み入れているだろうか。自分で自由に答えを作り出すような、本当の意味でのタスクをさせる時間を作っているのだろうか。(中略)
> 実生活では、生のインプット(言語資料) がどこにでもある。例えば、本物の新聞や雑誌の記事、本物の文学、本物の会話、本物のマスコミ。学習者達が触れている教材はどのくらい本物に近いだろうか。
>
> (p.125)

『テスターマニュアル 1999年版』では、実生活に注目すること、学習者が現実場面において母語話者となんらかの行動を行う場面を重視した教育実践を考えるべきだと力説しています。果たして私たちは教育実践において、「生の物」を教室に入れ込む努力をどれだけしているでしょうか。初級であっても「生の物」そのものを持ち込んだり、写真・イラストなどの使用もとても重要になってきます。もちろん場合によっては加工して易しくしたものを使用する配慮も求められます。そうすることで、「生の物」とともに学ぶ楽しさ、「ああ、今はこの教材だけれど、早く「生の物」がわかるようになりたい！」と、学習意欲をかき立てることにもつながります。教室をコミュニティとして、外のコミュニティとつなぐという視点はOPI から学ぶことができる大切なことの一つです。

ここで、第2部第1章で取り上げた『できる日本語』シリーズより、初級における漢字学習と読み学習を取り上げることにします。

タスク 4

皆さんは、漢字指導において「その漢字」が使われる場面や、「そこで何ができることが求められているか（Can-do statements）」について考えていますか。

漢字学習というと、出てきた漢字の音と訓を同時に覚える、ひたすら書いて覚えるという考え方で、授業が行われていることが多いのではなのではないでしょうか。そこで、OPI の考え方を取り入れた、すなわちプロフィシェンシーに基づく漢字学習について考えていくことにします。それは、実生活の中で漢字がどう使われているかを考えながら漢字を学ぶこと、スパイラル展開を活用すること、また、学習ストラテジーを取り込むことと言えます。

OPI の考え方に基づいて作成された漢字教材として、『漢字たまご』があります。その 3 つの柱は、①何ができるかが明確になっている、②漢字の接触場面から学ぶ、③漢字学習ストラテジーを身につけるです。例えば、単に画数の少ない易しい漢字から学ぶのではなく、まず、「その課で何ができることを目標にするのか」という行動目標を設定した上で、接触場面でどんな漢字が使われるかを考えて漢字を学ぶように考えられています。また、漢字が出てきたら、常に「読みと書き」の両方を学ぶというのではなく、①読み方と書き方を学習する、②意味と読み方がわかればよい、③サインとして意味が理解できればよい、といった3分類に基づいて学んでいきます。これは、まさにOPIのスパイラル展開という考え方に基づいて、徐々にレベルを上げていくやり方です。では、ここで、「できることの明確化」「接触場面での学び」「スパイラルでの学習法」について、第2課「買い物」を取り上げ、具体的に見てみることにします。

＜できること＞

・漢数字で書いてある1~10の数字や、百、千、万円の金額がわかり、読むことができる。
・スーパーの広告などから、肉の種別がわかり、読むことができる。
・スーパーなどにある「〇〇産」「〇%引き」「酒」の表示から情報が取れる。

＜学習する漢字＞

① 読めて書ける漢字＝一～十、百、千、万、円
② 読めればよい漢字＝牛肉、豚肉、鶏肉
③ 見てわかればよい漢字＝～産、～引き、酒

「牛肉」の「肉」は、第2課では「読めればよい漢字」ですが、第7課で「読んで書ける漢字」として再度提出されます。また、「酒」は「見てわかればよい漢字」から、同じく第7課で「読めればよい漢字」に変わります。こうして、実生活で漢字が使われる場面・状況を重視し、その漢字でどんな「できること」が求められているかに注目し、OPIの考え方であるスパイラルに展開しながら学習を進めていくのです。

初級授業でこんなことがありました。午後の授業の学生が図1のカンを持って教室に入ってきました。すると、クラスメイトが「あ、それはおさけです！　ダメです」と、カンに書いてある「酒」という漢

字を見てすばやく注意をし、さらにそこにあるルビを見て、「さけ」ということばで止めたのです。教材も授業展開も、教室と実生活とをリンクしたものであることが、学習者の学びを深める大切な要素になってくると言えます。

図１　カンの飲み物

また、ある時期新聞にも取り上げられましたが、「北千住駅」の駅の看板が取り替えられたとき、誤って「北干住駅」となっていたものを学習者が見つけ、持ってきたことがありました。こうした実生活にあったものへの疑問が教室に持ちこまれ、また、教室で学んだ漢字が実生活で生かされるというくり返しにつながっていくのです。

次に、読み学習について取り上げます。始める前にちょっと考えてみてください。

タスク５

皆さんは、朝起きてから今までどんな「読み」をしましたか。もしこの本をクラスや勉強会で仲間と読んでいるのでしたら、ちょっと２分ほど話し合ってみてください。また、１人で読み進めているという場合は、ちょっと目を休めて、朝起きてからのことを思い出してみてください。

タスク５についてよく出てくる答えを挙げてみましょう。

- 朝起きて、まず新聞を読みました。
- 電車の中で雑誌を読みました。
- 自分が書いたレポートを読みました。
- ちょっと時間があったので、小説を読みました。
- いやあ、今日はこの本以外に何も読んでいないんですよ。

研修会などで参加者に聞くと、こうした答えが返ってくることが多いのですが、実際にはもっとたくさんの「読み」をしているのです。チラシ、お知らせ、電車の中吊り広告、バスの中の張り紙、メニュー、メール……。ここまで来ると、「あっ、そうか！　私もたくさん『読み』をしている」と納得してもらえると思うのですが、しかし、次に「じゃあ、それを初級スタート時点から「読みの授業」に取り入れていますか」と質問すると、再び静まりかえってしまいます。

ここで、OPI の考え方に基づく教材である『たのしい読みもの 55』を取り上げて、初級スタート時点から「接触場面の読みを大切にする」ことの重要性について述べることとします。『たのしい読みもの 55』は、第1部「日本で暮らす」、第2部「日本を知る」の2つに分類されていますが、ここでは接触場面から生まれたアイテムを扱った第1部についてご紹介します。これは、まさに「学習者が触れている教材はどのくらい本物に近いだろうか」という『テスターマニュアル』の問いに応えた教材なのです。教材として、電車やバスの中で見た注意書きなどを扱っていますが、周りにあるポスターなどを、初級レベルの非漢字圏学習者は「漢字は難しくて、どうせ自分たちにはわからないのだから……」と注意を向けることもなく、単なる「背景」としか見ていない場合が多いのではないでしょうか。そこに目を向けるように仕向けるのです。そうすることで、周りの物が急にいきいきとした学習のための素材に生まれ変わります。「背景」として無視するか、「生きた素材」として目を向けるかで、学びは大きく変わってきます。学習者や教師が持ってきたポスター、お知らせ、注意書きなどリソースは数えきれないほどありますが、ここでは、バスターミナルにあった表示を紹介します。周りにはいろいろなおもしろい読み教材があることがわかります。

図2　バスターミナル

こうして接触場面を重視した「読み教材」を使っていくことで、教師自身も接触場面にある読み教材のタネを拾い、それを授業内に取り入れることができます。『テスターマニュアル 1999年版』(1999, p.125) には、「生の言語資料にアクセスできるストラテジーを教えているのか」と記されていますが、学習者が生活の中にあるさまざまな読みへの関心を高めていくことは、ストラテジーを身につけ、学習意欲の向上につながっていきます。

❻ 自己教育力が養える ～振り返りが成長を助ける～

OPI は、インタビュー終了時に仮判定を下しますが、その後もう一度聞きなおして最終的な判定を出すことになっています。つまり必ず自分のインタビューを聞きなおさなければならないのです。そうすることで、自分の質問の仕方、聴き方を何度もくり返し反省する機会が与えられることになります。これが教師の自己教育力を高めることにつながります。

まずは私自身の経験から話すこととします。1997年、念願のOPI ワークショップを受講した私は、強烈な「目からうろこが落ちる体験」をしました。コミュニケーション重視、学習者主体の日本語教育をやってきたと思っていた私は、根本から自分の実践を見つめなおしました。何よりも何度も自分のインタビューを聞きなおすという作業から、自分自身のコミュニケーション力を振り返ることができました。共感的に聴いていると思っていたのですが、何とあいづちのうるさいこと！「はい、はい、はい」「ああ、そうなんですか」など、しきりにあいづちを打っているのです。

このように録音して客観的に自分の発話を聞きなおすということは、教師1年目にはよくやっていました。授業を録音し、時間をかけて聞いていました。しかし、時間の余裕がなくなったことや、自信が出てきたのでしょうか、いつしか一切録音はしなくなっていました。質問に関しても、よく聴いて効果的な質問を投げかけているつもりになっていましたが、OPI トレーニングを通して、実際はそうではない実態に気づかされました。Shoen (2001, p.116) が言う「自分では『わかっている』つもりでいた事柄について自分が混乱するようになる。そしてその混乱から抜け出る方法を見つけようとするとき、学ぶことと教えることについて、今までとは違った形で考えられるようになり始める」ことができました。

自己教育力を高めることにつながるもう一つの作業は、インタビューをテスター間で聴き合うということでした。OPI を実施するのは勤務校が多く、セカンド・レーター (second rater) としてお互いに聞き合ったり、クラス担当者が学習者理解のために聞いたり……。さまざまな使い方があります。とにかく他者に自分のインタビューを聞いてもらい、なんらかのフィードバックがもらえるということは教師力アップに大きくつながりました。

また、上のレベルともなると、さまざまな話題が飛び出します。そのすべてに精通している必要はありませんが、効果的な質問ができるように自分の中にたくさんの「引き出し」を作っておくことが重要です。OPI に出会って始めたことの一つに、新聞を読むとき何となく読むのではなく、必ず「そう言っているが、本当にそうだろうか。根拠は何だろうか。自分はどう考えるのか」といったことを考えながら読むということがあります。いわゆるクリティカル・シンキングが深まっていったのです。もちろん「引き出し」づくりには、何にでも興味を持ち、幅を広げるということも重要です。

さらに、じっくりと一人の被験者と向き合うインタビューをくり返す中で、「被験者の多様な日本語」にも目を向けることができるようになりました。これまであまり気にとめていなかったフィラー、終助詞、感動詞の重要性、正解は一つではない日本語の姿……。そして、何よりも自分自身のコミュニケーション力への疑問、コミュニケーション観への疑問、分析力不足の問題……。数えきれないほど多くのことに気づかされました。それがOPI の最大の魅力であると言えます。ここで、OPI によって成長しつづけることをめざしている私が、今「教師に大切なこと」として考えていることを挙げておきたいと思います。

・教え込むのではなく、学習者が持っている力を引き出す。
・学習者が学びたくなるようなしかけをする。
・学習者が自ら学ぶ力をつけられる授業をする。
・学習者の力を総合的に評価し、適切に伸ばす。
・キャリア・デザインという視点で学びを捉える。
　※キャリアとは広く「人生」という意味で捉えます。

・教師自身が学びつづけることをめざす。

もう一つタスクをやってみましょう。

タスク６

下の学習者の発話スクリプトを10段階で評価してください。どうしてその評価になりましたか。どんな人が話していると思いますか。

＜前略＞ 車はありました。ありましたけれども、車のドアがちょっと開けっぱなしだったので、私は、車を止めて、すぐ近くなんですけどポスト。車を置いて、車を止めて、この手紙を受け取った○○さんは、この手紙を受け取ってじーんときてくれるかしら、なんて思いながら、そのまんま車を置いて帰っちゃったもので、車のドア開けっぱなしだったんです。それで、バッテリーが上がってしまってて、車が動かなくて。それで、何万とかかって、お金がかかってしまって、本当に困ったんですが。（中略）

そしたらば、今度は、駐車違反のなんか黄色いわっかの、象さんの耳みたいなものがはめられていて、すぐに警察に出頭って、書いてあったので、私は生まれてかつてないぐらいに落ち込んでしまって。落ち込んだのは、車を忘れたことじゃなくて、1週間前にも車を忘れたってことを全然思い出せなかったんで。それから、自分が昨日も車をポストに行って忘れたってことを全然思い出せなかったんで、もうこれはとうとう来たか。やっぱり兆候はあったけど、ぼけたんだ、って本当に思いました。（後略）

皆さんの評価は10段階のいくつになりましたか。「10」の人はいますか。実は、アンケート調査で「10」をつけた人は、全体の5%でした。

では、まず種明かしをしましょう。実は、この発話者は学習者ではありません。だますようなタスクであったことをお詫びします。しかし、「学習者」というだけで、いかにバイアスがかかってしまうかということを体験してほしいという思いから、「学習者」ということばを入れました。「学習者だから、まだ文法ができていない。文が不完全である」といったコメントをたくさんいただきました。

また、スクリプトだけで評価することの怖さにも気づいてほしいというのがタスクを行った理由です。会話には、声の調子、間の取り方、顔の表情、ジェスチャーなど、さまざまな要素があり、それらの総合的なものとして発話があることに気づくことが大切だと考えました。

さらに、話しことばにおける文をかっちりとした規範的なものと考えがちな人が多いことへの警鐘を鳴らしたいということもあります。実際には、言い差し文、倒置、くり返しなど、さまざまな手法を用いて魅力的な話し方をしているのですが、どうもそういう「会話における文の真の姿」にはあまり注意が払われていないようです。OPI の評価でも、段落ができていない、文が最後まで完成していないなどで評価を下げるテスターもいるため、一度見直してほしいと常日ごろから思っていました。

実は、これは非常に話し方の上手な日本人女性Dさんの発話です。いろいろな種類の「おもしろい話」を集めたいと考え収録したものの一つです。そして、「なぜDさんの話はこんなにおもしろいのか」ということを分析するためにスクリプトを起こしたのですが、それを見ていて「このスクリプトを見た人は、きっとかなり低い評価をするのではないか。一度調査をしてみよう」ということで始めた調査でした。

表2および図3は、261人に2015年11月2日から2016年2月13日に実施した結果です。「その他」の95％は小学校教員ですが、3つのグラフの違いは、さまざまなことを教えてくれます。詳しい結果説明は、『日本語プロフィシェンシー研究　第5号』に記載されています。

Dさんのビデオは次のURLからダウンロード可能です（http://www.speech-data.jp/chotto/2015_sub/2015003.html）。なお便宜上、1～3＝初級、4～6＝中級、7～9＝上級、10＝超級というグループ分けでグラフを作成しました。

表２　評価別集計表

点数	人数			
	総数	日本語教師	学生	その他
1	1	0	0	1
2	7	0	4	3
3	22	0	8	14
4	27	9	9	9
5	38	20	9	9
6	43	21	13	9
7	45	25	13	7
8	35	24	7	4
9	28	23	4	1
10	15	13	2	0
合計	261	135	69	57

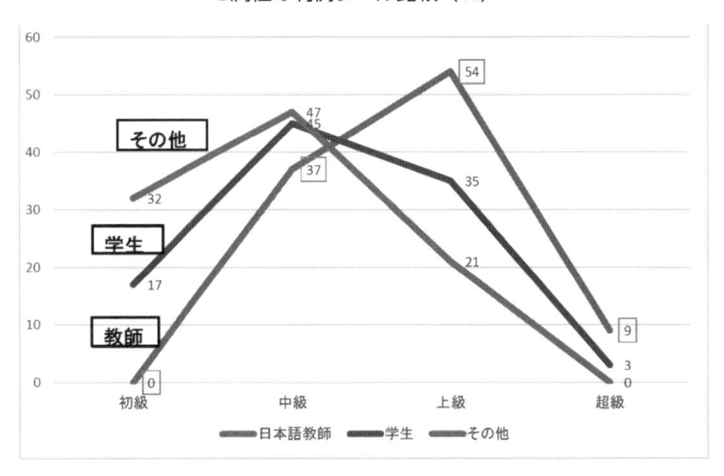

図３　「日本語教師・学生・その他」の比較

最後に「10」をつけた人のコメント2件と、「4」と「5」をつけた人については一件ずつ紹介しておきます。

【「10」のコメント】
A、B、2つの文を読むかぎりでは、日本人が書いた文と何ら遜色がないほどの日本語力だと思いました。日本人であってもこれほど上手に筋道を立てて話せないかもしれません。「じーんと来てくれるかしら」や「もうこれはとうとう来たか」を外国人が使っていて驚きました。言いよどみや発音まちがいもない様子からよほど語学に長けた方なのでしょう。漢字圏の女性だと思いました。

【「10」のコメント】
「車のドアがちょっと開けっ放しだったので」のあとに、「私は」から別の話に入ります。それまでのこととは、いわば軌道を変えて、別の出来事を語ろうとしているように思えます。そして、「車のドア開けっ放しだったんです。」と、もう一度「開けっ放し」をくり返した所で、その報告を閉じている感じがします。もし、実際に聞いたら、「開けっ放し」にしてしまったいきさつを、時間を遡って挿入しているように聞こえるのではないでしょうか。このような組み立てができるのは、日本人のしかもかなりの「語り手」という印象を受けましたが……？

【「4」のコメント】
むずかしいことばを使っていますが、文がちゃんと作られていません。意味はなんとなくわかる程度です。

【「5」のコメント】
話したいことはわかるが、完結していない文が多く、接続詞も少ない。それに、難しい語彙も使って話しているが、くだけた表現と丁寧な表現が混じっていて、状況に応じた使い分けがうまくできていないので、中級レベルくらいだと思った。

岩崎（1999, p.138）は、会話の中に現れる「文」について「会話のなかに現れる『文』の特徴がどういうものであるのかということの理解なしには言語使用者の『文』に対する理解は得られないであろう」として、さらに以下のように述べています。

> 日本語教育の一つの目的が、学習者が日本語話者と会話する能力を養うことであるならば自然な会話の中に現れる「文」を日本語教育の初期の段階から採用することが有益であると思われる。しかし、この提案には、これらの「文」があまりにも規範文法的な「文」とかけはなれているため、賛同できないとする日本語教育者が少なくないかもしれない。

規範文法で評価を下してしまった人、文の正確さにばかり目が行ってしまった人が多かったからこそ、表2、図3のような結果になったのではないでしょうか。また、OPIの評価においてもテキストの型にばかり目が行っているケースをよく見ます。ここでもう一度自分自身の言語教育観を見つめなおし、よりよい実践を実現するためにOPIの基本に向き合っていきたいと思います。

本章には6つのタスクがありますが、それは体験することで、学びも大きなものになることを期待して掲載しました。私は、「百聞は一見にしかず。されど、百見は一験にしかず」とよく言っていますが、何よりも体験することが大切だと考えています。

❼ おわりに

本章では、教師力の向上という点で、OPIをどのように生かすことができるかについて、「評価する力」「質問力」「対話力」「教室での学びと実生活をつなげる力」「自己教育力」を中心に述べてきました。「OPIの応用・適用の可能性は多数」（『テスターマニュアル』p.1）であり、教師にとってさまざまな面で活用することができると言えます。特に教師力の向上にはおおいに役立てることができ、それが日本語教育の質の向上にもつながります。

2019年6月には、日本語教育推進法が施行され、「日本語教育に従事する者の能力及び資質の向上等（第21条等）」が明記されました。文化庁では、「日本語教育人材の養成・研修の在り方について」さまざまな議論を重ね、2018年には報告書を出しました[注1]。そこには、日本語教育人材に共通して求められる基本的な資質・能力が挙げられており、「コミュニケーションを通じてコミュニケーションを学ぶという日本語教育の特性を理解していること」が重要であるとされています。さらに、日本語教育とは「広い意味で、コミュニケーションそのものであり、教師と学習者とが固定的な関係でなく、相互に学び、教え合う実際的なコミュニケーション活動」であると注が付けられています（p.18）。これは、まさにOPIのコンセプトそのものであり、だからこそOPIを学ぶことは教師力の向上につながると言えるのです。

一人ひとりの被験者に真剣に向き合うOPIのインタビュー同様、学習者一人ひとりを大切にし、柔軟に授業を展開していく姿勢を身につけ、「学習者も教師も〈わくわくする授業〉」を展開していきませんか。

タスク7

授業で学習者の発話を活発にするには、教師はどのようなことに気をつけたらよいでしょうか。自分自身の実践を振り返りながら、考えてみてください。

注1 「日本語教育人材の養成・研修の在り方について（報告）」は、2018年3月に公表され、翌2019年3月に改訂版が発表されました。

タスク 8

「プロフィシェンシーを重視した教育実践」を可能にするために、以下の項目を参考にして振り返ってください。

①学習目標の設定　②学習目標の実現
③実践と評価　④教材の選択・開発
⑤教師の発話　⑥学習者との関わり
⑦ほかの教師との関わり　⑧自己開発

タスク 9

文化庁の「日本語教育人材の養成・研修の在り方について（報告）」には、日本語教師【中堅】に求められる資質・能力について「知識／技能／態度」に分けて記されています。その中から、「態度」より2つの項目を取り上げました。この2項目について自分自身の「態度」について考えてみてください。

※中堅教師＝3〜5年程度の日本語教育歴

【1 言語教育者としての態度】
★日本語教育の専門家（中堅）として、日本語教育の社会的意義についての自覚と情熱を有し、自身の実践を分析的に振り返るとともに、新しい知識を習得しようとするなど、常に学び続けようとする。
★学習者や他の日本語教師と共に学び合い、成長していこうとする。

(p.24)

参考文献

岩崎勝一・大野剛 (1999).「『文』再考　会話における『文』の特徴と日本語教育への提案」アラム佐々木幸子（編著）,『言語学と日本語教育―実用的言語理論の構築をめざして』p.129-144.くろしお出版.

嶋田和子 (2008).『目指せ、日本語教師力アップ！―OPI でいきいき授業』ひつじ書房.

嶋田和子 (2008).「プロフィシェンシーを重視した教育実践―実生活とリンクした教室活動」鎌田修・嶋田和子・迫田久美子 (編著) ,『プロフィシェンシーを育てる―真の日本語能力を育てる』pp.132-155. 凡人社.

嶋田和子 (2012a).「プロフィシェンシー重視の実践で育む『対話力』」鎌田修・嶋田和子 (編著) ,『対話とプロフィシェンシー―コミュニケーション能力の広がりと高まりをめざして―』pp.140-161. 凡人社.

嶋田和子監修 (2012b).『漢字たまご　初級』凡人社.

嶋田和子監修 (2013).『たのしい読みもの 55　初級＆初中級』アルク

嶋田和子 (2017).「『スクリプトで評価すること』から見る言語教育観―『話の組み立て』と『文』のとらえ方」『日本語プロフィシェンシー研究』第 5号, pp.51-68. 日本語プロフィシェンシー研究会.

多田孝志 (2011).『授業で育てる対話力―グローバル時代の『対話型授業』の創造―』教育出版.

ACTFL (1999).『ACTFL-OPI テスター養成用マニュアル』［1999年改訂版］ACTFL..

ACTFL (2015).『ACTFLオーラル・プロフィシェンシー・インタビューテスター養成マニュアル』［2012年改訂版］ACTFL.

Shoen, D. (1983). *The Reflective Practitioner*. Basic Books. (佐藤学・秋田喜代美 (訳) (2001) .『専門家の知恵』ゆるみ出版.

3 研究に生かすOPI
―OPIデータが語る日本語の習得過程―

奥野由紀子

❶ はじめに

口頭運用能力を測定するOral Proficiency Interview (OPI) は、標準化されたレベル判定がなされるため、言語研究とも大変相性がよいと言えます。OPI は、ある時点における学習者の最大限の言語運用能力を引き出すことにより、目標言語でできることとできないことを明らかにした貴重な言語的証拠を提示してくれます。OPIの正用も誤用も含んだ言語データを分析することは、学習者の習得過程を知る上で大変有効な手法であると言えます。

OPI データを集めたコーパスはレベル、母語が統制されているためレベルや母語による比較もしやすく、これまで研究でも多く使用されてきています。OPI を用いたコーパス構築や応用については本章に続く第4章で詳しく紹介されますが、学習者コーパスの草分け的存在として1999年にKYコーパスが公開されて以来、今日までさまざまな研究で用いられてきています。また、コーパスだけでは見えない部分を補完する意味を含め、研究者自身が独自に収集したOPI データによる研究も数多く存在します。

本章では、日本語を第二言語とした習得研究においてOPI を活用した研究の中から、特にKYコーパスによるOPI データと、研究者独自のOPI データを用いて行った習得研究、継続的なOPI による縦断的なデータを用いて社会文化的な観点から考察している研究を紹介し、そこから明らかになってきた知見を示しながら、どのようにOPI データを研究に生かしているのかを見ていきたいと思います。

最後に、筆者自身がテスター、日本語教師としてOPI を実施して集めた、学習者の縦断的な発話データを引用しながら、コーパスではわからない学習者を取り巻く環境や学習者の内省を考慮にいれた習得研究についても紹介したいと思います。

❷ 第二言語習得研究におけるOPI の活用

山内はOPI データを研究に使用しやすい理由として以下の3点を挙げています(「日本語OPI 研究会」ホームページより[注1])。

(1) 各被験者の、proficiencyによる能力レベルが明示されている。
(2) インタビューの構成がしっかりしているため、データ同士の比較が容易である。
(3) 発話単位の認定が比較的容易であり、数量化・定量化を行ないやすい。

これらの利点を生かし、コーパス以外にも、OPI テスター自身や、OPI を用いている教育機関で集められたOPI データを用いている研究や報告も数多く見られます(日本語OPI 研究会HP「関連参考文献リスト」をご参照ください[注2])。本章ではOPI データを用いてどのような習得研究がなされているのか、具体的にどのように活用することが可能なのかを紹介します。まずはKYコーパスを用いた習得研究を紹介した上で、KYコーパスでできること、できないことをふまえ、実際に研究でどのようにKYコーパスや、OPI データが使用されているのかについて具体的に見ていきたいと思います。

2.1　KYコーパスに基づく研究

KYコーパスには、中国語、英語、韓国語を母語とする学習者が各30名、各母語に関して、初級(Novice)5名、中級(Intermediate)10名、上級(Advanced)10名、超級(Superior)5名、全90名分のOPI 文字化データが含まれています。KYコーパスは、データとして規模的には決して大きいとは言えませんが、明快なコーパス設計により、母語やレベルごとの比較が行いやすいため、日本語を対象とした学習者コーパ

注1　http://www.opi.jp/shiryo/ky_corp.html (2019年9月9日検索)
注2　http://www.OPI .jp/shiryo/bunken.html (2019年9月9日検索)

スとして非常に多くの研究で使用されてきたと考えられます[注3]。

ここですべてを紹介することはできませんが、KYコーパスの開発過程やKYコーパスを用いた研究を収めたカッケンブッシュ寛子研究代表『第二言語としての日本語の習得に関する総合研究』平成8-10年度科学研究費補助金研究成果報告書を皮切りに、KYコーパスから学習者のレベルや母語による習得状況を記述した統語・形態論的研究が生まれました。初期の代表的な研究として、受身やヴォイス(田中,1999a,b)、可能形(渋谷, 2001)、コソア(迫田, 2001)、アスペクト表現「ている」(許, 2000)、条件表現(ニャンジャローンスック, 2001)、対のある自他動詞(中石, 2005a,b)、名詞修飾節(大関, 2005)などが挙げられます。これらの研究を通して、各研究項目の要素がどのように発達していくのか、母語によってその産出に違いはあるのかなどが明らかにされています。また、李・井佐原(2006)では、自然言語処理の方法を用いて、クラスター分析によりKYコーパスに表れる助詞「に」の用法を分類し、助詞「に」の共起語に見られる傾向と習得レベルの関連性を考察しています。さらに、峯(2015)では、これまでに明らかになった言語形式の発達過程を横に並べ、日本語の文の習得の全体像を示しつつ、第二言語としての日本語の発達過程を 処理可能性理論(Processability Theory)で説明しようとしています。

また、山内(2002, 2004)は、KYコーパスを形態素解析やNグラム統計を用いて分析し、文法形態素の出現数、複合的な文字列の出現順序を明らかにして、OPI のレベル判定の簡易化や客観化の可能性を示しました。山内(2009)では、それらの成果から、例えば連体詞としての「あの」や、フィラー「あのー」が出現すれば、そのデータは中級以上、助動詞「だ」や終助詞「よ」が出現すれば、上級以上であることや、「思うんですけど」という文字列は超級に出現するなど、初級から超級までのレベルごとの言語的特徴などを『プロフィシェンシーから見た日本語教育文法』としてまとめています。これにより、長年のOPI テスターとしての経験や勘がなくても学習者のレベルをその出現した形態素や

注3　品詞・意味・誤用タグを付与した「タグ付きKYコーパス」も李在鎬氏によって開発されており、利用申請を行えば検索ソフトウェアとセットで利用が可能です(李ほか, 2012)。

文字列から推測できる可能性が示されました。さらに、橋本（2011）では、超級日本語学習者の発話の言語的特徴を、「実質形態素[注4]」と「文のタイプ」の点から明らかにしています。「実質形態素」の調査では、形態素解析により超級レベルで使用される形態素を見つける方法で行われ、「文のタイプ」の調査では、コーパスから「真性モダリティをもたない文[注5]」を抜き出し、どのように使用されているかを分析しています。その結果として、「面、風、辺、自身、状況、互い、逆」は超級日本語学習者の言語的特徴であること、「大連は、大連なりの独特の街の作りがありまして、街作りがありまして、あんまり違和感を感じない、日本人には非常に親しみを感じる、親しまれる、そんな街なんです」の下線部のような聞き手への働きかけが低い「真性モダリティをもたない文」は、上級・超級タスクを達成するための表現方法であることを明らかにしています。

さらに、OPIとその他の日本語能力を測るテストとの関係について検証する研究として、日本語能力試験との相関について横山他（2002, 2004）、SPOTテスト[注6]との相関について岩﨑（2002）などが挙げられ、OPIテスターによる判定の妥当性がほかのテストとの関係においても示されています[注7]。

このように、KYコーパスを用いた研究には、学習者の言語の統語・形態論的特性の記述や説明を追求したもの、学習者のレベルを特徴づける形態素や文字列を明らかにし、レベル判定の客観化や簡易化、客観化をめざすもの、その他のテストとの相関によりその妥当性を明

注4　実質的な意味を持つ語のことです。

注5　ほかの文に従属しており、それ一文では存在することなく、段落の中で使用され、1）複数の具体例の提示、2）時間軸に沿った出来事の提示、3）言い換えなどの用法があるとされています。

注6　SPOT（Simple Performance-Oriented Test）は実際に使える文法能力を推定する目的で作成されたテストを指します。詳しくは、http://ttbj-tsukuba.org/p1.html（SPOT）を参照のこと。（2019年9月9検索）

注7　村田・李（2016）は、ドイツ語母語話者45名のデータを収めた「ドイツ語話者日本語学習者話し言葉コーパス」（Spoken Corpus of German Leaners of Japanese）「GLJコーパス」を作成し、OPIとSPOTを同時に実施しており、1）OPIのレベル判定情報（初級・中級・上級）、2）SPOTの得点（0点～90点）、3）GLJコーパスのテキストデータ（延べ語数）の3つのデータの関連性が高いことを示し、客観的にGLJコーパスの妥当性を示しています。

らかにするものなど、さまざまな観点からのものがあると言えるでしょう。

ただ、鎌田（2006）でも指摘があるように、OPIの音声が公開されていないため、KYコーパスによる音声や音韻的研究は限られています。また、学習者背景が不明であるため、どのような学習環境の影響があるのかがわからないなど、習得の実態や要因を探るには情報が必ずしも十分ではありません。また、横断データであるため、個人内の習得を見ることはできません。さらに、トピックの難易度の統制は取れているものの、個別の内容については、OPIはあらかじめトピックを指定しないことから、習得していないのか、たまたま出現していないのかは明らかではありません。つまり、このような特性を認識し、KYコーパスでわかること、わからないことをふまえた上で使用する必要があると言えます。次項以降では、このようなKYコーパスの特性をふまえて利用した研究や、KYコーパスでは見えない部分を独自に収集したOPIデータを用いて明らかにしようとした研究の中から、以下の3つの論文を取り上げ、習得研究においてどのようにOPIデータを活用しているのかを具体的に示したいと思います。

①峯（2015）　：主にKYコーパスを用いて日本語の習得過程の包括的な記述を行い、習得理論を検証。

②奥野（2005）：既存の横断的なKYコーパスによる結果について、独自のOPIの縦断データを用いて検証。さらにOPIでレベルを統一した上で異なる方法の調査を実施し、言語転移の様相を提示。

③松田（2016）：独自のベトナム語母語話者へのOPIデータを用い、OPIの非突き上げ時と突き上げ時の音声的特徴を比較。

タスク1

KYコーパスやOPIデータを使って研究を行う際に留意すべきことをまとめ、2.1で挙げたことのほかにもないか考えてみましょう。

2.2 発達過程を記述し習得理論を検証した研究：峯 (2015)

ここでは上記で挙げたKYコーパスを用いた研究の代表として峯 (2015) を紹介したいと思います。

本研究は、文を構成する基本的な文法カテゴリーとして①ヴォイス、②テンス・アスペクト、③モダリティ、④複文、⑤助詞を取り上げ、第二言語としての日本語がどのように発達するかを描き出している研究です。

OPI データを用いた先行研究の成果[注8]を含めて、言語形式の発達過程を横に並べて日本語の文の習得の全体像が示されています。その際に、どのような項目を選ぶかという研究方針の一つとして「語彙のように話題の影響を受けやすいものを避け、機能性が高くどのような発話にも出現しやすいものを選ぶ」ことが挙げられています。これはOPI データを研究に用いる上で大事なポイントの一つと言えます。OPI データは学習者により話題が異なるので、話題によって表出されるか否かが左右されるような語彙や文法項目を対象とする場合には注意が必要です。例えばある学習者に料理に用いる動詞が表出されていないからといって、「習得できていない」とは言えません。そのインタビューで「料理」がトピックとして取り上げられていないだけの可能性があるからです。

また、峯 (2015) は理論的枠組みとしてPienemann (1998) の提唱するProcessability Theory (処理可能性理論) を用いています。この処理可能性理論は学習者の言語がどのように発達しているのかを脳内の言語処理の自動化という立場から説明するものであり、言語処理可能なものから、語彙・範疇処理⇒句処理⇒文処理⇒複文・文脈処理と、言語構造は発達していくことが提示されています。これは、OPI のレベルを測る4つのOPIの評価基準（assessment criteria）の一つ「テキストの型」において、「語」(初級) ⇒「文」(中級) ⇒「段落」(上級) ⇒「複段落」(超級) とされている発達過程とも相性がよいものであると言えるでしょう。このように峯 (2015) は、処理可能性理論をベースとし、OPI データであるKYコーパスを用いて、①「日本語の発達過程を記述し、異なるカテゴリーに分

注8　ヴォイスについては田中 (1999)、渋谷 (1998) を、格助詞の「ハ」「ガ」については花田 (2001) の研究成果を援用しています。

類される言語発達の横の関係を明らかにすること」、②「人間の普遍的な言語の発達を、そこに関わる認知的な要因と言語処理能力の発達の両方の側面から捉えること」を研究の目的と定め、研究を行いました。

「テンス・アスペクト」「接続辞」「とりたて詞ダケ・シカ」「文末表現」などの習得を含む幅広い範囲の研究をここですべて紹介することはできませんが、その中の「接続辞」の習得研究を例にどのようにOPIデータを用いて、どのようなことがわかり、どのような考察が行われたのかについてごく簡単にご紹介したいと思います。

分析方法は以下の手順で行われました。

① 上村コーパス[注9]に収められている日本語母語話者40名分のデータを分析し、使用されている各接続辞の使用者数を調べる。

② OPIコーパスで各学習者の使用する接続辞を調べる。その際に「すみませんが」のような決まり文句としてではなく、生産的な使用であるかどうかを確認する。生産的な使用かどうかの判断は次のいずれかの基準を満たしていれば生産的に使用されていると判断する。(a) 先行する語の異なりが複数ある。(b) 先行する語が当該接続辞に先行しない箇所でも使用されている。

③ 学習者の日本語のレベル別に各接続辞の使用者数を集計し、その分布を調べる。

④ 接続辞の使用表現の広がり方に含意的な順序があるのかを確認するために、母語話者の80%以上が使用した接続辞について、学習者が正しく、かつ生産的に使用している接続辞の分布を調べ、検定[注10]にかけて順序に拡張性があるかどうかを確認する。

注9　中級レベルのタスクを日本及びアメリカ在住の日本語母語話者に与えて採取した発話データをコーパス化したもの。現在は公開されていません。

注10　Implicational Scale (Hatch& Lazaraton, 1991, pp.212-213) により算出されたもので、再現性指数と拡張性指数を算出し、それぞれ.90、.60以上あればその順序に拡張性 (scalability) があるとされています。

検定の結果、「テ→カラ→ケド→タラ→シ→ノデ・ト→テモ」という順序で接続辞表現が広がっていくことがわかりました。また、検定に含めなかったほかの接続辞も含め、接続辞の表現の広がり方の傾向は、事実的な表現に遅れて、タラ・ト・バやテモなどの仮定的な表現の使用が始まり、順接のテ、カラの表現に遅れて、逆接のケド・ガの表現の使用が始まることが明らかとなりました。そして、仮定的な順接を表すタラ、ト、バの使用が見られるようになり、仮定的な逆接を表すテモへと使用表現が広がっていく傾向が確認されました（図1参照）。

事実的	➡	仮定的
順接➡逆接		順接➡逆接

図1　接続辞表現の広がり方 (峯, 2015, p.136)

分析に用いられたデータは、特定のテストなどで接続辞の使用を見るために集められたものではなく、学習者が自発的に使用した接続詞と言えます。つまり、この接続辞の広がりの傾向は、第二言語の発達過程における学習者の思考の傾向、つまり、2つの出来事をどのように関連づけて表現するかという発話意図を反映するものであると言えるでしょう。またこの「順接→逆接」という習得の流れは、日本語や英語を対象とした第一言語（母語）習得の知見とも同様の傾向にあることから、人間の思考の傾向を表しており、より単純な認知能力で使用可能なもの、産出の際の思考にかかる負担が少ないものから使用が広がっていくことを示唆するものであると考察されています。

さらに峯（2015）は、一つの言語形式の中で、以下（1）〜（3）のように句処理、文処理、複文・文脈処理という言語処理の階層の異なりが見られる従属節テに着目し、分析しています。

(1) 句処理（主節と異なる主格ガを含みえないもの）：歩いていきます〈英・初級-下〉

(2) 文処理（並列的なもの）：韓国はまだ、儒教的な精神が残っていて、女性は女性らしい〈韓・上級-上〉

(3) 複文・文脈処理（主節と異なる主格ガを含むことができる

もの）：全然する時間がなくって、最近はしてませんが〈中・超級〉

その結果、言語処理の階層の低い、句処理、文処理、複文・文脈処理の順に、正用率が90%を超えることが確認されました。さらに誤用を分析し、初級・中級で見られ、上級で見られなくなる誤用は、(4)のようなカラとテカラの混用や、理由を並べて述べるのにカラを続ける誤用のように、接続形式や配列など形式パターンを習得すればよい誤用であることがわかりました。

(4) 食べますから（⇒食べてから）、もう洗濯物、洗濯したら干して、あとは掃除します〈中・中級-下〉

一方、超級まで残りやすい誤用は(5)のように、ト・バ、タラ、ナラの混用やテとタラ、カラ／ノデの混用であり、主節と従属節の論理関係、主節と従属節の視点設定、主節のモダリティ制約といった複文・文脈処理を要求する誤用であることがわかりました。

(5) （韓国における女性教育について）
女性は夜遅くまで、あの外にいれば（⇒いては/いたら）だめ、というか早く帰らなきゃならないという認識もがあるんですね

〈韓・上級-上〉

つまり、言語処理の階層の低い、言語単位の小さなものから自動化処理が発達し、複文・文脈処理のように言語単位の大きいものは発達が遅れるとする処理可能性理論の妥当性を示す結果と考えられるということが明らかとなりました。

このことはワーキングメモリ[注11]の処理容量に限度があることと関係していると考察しています。慣れない外国語環境では一時的に思考力

注11　情報を一時的に保持しつつ、理解や産出などの処理を並行して行う情報処理の作業場としての概念を指します。

が低下した状態になると言われていますが、日本語能力が低く、言語をまだ自動的に処理できない学習者は意識的に言語形式に注意を向けることを要求されるために、十分な思考を行うための余裕がないと考えられます。したがって、学習者の使用する表現は産出の際の思考の負担が少なく、伝達可能な表現から自動化が進み習得されていくと考えられるということです。

峯(2015)はこのように、OPIデータを用いて、複数の形式から日本語の発達を記述し、言語処理の観点から考察を行いました。上記の思考の負担という習得要因と合わせて、当該言語形式が「今、ここ」という発話場面に密着したものであれば、より取り込みやすく、会話も維持でき、何度もくり返し話されることによって自動化が進み習得されていくと説明しています。これはOPIでいう初級、中級の話題が日常的、具体的なものから上級、超級になるにつれて、非日常的なもの、抽象的なものへと広がることとも合致しており、OPIの妥当性を裏づけているとも考えられます。

峯(2015)は、研究の最後に、KYコーパスの利点にも触れています。

- データを一つ一つ分析し、かつ、それぞれのデータを多方面から眺め、そこから傾向を抽出していく作業には苦労を要するが、1人のデータであったら見逃していたような誤用や使用が、数があることにより、そこに見られる誤用や傾向が浮き彫りになる。
- 接続辞表現の誤用分析で行ったように、日本語のレベル別によく見られる誤用と、何が問題かということが把握できれば、次のステップとして、何をどう教えたらよいか、どのような練習が必要かという方向へ進むことが可能となろう。このような誤用研究を可能にするのもKYコーパスが学習者のレベルも考慮し、初級から超級までのデータを揃えているからである。

ここには、KYコーパスを用いて習得研究を行う利点が凝縮されていると言えるでしょう。KYコーパスが日本語の習得研究に与えたインパクトの大きさがうかがえます。

2.3　言語転移の様相を実証的に示した研究：奥野 (2005)

次に横断的なKYコーパスの結果を、縦断的なOPI を含め、複数の方法で検証した研究、奥野 (2005) を紹介します。

奥野 (2005) は、日本語の第一言語習得過程にも第二言語習得過程にも出現する「の」の過剰使用という現象に着目し、言語転移のメカニズムを、習得に関わるさまざまな要因を含めて探った研究です。

「の」の過剰使用とは、以下のような、名詞修飾において、何も入らない ϕ 標識の場所に「の」を使用する誤用、もしくはナ形容詞の「きれいな」とすべき活用語尾を「きれいの」と「の」を使用する誤用のことです。

(1)	*何もないの街	(中国・上級)
(2)	*伝統的の服着ます、踊ります	(フランス・中級)
(3)	*大きいのさかな	(日本・1歳10カ月)

本研究では、縦断的かつ横断的な発話調査と、その後の検証実験的調査を2種類、合計3種類の調査を行っていますが、被調査者のレベルはすべて一貫してOPI を用いて測っています。

すでに、先行研究の第一言語習得研究と第二言語習得における発話の分析により、「の」の過剰使用はL1やL2習得、年齢にかかわらず見られ、日本語の習得過程において共通した現象であるという普遍性と母語により異なるという個別性が関与している可能性があることが示されていました (永野, 1960; 横山, 1989,1990; 白畑,1993,1994; 迫田,1999)。KYコーパスからは、中級では母語にかかわらず「の」の過剰使用が見られますが、上級ではほかの母語話者と比べて中国語母語話者に多く見られることが明らかになっていました。しかしながらKYコーパスから示された上級における母語による差は、中級において見られた誤用が上級になっても残った結果であるのか、上級になって多く現れるようになるのかという変化がわかりません。つまり、横断データのみからでは、個人内で縦断的にどのように言語が変化するのかについてはわからないのです。

そこで筆者は、当時教えていた2大学にて、学年開始時と終了時という縦断的な2時点で実施されていたOPIデータを利用し、個人内での変化を見てみました[注12]。被調査者は京都の大学に在籍する留学生22名(中国語母語話者11名、英語母語話者6名、仏語母語話者1名、西語母語話者1名、独語母語話者3名)と九州の大学に在籍する留学生7名(韓国語母語話者7名)、計29名でした。

その結果、中級では母語にかかわらず見られる現象であり、その要因には、格助詞の過剰般化、ある特定の語と「の」をひとかたまりで捉える学習者のストラテジー(*遠いのほう)、品詞の区別の混乱などの関与が示唆されました。また、中級の段階において「の」の過剰使用が観察されなかった学習者であっても、上級になって誤用が広い範囲で出現したり残ったりする傾向にある学習者が、中国語母語話者に多いことが明らかとなりました。この結果から、上級の中国語母語話者の「の」の過剰使用には、母語の影響によってその発達過程に長くとどまり、次の新しい段階へ移行するのが遅れるという「過程的転移」であることが見いだされました。

このようにOPIが標準化された基準と方法であることから、既存のOPIコーパスに自分自身の研究に必要なデータを足して用いることも可能となるのです。

ただ、発話コーパスからの傾向を見るだけでは、真に違いがあるとは言い切れません。また、言語転移の様相を探るためには、発話以外の際にも言語転移が表出するのかなど、異なる調査方法でも検討する必要があります。そこで、発話調査において母語による差が示されたOPI上級の中国語、英語、韓国語母語話者各10名を、新たにOPIを実施して選定しました。そして選定されたOPI上級者30名に対して、音声を聞いて即時的に文法性を判断するテストと時間的猶予のある誤用訂正テストを実施し、OPI発話データと合わせて分析を行いました。つまり、一人に対して3種類の言語処理の異なる状況を試し、どのよ

注12　OPI研究会の仲間であった複数のテスターと協力して行いました。レベル判定はテスター3名で行い、文字化したものを資料としました。学年開始時と終了時の時間的間隔は京都外国語大学が約10カ月、立命館アジア太平洋大学が約1年でした。

うな状況の際に母語による差が見られるのかを検証しました。

その結果、時間的猶予のある誤用訂正テストにおいては母語による有意な差は見られず、成績も高かったため、上級学習者は、母語にかかわらず名詞修飾における「の」の使用に対する正しい知識を有していることが明らかとなりました。しかしながら、即時的な文法性判断テストとOPI の発話において、中国語母語話者に「の」の過剰使用がほかの母語話者と比べて有意に多く見られたことから、上級における言語転移は即時的な処理が求められる使用場面に近い状況において作用することが示されました。

それは実際の場面でも確認することができました。

次の (1) と (2) の例はOPI の上級-上レベルの大学院生Rのものです。Rがゼミで発表する際の発表レジュメには、「の」の過剰使用はなく、文法的に正しく書かれているにもかかわらず、そのレジュメを見ながら発表する際には、「の」の過剰使用が産出されました。

(1) レジュメ例：今回のリフレクションは第三者の結果提示から始まるので、
　　発表例：「今回のリフレクションは第三者の結果提示から始まるの研究の調査なので」

(2) レジュメ例：どういうタイミングで自分の主観的意見を提示するかということは重要
　　発表例：「どういうタイミングで自分の主観的の意見を提示するかということは重要」

流暢に話されているときは、意味的な面に注意が払われ、言語的な面は自動化されていると考えられています。学習者Rも知識として「の」は不要であることを理解できており、自分のペースで進められるレジュメ作成時には正確に書けています。しかしながら、研究発表時には内容に意識がいっているため、特に「の」のような、それ自体に意味をもたない形態素は自動化されて言語処理され、注意が払われているとは考えにくく、そのような状態の場合に、潜在的な言語転移が働き、無意識のうちにふと使用してしまうのではないかと考えられます。このように、同じ学習者の同時期のことばであっても、時間的猶予がある「書く」場合と、時間的猶予がない「話す」場合という、言語処理における状況の違いによって、異なる産出が見られることがあり(中間言語変異性)、そのような現象に言語転移が作用している場合があることがわかりました。

また、OPIデータから、学習者の言語処理のストラテジーや品詞の要因に、言語転移が複合的、加算的に作用するため、中国語母語話者は「＊自分いたのところ」のような誤用が特に消滅しにくいことを明らかにしました(cf. 奥野, 2014)。

このように一連の研究においてOPIによりレベルを一貫して統一し、かつ複数の方法で検討したことにより、習得過程において言語転移が「いつ、どのように」作用するのかを明らかにしようとしたのです。

この奥野の一連の研究からは、既存のOPIコーパスに、研究者の必要なデータを加えて比較することが可能であること、またOPIによるレベルの統制を行いつつ、そのOPIもデータとして使用することができることがわかるでしょう。OPIはレベルの統制と役割とともにそれ自体が分析対象のデータとなるので、習得研究には一粒で二度おいしいと言えます。

2.4 ベトナム語母語話者の学習困難点を実証的に示した研究：松田(2016)

もう一つ、音声・音韻分野でのOPIの活用が少ない中で、OPIのインタビューの方法を生かした音声に関する研究例を紹介します。松田(2016)は、近年学習者数が増加しているにもかかわらず、研究の蓄積が少ないベトナム語母語話者を対象として、その学習困難点を検討し、学習者の特性を分析した上で、効率的な日本語の習得方法の提示をめざしています。文法、文字・語彙、談話、音声コミュニケーションと多岐にわたった研究ですが、音声コミュニケーションに関する研究の中で、松田は、OPIを実施し、OPIのインタビュー手法を生かした興味深い分析を行っています。

OPIは第1部でも述べられているように、通常、被験者をリラックスさせる「導入部」、フロア(下限)を見極めるための「レベルチェック」、シーリング（上限）を決める「突き上げ（probe）とレベルチェック」を交互に行う部分、インタビュー場面以外でのタスク能力を測るために行う「ロールプレイ」、「終結部」から構成されます。松田は、突き上げは被調査者が言語的挫折を起こす言語的機能と内容の領域を特定するために、被調査者にとって困難な質問がなされることから、音声コミュニケーション上、困難な特徴が出やすいと予測し、非突き上げ時と突き上げ時の比較を行いました。

具体的には、収集したベトナム語母語話者10名と英語母語話者5名のOPIデータに「言いなおし」「言語化フィラー」「リズムの乱れ・句末の伸長」「音の脱落」という4種のタグをつけ、非突き上げ部と突き上げ部の特徴を比較分析したのです。その結果、非突き上げ時において、フィラーの頻度には差が見られず、リズムの乱れ、句末の伸長については、ベトナム語母語話者は英語母語話者より有意に多く見られました。また、突き上げ時には、ベトナム語母語話者は、「言いなおし」が非突き上げ部よりも突き上げ部に有意に増加していることがわかりました。

そして、ベトナム語母語話者の特性として、言い間違えたものを言いなおすだけではなく、「グリンピー」⇒「グリンピース」⇒「グリンピースを入れて」のように、その単語やフレーズを次の単語やフレーズにスムーズに連続して言えなかったときにも言いなおす傾向を指摘しています。つまり、すでに正しく言えていても、その次のフレーズにつなげて言えなかった場合には、またもとのところに戻るという過剰な言いなおしが、ベトナム語母語話者の「焦っている」ような印象や、不正確な印象を一層強め、発話印象を下げていると考察しています。その上で、ゆっくりでよいので、一言一言ポーズを置き、くり返したい欲求を押さえて熟慮したことばを選ぶようにすれば、大きく印象が変わると提案しています。

このように、研究者自身が対象とする母語のデータを用い、音声的な印象を実証し得たことは、研究者自身が見たい現象の箇所にタグをつけ、OPIの特徴でもある突き上げ部、非突き上げ部を比較するという着眼点があったからこそであり、OPIを研究で用いる利点を表していると言えるでしょう。

❸ 社会・文化的アプローチによる研究へのOPI の活用

近年、日本での定住外国人に対する日本語使用や日本語学習環境の実態調査でもOPI の活用がなされています。2007年に始まった国立国語研究所による定住者への秋田県能代町、群馬県大泉町での縦断調査や、吹原・助川 (2012) の茨城県大洗町でのフィールドワークがその代表と言えるでしょう。KYコーパスなどでは学習者背景が不明であるため、どのような学習環境の影響があるのかがわからないことなど習得の実態や要因を探るには情報が十分でないことがデメリットして挙げられます。しかし、このような縦断調査は学習者の日本語使用環境などがよくわかるためコーパスではわからないことが見えてきます。国立国語研究所の調査については、第2部第1章にて取り上げられていますので、ここでは社会・文化的アプローチ的な手法と考察を行っている吹原・助川 (2012) におけるOPI の活用とその成果を見ていきたいと思います。社会・文化的アプローチとは、学習者を取り巻く環境や文化などさまざまな要因や状況のからみ合いによって学習を説明しようとするアプローチのことです。

吹原・助川 (2012) は、2005年以降、茨城県東茨城郡大洗町および、その近郊のインドネシア人移住労働者を対象とした、日本語習得や日本語使用の実態を調査しています。大洗町のインドネシア人コミュニティはおよそ400人、水産加工業や農業関連産業での従事者が主で、90%以上がインドネシア共和国スラウェシ島ミナハサ地方出身のキリスト教徒であり、友人、知人、親族などの地縁・血縁・宗教による共同体を構成しています。20年近くにわたるコミュニティ形成にもかかわらず、集住者の日本語力は低いままである場合が多く、吹原・助川 (2012) では、OPI を用いた日本語の実態調査を行い報告しています。まず、大洗地域のインドネシア移住労働者の日本語レベルの全体像を把握するために、種々の予備調査を試みた結果、OPI が日本語能力測定法として最適であると判断しています。その理由は以下のとおりです。

(1) 学校での学習者の場合は筆記試験や筆記作業を含む聞き取り試験で言語能力を測定するのが一般的であるが、大洗町のインドネシア移住労働者の場合は、文字の習得が一様でないことから、筆記テストがうまく行えない場合が多い。
(2) 筆記テストをローマ字化したとしても「テスト慣れ」をしていないことから、混乱が起きやすく時間もかかる。
(3) OPIであれば普通の会話をしているかのような雰囲気でテストが実施できる。
(4) 会話によるテストであるが、ACTFLの基準で口頭能力を10段階に数値化できる。
(5) 30分以内で実施するため、自由時間が非常に少ない調査対象者（中には日曜日の午後しか休めない人もいる）でも協力を受けやすい。
(6) OPIの認知度は高まっており、レベル判定結果が共通の尺度として十分に機能する。

このように、定住者への調査の手段としてもOPIが適していると判断し、調査が進められました。そして最終的に100件の判定可能な発話データ（ratable speech sample）を対象として、分析しています。その結果、初級-中が最多数の63%で中心的なレベルであり、初級の上中下を合わせると全体の95%を占めることがわかりました。つまり、OPIを行った100人のうちの95名が初級レベルであるということです。また、滞在年数別にOPIレベルを見た結果、滞在年数が増えても初級-中のままである人が多く（5年以上で初級の中52%以上）、10年以上の滞日でも初級-下にとどまっている人も2%おり、初級-上（16%）が現れるのは5年目以降、中級（5%）が現れるのは滞在9年目以降であることが明らかとなりました。つまり、日本語力の向上には非常に長い年月がかかっていることがわかります。さらに、その要因について、筆者たちは自ら日本語補助を行いながら、コミュニティの中心的な存在である教会や仕事場での参与観察も並行して行い、考察しています。それは、生活のさまざまな場面で日本語の必要に迫られることがあっても、教会の仲間や親戚の中で日本語能力の高いものに支援を求めて困難を切り抜けていること、コミュニティの大多数を占めるミナハサ人のモットーの一つに「Si Tow Timou Tumow Tow（みんながみんなを助け合う）」というものがあり、そのような助け合いの精神文化が日本語習得を阻む要因であるというものです。

さらに吹原・助川（2015）では、韓国の京畿道安山市におけるインドネシア人移住労働者の韓国語の習得についても調査し、大洗町との言語や生活環境の比較を行っています。その結果、大洗町では中級者が現れるのに9年かかっていますが、安山市では5年で中級に至っていることについて、学習環境に違いがあることを指摘しています。大洗町ではホスト社会との接触が主に職場内に限定されており、日本語教室も参加者が少なく継続的に開催されないことに対し、安山市ではキリスト教および教会に対する理解や親和性を背景に、教会や行政による支援活動を通したホスト社会との接触機会が多いことや、言語学習を継続的に行えていることが関連しているようです。

また大洗町、安山市それぞれのインドネシアコミュニティにおいて中級に至った移住労働者に聞き取り調査を行い、言語習得成功者は、ホスト国の人々とのネットワークがあること、周囲にことばの誤りを直してくれる母語話者がいること、ホスト国における社会経験の蓄積が多様な言語接触を可能にし、結果として言語能力を促進していることがわかりました。また言語の上達によって、インドネシア人コミュニティ側の窓口として、ホスト社会との接点が増え、結果として自らがコミュニティの中で不可欠な存在となり、さらに学習動機が高まること、ことに助け合いの意識が強いインドネシア人コミュニティにおいてはこのような言語学習の動機が言語習得と大きく関わっている可能性が高いことが示されています。このように、フィールドワークの手段の一つとして、OPI を用いることにより、社会文化的要因が目標言語の習得の違いに影響している可能性が見えてきていることがわかります。

これも相手に寄り添い、自然な形式で言語運用能力を測ることができるOPI ならではの強みを生かした研究成果であると言えるでしょう。

❹ 学習者をとりまく環境に着目した縦断的OPI データの分析

近年、学習者の多様化に対応した日本語教育の必要性が求められています。野田 (2005) は、これまでの日本語教育文法が重視してきた文法を「骨格部分の文法」と呼び、今後はコミュニケーションの相手がどんな人であるか、また自分と相手がどのような情報を持っているかによって変わる「伝達部分の文法」を重視する必要性を指摘しています。

また、第二言語習得研究の分野においてもこれまでの認知主義への偏りから、より社会的な側面を考慮した研究へのソーシャルターン (Block, 2003) とよばれるパラダイムシフトが起きています。そこで、本節では、学習者をとりまく環境が、どのように彼らの発話に影響しているのかを、「伝達部分の文法」に焦点をあて、筆者たちが約10年間かけて収集した縦断的なOPI データを分析してみたいと思います (奥野・金庭・山森, 2012; 金庭・奥野・山森, 2011a,b; 奥野, 2014; 奥野・呉, 2016 等)。

調査対象は韓国語を母語とする学習者Aです。予備教育を韓国で半年、日本の大学で半年受け、その後日本の大学に入学し、学部時代を過ごした後、他大学の大学院へ進学し、帰国した学習者です。筆者は予備教育時代と学部時代の日本語教育を担当していました。それ以降、OPI を帰国まで1年ごとに継続的に行いつづけていましたが、彼をとりまく環境により、発話も変化していることに気づかされ、OPI の縦断的なインタビューデータに加え、フォローアップインタビューや彼らとの接触が多い友人との会話データなどを分析し、発話の変化の要因を探ってみました。表1は各時点でOPI を実施し、その日本語力のレベルの推移と学習や生活環境、その時点での日本語力についての思いを示したものです。

表１　学習者Aの日本語力と環境の変化

時期	レベル	学習環境・生活環境・心境
来日時	中級-中	韓国での予備教育半年後・空港に迎えに来た先生の話が全くわからず、一緒に来日した友人に頼るしかなかった。
半年後	中級-上	日本での予備教育半年後・同じ年代の日本人とどのように話したらいいかわからない。
１年半後	上級-中	学部 1年終了・できるだけ同じ学科の日本人友人と過ごし、友人の発話を真似するようにした。
２年半後	上級-中	学部 2年終了・大学生活には問題がなくなって自信がついた。
３年半後	上級-上	学部 3年終了・フォーマルな場でも失礼のない日本語が話せるようになりたいと思うようになった。
４年半後	上級-上	学部 4年終了。研究室の先輩や研究室の教授などとの接触が増えた。
６年半後	超級	他大学大学院修士修了・研究室の一員として対外的な交渉などを指導教官に任された。
９年半後	超級	帰国後 3年、毎年来日、研究員勤務。日本語を使用する機会は友人との再会時。

上記の学習者の発話の変化を、文末に着目し、「ね」「よ」「よね」「か」という終助詞を隣接部も含め比較したところ、終助詞と隣接部とのパターン傾向が上級で増加することが明らかとなりました（金庭・奥野・山森, 2011a）。例として、表２に学習者Aによる終助詞「か」の文例を時期ごとに示します。「か」で終わっている文を右寄せで揃えてみると、中級レベルの来日時、半年後にはまったく使用されていない「（ん）じゃないですか」のパターン傾向が、１年半後の上級レベルで13例も使用されていることがわかります。２年半後には８例と少しその使用が減っています。

表2　学習者Aの終助詞「か」の文例 (ロールプレイ中の「か」除く)

時期	判定レベル	文例
来日時	【中級・中】	どうしてですか 何ですか 専攻は、専攻ですか 終わりですか あーと　ソ、あ、ソウルの中心はミョンドン知ってますか どこにあると知ってますか どうして、どう、、んな、あ、どうして、、言いますか 同じ値段でこの掃除機を買うことができますか あとその日本人の会い、会うことができますか
半年後	【中級・上】	なんというんですか 知らないんですか 裏見てもいいですか こんな表現はありますか そんな単語がありませんか
1年半後	【上級・中】	そう**じゃないですか** おいえとか結構伝統的**じゃないですか** 入学のオリエンテーションとか**あるじゃないですか** 高校にはせいせいとか結構**あるんじゃないですか** 正しい方向が**あるんじゃないですか** それ、また**あるんじゃないですか** 旅行とは違って、色々問題が**あるんじゃないですか** よ、よげん？、っていうこと**あったんじゃないですか** お金をかせぎたい人がいる**んじゃないですか** まぁ、何でもいい**んじゃないですか** まぁ、あればいい**んじゃないですか** ちゃんと覚えてます、で、やすい**んじゃないですか** みんな勉強しない**じゃないですか** 母さんって言ってもいいですか いや、国費で、国費ですか あ、ご存知ですか なんていうの、ひづき？、つきといいますか

2年半後	【上級・中】	マックってなんか国際的な企業**じゃないんですか** 横浜って結構、外国人が結構多い**じゃないんですか** 経験がなんかあると、〈はい〉**怖いんじゃないんですか** 化合物とか**あるんじゃないんですか** 結婚って、いろいろ考え事が**あるんじゃないですか** 実験というか、手順とか**あるんじゃないですか** 疑問を持ってる**んじゃないんですか** 愛とか、本当に求めてる**んじゃないですか** バイト先のですか 本ですか いいですか あ、そうですか

では、どのような文脈で用いているのか、実際の発話の中で見てみましょう。(1)(2) は、学習者Aの来日1年半後、上級になり「じゃないですか」が出現した時期のものです。

(1) A：僕があれを、中学校二年を三年に、やって、で、結構タカセっていうところは、ほんーーとに、ふるさとっていますか、そんなところだったんですけど、結構印象的で、やっぱふるさとですから、やっぱり、いえ、おいえとか結構てんとうできじゃないですか、で、あれは、あ、結構印象的で、あ、後で、日本で勉強すればいいなって感じはちょっとしたんですけど、(1年半後、上級-中)

(2) A：うーん、実は、あのう、このプルグラム一回から三回までは、なんか大学がテストの後にすぐ決められんじゃなくて、三月から始まるこの、よひ教育の成績も含めて、大学決められたらしいんですよ、で、みんな、一から三回までの先輩たちは、本当に一所懸命に勉強してたんですけど、四回からこの方法変わって、変えて？、変わって？、うん、かえ、変わって、あのう、せい、テスト、せんぱつテストの結果だけで大学が全部、きめ、大学は全部決めるって、ってふうに、ふうになって、やっぱり大学が全部決まったわけですからみんな勉強しないじゃないですか(T：え、)、僕もそうだったし、(T：え、)、で、やっぱり僕が、まぁ、言いたいのはそれですよね、(1年半後、上級-中)

(1)(2) の「(ん) じゃないですか」注13に続く文も含め見てみると、「じゃないですか＋指示詞」で使用されていることがわかります。「じゃないですか」を用いて相手に確認しながら、さらに後に続く文の中で指示詞を用いて発話に結束性を持たせて、段落を構成していく傾向があることがわかります。このように、学習者のことばは、隣接部だけでなく、文を超えてパターンを形成し、より複雑で長い文を話せるように発達していくようです。ただ、「じゃないですか」は、その使用当初から適切に用いられているわけではありませんでした。例えば、(1) の1年半後では、聞き手であるテスターはAの「タカセ」での経験を知らず、「タカセ」がどのような地域かも知らないため、お互いに知っているかのように「てんとうてきじゃないですか」と共感を求められ、テスターは違和感を覚えました。同様に、(2) においても、テスターは「みんな勉強しないじゃないですか」と言われても、共通の認識が持てずに「え？」と反応しています。「僕もそうだったし」と補足説明をされても、再び「え？」と聞き返しています。このように学習者は「じゃないですか」の後に指示詞を用いて文を継続させ、ターンを維持しながら、段落の形成を試みていますが、共通認識を要求されても聞き手はうまく共通認識を想起できず、戸惑っている様子がうかがえます。さらに、(1) では、「じゃないですか」の直前に「いえ」を丁寧に言おうとしてか「おいえ」と言い換えています。このことから、1年半後の時点では、不確かな表現を言い換え、相手に通じているかを確認するためにも「じゃないですか」を使用しているのがうかがえます。この段階では、相手への配慮と言うよりも、相

注13 「ないですか」と「んじゃないですか」は厳密には同等ではありませんが、学習者Aは区別せずに用いていることから本稿では両形式とも扱うこととします。

手に頼りながら、段落を構成している可能性があります。では、2年半後はどうでしょうか。

(3) A：まず、本当にちょっと難しくて、難しいですけど、人、人が人を愛するということが、どういうことなんだから、ま、人って誰でもそんな疑問を持ってるんじゃないんですか、それから話が始まって、なんか、ま、いろんな愛というか、(T：うんうん) ま、お母さんが息子、息子とか、娘を愛することとか、ま、人として愛することとか、について、本当に鋭く分析して、て、(2年半後、上級-中)

2年半後では、「人は誰でも人が愛するとはどのようなことかという疑問を持っている」という普遍的、一般的な事柄に対して「じゃないですか」を用いて聞き手との共通認識を確認し、それを受ける形で指示詞を後続させており、違和感がありません。

図2は、Aに見られる「じゃないですか」使用において、違和感があると感じるものの割合を示したものです。

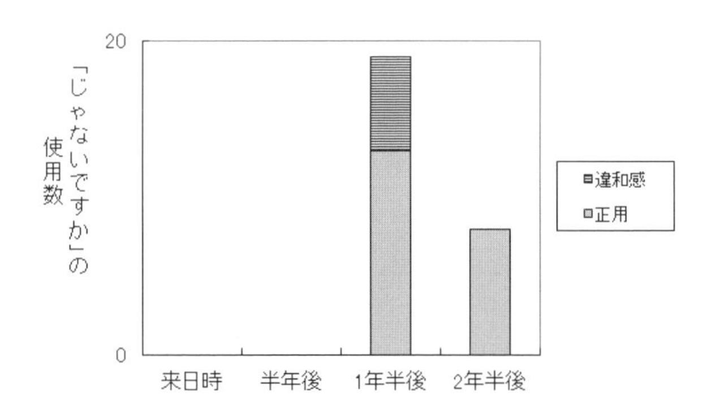

図2 「じゃないですか」の使用数の変化

このように上級になったばかりの段落形成初期に、「じゃないですか」は多く使用されますが、聞き手が共通認識を想起できない事柄に関して確認を要求したり、自己修正の機能として用いたりするため、違和感を覚えるものも含まれていることがあります。しかし、その一年後には、違和感を覚える使用が消え、使用数も収束していくようです[注14]。

メイナード（2005）によると、「じゃないですか」には会話のトピックを導入したり、情報がまったく未知のものであってもあたかもお互いに既知であるように提示し、聞き手がそれを受け止めるように促す機能があります。このように確認を行いながら話を進めることにより、聞き手との連帯感を作り出そうとしているとも言えますが、自分のトピックを押し付け、自分の立場を強要するような表現にもなり、特に目上の人に対しては「押し」が強すぎる印象を与えることがあるそうです。1年半後にはそのような「じゃないですか」を多く用いることにより、ときとして不適切な発話になっていた可能性がありますが、2年半後には共通認識が持てる事柄に対して「じゃないですか」が用いられるようになり、より適切な発話となったと考えられます。このように、発達過程において一時的に不適切な使用も含め多く使用され、習得が進むにつれその使用数が収束するという現象が認められました。

では、学習者の習得を促進させる要因は何なのでしょうか。上記の「じゃないですか＋指示詞」のような使い方は日本語の教室内で教えられたわけではありません。では次に、学習者が受けるインプットからパターンを抽出し、取り入れて使用している可能性について見ていきましょう。

奥野・金庭・山森（2012）では、上記学習者が一番接触していると考えられる仲のよい日本人学生との自由会話を分析しています。これは来日2年半時点で収集された約40分の会話です。この中で、学習者は16回、日本人の友人J1は23回、最後の10分間話に加わった日本人の友人J2は6回、友人同士での確認要求表現「じゃん」を用いていました。

(4) J1：そう、なんか、そういうの交際費っていうんだよ、
なんか、そういう友だちとか（A：うん）あと、仕事

注14　学習者Bは来日半年の段階で上級になり「じゃないですか」が出現し、Aと同様1年半後に多く使用し、2年半後に収束しています。学習者Cは「じゃないですか」を学習者A、Bほど多く使用していないことから、個人差も見られます。

関係の、つ、仲間と（A：うん）仲間の、あのお客さんとかと、こう例えばさ、外で会持ちましょ、ちょっとごはん食べましょみたいになってくるじゃん、（A：うーん）そういう時のお金

（日本語母語話者）

⑷は日本人友人がAに対して「交際費」について説明している際の発話ですが、学習者Aと同様、後に「そういう」という指示詞を使用して発話をまとめていることがわかります。⑸は、日本人の友人J1とJ2、そして学習者Aとの3人での会話部分です。

⑸ J1：フォトクロミズムってなに？
J2：光をあててー（T1：うん）
A：プリズム構造変わることでしょ（T2：そう）
J1：い、異性化じゃなくて？
J2：ま、異性化は異性化だよ、カンを開いた奴が、閉じたり、開いたりする
J1：で、それがなにがかわるの
J2：内の差と、（T1：え？）光の吸収が変わるから、ま、スイッチみたいな、要は、光を当てて構造が変わるってことは、それを使って、ま色々変わるわけじゃん、体積とか、こう、なに
J1：え、それはなに、なにを変えて、どうしたいの
J2：だから、それで、応用す、できるのは、だから、それをなんか光の材料、記録材料か（T1:ああ）
A：ま、液晶にも使える
J1：ああ、そっか沢先生やってたね

ここではJ2がJ1に対して「フォトクロミズム」について説明しようとしています。「色々変わるわけじゃん」と述べるものの、相手の理解がまだ不十分であると判断し「体積、とかこうなに」という詳細を加えようとしています。このように、より聞き手の理解を促そうと、ター

ンを維持し、説明を加えようとしていることがわかります。

学習者は日本語母語話者である友人からの豊富なインプットの中から、「じゃん」「じゃないですか」という確認要求表現が、段落形成や談話形成に役立つ、また相手に確認しながら会話を継続できる便利な標識であると認識し、使用しているのではないでしょうか。このように、学習者は明示的に教室で教えられなくても、豊富なインプットの中から「使える」表現パターンを拾い出し、そして使用していく中でその使用法や機能を習得していっていることがうかがえます。

来日半年後の学部入学時点でのフォローアップインタビューにおいて、学習者は、学部に入り、「友だちとどのように話したらいいのかわからない」「友だちのことばは教室で習った日本語とは異なる」と話していました。そのような状況の中で、友だちの話し方を真似して学んでいったのでしょう。

ただ、来日3年半後の学部3年次の時点でのフォローアップインタビューでは、「フォーマルな場でも失礼のない話し方ができるようになりたい。」と述べていました。その3年半後の時点での発話が(6)です。

(6) A：あー　そうですね　んーーー　**やっぱ**これもちょっと深い話になる、なりそうなんですけど、今、僕、応援しているアーセナルって　チームって3年前、スタジアムを、その、引っ越したんですよ<うんうんうんうん>　で、そのハイワリって、3万人くらい入れないとこから、今、ちょっと近いんですけど、エメリッチスタジアムっていう6万5千円、5千人ぐらいは入れる、ほんと、**ほんとにでかくて**、しかも、その、なん、アメニティとかも、アメニティというのか、施設？<設備？>設備も今どこの　この地球上のどこのスタジアムよりも一番最新的な設備で作ったんですよ、で、その分、ほんで金も、**めっちゃくちゃ**　かかっ、かかってて、それたてんのに<うんうんうん>**で**、今、その入場料がたぶん　僕が聞いている限り世界一らしいんです。(3年半後、上級-上)

「やっぱ」「で、」「ほんとに」「でかくて」「とかも」「めっちゃくちゃ」「それたてんのに」など、かなりくだけた話し方になっているのがわかります。日本人の友人と毎日過ごす中で、そのような話し方が身についたことがうかがえます。

(7) A：日本人の友だちでも、いまあの、だいたい学科の友だちが多いんですけど、＜うん＞学科の友だちね、みんな卒論でもう、＜あ＞僕より全然忙しいので＜う～～ん＞も、会ったら、挨拶っていうか話すのほんとに、卒論どお？　とか＜あー＞実験、なんか、実験をしても自分がなんか、んあ、仮説ってあるじゃないですか、その、実験て＜うん＞その仮説ーでなんかこういう結果がなるんじゃない、結果になるんじゃないかなって、そういう予想したとおり、そうデータ出てくればいいんですけど、＜うーん＞やはり、そのー、なかなか出ないので、＜うーん＞そういう実験て、で、結局聞くのは、ま、データーとかどう？＜あー＞いいデータとれた？とかほんとにそれだけですよね。＜んー＞ま、**問題っちゃ、問題**だと思うんですけど、(4年半後、上級-上)

4年半後も「っていうか」「なんか」「問題っちゃ、問題」など学部在学中は、くだけた話し方がかなり入ったままでした。

その後、2年間の大学院生活の後のOPIでの発話が(8)です。「壊れまして」ということばづかい、またテスターに対する敬語だけではなく、この場にいない指導教員へ対する素材敬語[注15]も使えており、かなり丁寧な話し方になったことがわかるかと思います。これは2年間の大学院での生活の中で、研究室を代表して業者とのやりとりなどを指導教官から任され、対外的にも丁寧な話し方をする必要があったためであることを学習者は述べていました。その経験が発話にも表れていること

注15　話題の人物への敬意を表すものです。Cf. 対者敬語

がうかがえました。またこのOPIで超級と判定されました。

⑻ A：そうですそうです。我々の実験装置の一つが**壊れまして**。引越し中の過程で。当然うちのほうでは引越し屋さんの責任だっていうんですけど、引越し屋さんもそういう、まぁ、いろんな事経験してきたと思うので、うちの責任じゃないということでいろいろ話があったんですけど、その交渉のほうも実はなんか、研究員とか、ようは学校の職員の方がするべきだったんですけど、なぜか僕にまわってきて、僕が、あのその、引っ越し屋さんの、たぶんその方課長か部長かの方だったと思うんですけど、直接お話しして、でまぁ僕のほうで値段も提示して、それを持って、先生のほうに持って行って、それはまだ足りないっていって、**返事をいただいて**、そこまで出せない、何回かそういう交渉をして、でもともと要求された金額の、そうですね、半額以上、半額でもないのか、30ぱーくらいをうちで出して、まぁ残りをにっつ＜笑＞引越し屋さんが出してくれたとか、そういうエピソードは、ありました。その過程で、本当に、いろんなバイトとかいろんな経験をしていたんですけど、企業の方とお話する機会はそこまでなかったので、そこでいろんなお話をして、さっき**おっしゃったとおり**、あの敬語とかも勉強して＜笑＞、はい、で、今に至っているってことです。(6年半後、超級)

さらに、以下の ⑼ は、帰国後3年後の、インタビューです。一年に一回は、来日して日本語力を維持しており、学部自体に用いていた「やっぱ」が、社会人となり「やはり」に変化しています。

⑼ A：そうですね。さいし、、本当に最初から、そういうぶき、あのミサイルとか、武器が作られていなければ

別に問題なかったんですけど、思うのはや、**やはり**あのー相手の国を100％信頼できないから、じゃないですかね。も、もし自分の国が、じゃぁもうやめますっていったとしても、ま、ほかの国で何をしてるかは、正直わからないーですし、で、もしその地球全体がま平和であれば、それはそれで、ま、まー、なんとかなんていうんですかね、平和であれ、ほんと平和であれば、そういう武器とか武力とかは使わなくてーもいい、ま理想なんですけどね、＜うーん＞でもまー今**おっしゃった**北朝鮮もありますし、中東のIS、ISでしたっけ、テロ団体とか、っていう戦争、とか戦いは結局、あのー、ま人類がいる限り{笑} なくなるのはたぶん無理かな＜うーん＞と思ってます。

(9年半後、超級)

このように、9年半にわたる発話の変化を追うと、対象者の生活言語環境が、日本語の発達や発話の文体変化に関与していることがうかがえました。学部入学、大学院入試、大学院、アルバイト、就職活動などといった新しい環境にともなう言語インプットの変化、またその場に合った話し方をしたいという学習者の欲求により動機づけられ、発話スタイルも変化するようです。習得研究ではこれまで「どのような言語環境が与えられれば発達するか」という観点から環境要因が捉えられてきましたが、学習者自身の主体性や意図、能動的な関わりが第二言語習得に大きな影響を与えていると考える必要がありそうです。

一対一で30分間話すことは普段の生活の中でもそれほど多くないと思われます。それを長期間にわたり継続して行うことで、人間関係、信頼関係を形成し、コーパスでは知り得ないような、その時点での学習者の思いや、学習者がつながっている言語環境を知り得ることが可能となります。

本事例を通して、研究者自身のOPIデータと、それを補足するフォローアップインタビューや学習者とよく接する日本語母語話者とのデータを複合的に見ることにより、コーパスではうかがえない学習者をとりまく環境を考慮にいれた分析や考察が可能になることが示せたのではないかと思います。

❺ まとめ

以上、OPI をどのように研究に生かし、その結果、どのようなことが明らかになってきているのかについて、具体的な研究例をもとに見てきました。ここに挙げたのはほんの一部です。

OPI のコーパスで明らかになった結果をほかの方法で検証することによりさらに習得のメカニズムがより明確になることもあります。また、フィールドワークや、身近な学習者に対してOPI を行い、その生活状況も含め、言語の発達を観察することで、言語の発達に環境やインプットが与える大きさや、その時々の学習者の意思や主体性が習得に与える影響をうかがい知ることができます。また、多くのテスターは、OPI を行った学習者に対して、フィードバックシートを渡し、今できていること、次のステップにいくためには何が必要なのかを伝えています。そのことにより、学習者も次の言語ステージを認識でき、そのために必要なことを明確に知ることができます。また、第二言語習得過程の記録は同時にその人自身の成長記録でもあるように思います。❹で紹介した学習者Aには今回、約10年間の縦断データの音声とスクリプトを彼自身の言語発達、成長の記録として渡しました。

OPI データは、研究者、教師、学習者、三者にとって有益だと言えるでしょう。教育現場と研究をつなぐOPI を用いたデータを使って、あなたも研究を始めてみませんか。

タスク 2

KYコーパスを入手し[注16]、あなたが気になる言語形式が母語やレベルごとにどのような違いがあるのか調べてみてください。偏りがある場合、その原因について考えてみてください。

注 16　管理者（山内博之氏）に連絡すること（yamauchi-hiroyuki@jissen.ac.jp）。

タスク 3

あなたの身近な学習者に言語習得のヒストリー（学習動機・学習環境・言語接触の様子・言語や文化についての思いの変化など）について、インタビューしてみてください。そしてそこから学習者の言語習得にどのような影響があったのか考えてみてください。

参考文献

李在鎬・井佐原均 (2006).「第二言語獲得における助詞「に」の習得過程の定量的分析」『計量国語学』25-4, pp.163-180.

李在鎬・石川慎一郎・砂川有里子 (2012).『日本語教育のためのコーパス調査入門』くろしお出版.

岩﨑典子 (2002).「日本語能力簡易試験 (SPOT) の得点とACTFL口頭能力試験 (OPI) のレベルの関係について」『日本語教育』114号, pp.100-105.日本語教育学会.

大関浩美 (2005).「第2言語における日本語名詞修飾節の産出は普遍的習得難易度階層に従うか」『第二言語としての日本語の習得研究』第8号, pp.64-82.

奥野由紀子 (2005).『第二言語習得過程における言語転移の研究 ―日本語学習者による「の」の過剰使用を対象に―』風間書房.

奥野由紀子 (2014).「日本語学習者のことば―母語と目標言語の間」『日本語学』第33巻第一号, pp. 30-43. 明治書院.

奥野由紀子・呉佳穎 (2016).「縦断的なOPI データに見られる発話スタイルの変化―学習者をとりまく環境からの考察」『2016年日本語教育シンポジウム第20回ヨーロッパ日本語教育シンポジウム報告・発表論集』pp. 454-455.

奥野由紀子・金庭久美子・山森理恵 (2012).「「じゃないですか」「じゃない」「じゃん」の確認要求表現を用いた段落形成」*Nineteenth Princeton Japanese Pedagogy Forum PROCEEDINGS*, pp. 157-168.

金庭久美子・奥野由紀子・山森理恵 (2011a).「日韓共同理工系学部留学生の縦断的な発話分析―終助詞を含む表現に注目して―」『横浜国立大学留学生センター教育研究論集』第18号, pp. 5-32.

金庭久美子・奥野由紀子・山森理恵 (2011b).「日韓共同理工系学部留学生の縦断的な発話分析―「終助詞」の習得と話題の広がり―」『韓国日語教育学会第20回国際学術発表会予稿集』pp. 53-57.

カッケンブッシュ寛子ほか (1999).『第２言語としての日本語の習得に関する総合研究』平成８年度～ 10年度 科学研究費補助金研究成果報告書（研究代表者：カッケンブッシュ寛子).
鎌田修 (2006).「KYコーパスと日本語教育研究」『日本語教育』130号, pp.43-53.
許夏珮 (2000).「自然発話における日本語学習者による『テイル』の習得研究―OPI データの分析結果から―」『日本語教育』104号, pp.20-29.
迫田久美子 (1999).「第二言語学習者による「『の』の付加に関する誤用」『第 2言語としての日本語の習得に関する総合研究』平成８年度～ 10年度 科学研究費補助金研究成果報告書 pp.327-334.
渋谷勝已 (1998) .「中間言語における可能表現の諸相」『阪大日本語研究』10, pp. 67-81.
白畑知彦 (1993b).「幼児の第 2言語としての日本語獲得と『ノ』の過剰生成―韓国人幼児の縦断研究―」『日本語教育』81号, pp.104-115.
白畑知彦 (1994).「成人第 2言語学習者の日本語の連体修飾構造獲得過程における誤りの分類」『静岡大学教育学研究報告 (人文・社会科学篇) 』第 44号, pp.175-189.
スニーラット・ニャンジャローンスック (2001).「OPI データにおける『条件表現』の習得研究」『日本語教育』111号, pp.26-35.
田中真理 (1999).「OPIにおける日本語のヴォイスの習得状況 ―英語・韓国語・中国語話者の場合―」カッケンブッシュ寛子研究代表『第二言語としての日本語の習得に関する総合研究』平成８-10 年度科学研究費補助金研究成果報告書
田中真理 (1999).「OPI に現れた受身表現について―日本語教育とコミュニケーションの視点から―」カッケンブッシュ寛子研究代表『第二言語としての日本語の習得に関する総合研究』平成８ -10年度科学研究費補助金研究成果報告書.
中石ゆうこ (2005a).「対のある自動詞・他動詞の第二言語習得研究―「つく－つける」,「きまる－きめる」,「かわる－かえる」の使用状況をもとに―」『日本語教育』124号, pp.23-32.
中石ゆうこ (2005b).「日本語学習者による対のある自他動詞の使用の不均衡性―OPI データの分析を通して―」『日本教科教育学会誌』28（1）, pp.59-68. 日本教科教育学会.
永野賢 (1960).「幼児の言語発達－とくに助詞「の」の習得過程について－」関西大学国文学会 (編) ,『島田教授古稀記念国文学論集』pp.405-418.
野田尚史 (2005).「コミュニケーションのための日本語教育文法の設計図」野田尚史 (編) ,『コミュニケーションのための日本語教育文法』くろしお出版.
橋本直幸 (2011).「学習者コーパスから見る超級日本語学習者の言語特徴―2つ

の観点から―」『日本語教育文法研究のための多様なアプローチ』pp. 241-257. ひつじ書房.
花田敦子 (2001).「談話資料に見る『は』『が』の習得」『久留米大学外国語学部地域研究所紀要』8, pp.89-108.
吹原豊 (2010).「フェリス女学院大学の留学生日本語教育―OPI を通しての一考察―」『フェリス女学院大学文学部紀要』No.45, pp.235-254.
吹原豊・助川泰彦 (2012).「茨城県茨城郡大洗町で就労するインドネシア人移住労働者の生活と日本語習得の実態調査」『福岡女子大学国際文理学部紀要 国際社会研究』創刊号, pp.43-55.
吹原豊・助川泰彦 (2015).「移住労働者の言語習得を促進する要因についての一考察―日韓におけるインドネシア人コミュニティの比較から―」『福岡女子大学国際文理学部紀要　国際社会研究』第 4号, pp.21-36.
松田真希子 (2016).『ベトナム語母語話者のための日本語教育』春風社.
峯布由紀 (2015) .『第二言語としての日本語の発達過程―言語と思考のProcessability―』ココ出版.
村田裕美子・李在鎬 (2016).「言語テストに基づくドイツ人学習者の対話型コーパス構築」『ヨーロッパ日本語教育 20　報告・論文発表集』pp.195-200.
メイナード, 泉子・K (2005).『日本語教育の現場で使える談話表現ハンドブック』くろしお出版.
山内博之 (2003).「OPI データの形態素解析―判定基準の客観化・簡易化に向けて―」『実践女子大学文学部紀要』45号, pp.1-10.
山内博之 (2004).「語彙習得研究の方法―茶筅とNグラム統計―」『第二言語としての日本語の習得研究』第 7号, pp.141-162.
山内博之 (2009).『プロフィシェンシーから見た日本語教育文法』ひつじ書房.
横山紀子・木田真理・久保田美子 (2002).「日本語能力試験とOPI による運用力分析―言語知識と運用力との関係を探る―」『日本語教育』113号, pp.43-53.
横山紀子・木田真理・久保田美子 (2004).「日本語能力試験とOPI の相関関係 ―技能バランスに焦点をあてて―」『第二言語としての日本語の習得研究』第7号, pp.81-99.
横山正幸 (1989).「幼児による助詞の誤用の出現時期と類型」『福岡教育大学紀要』第 38号, pp.225-236.
横山正幸 (1990).「幼児の連体修飾発話における助詞『ノ』の誤用」『発達心理学研究』第 1 巻 第 1 号, pp.2-9.
Block, D. (2003).*The social turn in second language acquisition*.Washington, D.C.:Georgetown University Press.

4 研究に生かすOPI
—コーパス化とその活用—

李在鎬

1 はじめに

Oral Proficiency Interview (OPI) データは、前章でも述べられているように、標準化されたレベル判定がされているため、言語研究・習得研究と大変相性がよいと言えます。1990年代後半から、このOPIデータを大規模に集め、コーパス化する試みがなされてきましたが、おそらく今後も続けられていくと思われます。

このことを受け、本章では、OPIデータを個人単位で集め、小規模のコーパスを作る方法やそのデータを電子的に処理し、量的分析手法でデータを活用する方法について解説します。まず、OPIコーパスを利用した研究の位置づけについて考えます。次に、OPIコーパスの構築として、テキストファイルの作り方、文字列検索の方法、形態素解析の方法について説明します。最後に、OPIコーパスを定量的に分析し、レベル判定を検証する試みについて紹介します。

2 OPIコーパスができるまでに

「KYコーパス」という学習者コーパスを聞いたことがあるのではないでしょうか。

「KYコーパス」は、1996年から1998年にかけて行われた科学研究費補助金のプロジェクト「第2言語としての日本語の習得に関する総合研究」の成果として公開された日本語学習者の話しことばコーパスです。開発の中心人物であった鎌田修氏の「K」と山内博之氏の「Y」から命名されました。

「KYコーパス」は、20年以上前のデータではありますが、現代のコーパス開発に少なからず影響を与えました。そのため、日本語の話しことばによる学習者コーパスの原型として位置づけられています。したがって、「KYコーパス」が作られるまでの理論的背景を知ること、開発の基本思想を知ることは、OPIデータをコーパス化する最短の道になると考えられます。

2.1 KYコーパスが作られた背景

1960年代から1970年代にかけ、アメリカで盛んだった対照分析によって、学習者の誤用に注目する研究が出現しました。この流れを継承しつつも、学習者言語の特異性に注目した研究パラダイムとして、中間言語アプローチが生まれました。このアプローチでは、学習者の言語は目標言語とも母語とも異なる特徴をもつと考えられ、それが中間言語という名前で呼ばれるようになりました(坂本, 2017)。

1970年代から1980年代にかけ、第二言語習得の研究パラダイムが誤用分析研究から中間言語研究へシフトしたことで、誤用のみならず、正用をも含めた包括的観点から学習者言語の実態を捉えることの重要性が強調されるようになりました(長友, 1993; 迫田, 2001)。こうした流れから、大量言語データに対する網羅的調査分析を評価する流れが生まれたと言えます。これらの流れを受け、1990年代後半から2000年代にかけ、日本語学習者の書きことば・話しことばのデータベース化が進められました。これから紹介する「KYコーパス」もその一つの成果であると言えます。

2.2 KYコーパスの設計 1：収録データ

「KYコーパス」には、英語母語話者30名、中国語母語話者30名、韓国語母語話者30名のデータが収録されています。

表1　KYコーパスの母語とレベル

	初級	中級	上級	超級	合計
中国語母語話者	5名	10名	10名	5名	30名
韓国語母語話者	5名	10名	10名	5名	30名
英語母語話者	5名	10名	10名	5名	30名
合計	15名	30名	30名	15名	90名

表1に示した初級から超級の4段階評価のほか、サブレベルとして、「初級-下」「初級-中」「初級-上」といった情報がデータにひもづけられています。詳しくは2.4で触れます。

「KYコーパス」は90人という少人数のデータではありますが、「均衡性」という意味では、巧みに計画されて作られたコーパスと言えます。コーパスを作る場合、「均衡性」の問題は非常に重要です。

コーパス作成にとって、「均衡性」とは収録データの数や大きさを揃える作業のことですが、なぜ「均衡性」が大切なのでしょうか。一般になんらかの研究目的でコーパスを使う場合、データに対してコンピュータプログラムで検索を行い、多くの事例を収集します。収集した事例をなんらかの基準で分類をし、最終的には(研究目的に合わせた)集団間で比較をし、なんらかの結論を導き出します。この「比較する」という研究手法にとって、データのもともとのサイズが(比較可能なだけ)均等であるということが求められます。もともとのサイズが大きく違うデータで比較をし、何かしら差が見られたとしても、それがもともとのデータサイズの差によるものなのか、学習者の属性の差によるものかが判断できなくなります。

以上のことから判断して、OPIデータをコーパス化するにはデータの数を揃える作業が大変重要な条件となります。

2.3 KYコーパスの設計2：文字化ルール

T	:テスター
S	:被験者
,	:ポーズがあることを示す。「,」の数が多いほど，ポーズが長いことを示す。
―	:「―」の前の音節が長く延ばされていることを示す。
〈〉	:あいづち的な発話。改行は行なわず，相手の発話の中の適当な位置に割り込ませる形で表記を行なう。
{}	:非言語的な行動を示す。
*	:まったく聞き取れない箇所。だいたいの音節数を*の数によって示す。
()	:記録上不明瞭な箇所を示す。全角ではなく，半角で記す。
[]	:インタビューの中で言及された固有名詞等は，[大学名][人名]などのように記す。複数のものを識別する場合には，[大学名1][大学名2]のようにする。

図1　KYコーパスの文字化ルール

OPIデータは、音声データを基本にしていますが、コーパス化するとなると、当然ながら文字化をする必要があります。音声を文字化する作業には、文字化のルールが必要になります。「KYコーパス」の場合、上記のようなルールで文字化されています。

「KYコーパス」の場合、すべての行の先頭は、TないしはSで始まります。Tから始まる発話は、テスターの発話であることを表します。Sから始まる発話は、学習者の発話であることを表します。そして、話しことばに特徴的なポーズや音の延びなどは、「、」や「ー」で記されています。なお、「ー」の数が多いほど、長く延ばされていることを示します。また、テスターによって発される「そうですか」や「はい」といったあいづちなどの要素は〈 〉で示されており、学習者の発話中にそのまま埋め込まれています。次に、{笑い} など、いわゆる非言語的な要素については、{} で記号化されています。次に、文字起こしの都合上、聞き取れないところや不明瞭な箇所についても＊や（）で記号化されています。最後に、会話本文において、学習者が特定されるような個人情報は［ ］で伏せてあり、データ提供者に対するプライバシーにも配慮されています。

「KYコーパス」の文字化ルールは、2000年代、2010年代に行われたコーパス開発プロジェクトにおいても採用されています。例えば、例えば、村田裕美子氏が開発した「ドイツ語話者日本語学習者話し言葉コーパス（http://german-opi.jpn.org/）」などが挙げられます。「KYコーパス」以外の文字化のルールとして、宇佐美まゆみ氏などが提案するBasic Transcription System for Japanese（BTSJ）などが提案されていますので、利用目的をふまえて、最適なルールを決めるとよいでしょう。

2.4 KYコーパスの設計3：データIDの付与

「KYコーパス」に収録された90名分のデータには、固有のIDが付与されています。この固有のIDは一定のルールによって、決められていますので、IDを見ることによって、学習者の属性が把握できます。そして、このIDがファイル名になっていますので、検索して使う場合、元データの属性が一目で把握できます。

KYコーパスにおけるID付与のルールは、以下のようになっています。

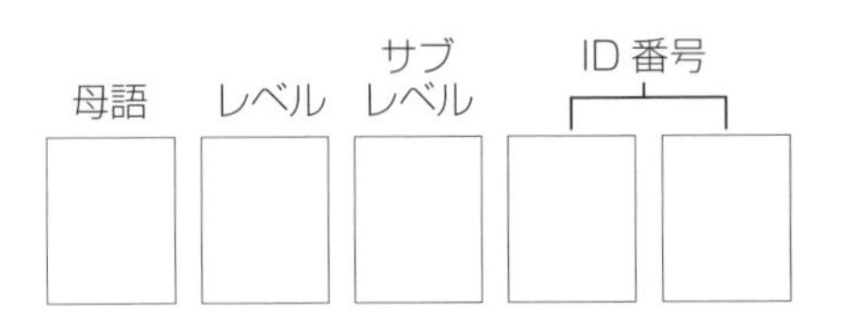

図２　KYコーパスのID付与

KYコーパスのID、すなわちファイル名は、図２の方法で決められています。１番目の記号は母語を表し、２番目の記号はOPIのレベル、３番目の記号はOPIのサブレベル、４番目と５番目の記号は通し番号になっています。母語に関する情報として、中国語母語話者のデータは「C」、英語母語話者は「E」、韓国語母語話者は「K」から始まるように設定されています。OPIのレベルに関する情報として、初級（Novice）話者は「N」、中級（Intermediate）話者は「Ｉ」、上級（Advanced）話者は「Ａ」、超級（Superior）話者は「S」という記号が入っています。さらに、サブレベルとして「下（low）」話者は「L」、「中（middle）」話者は「M」、「上（high）」話者は「H」という記号が入っています。具体例として、「CIH01.txt」は中国語母語話者で、中級-上レベルであることがわかります。

手元のデータをコーパス化する場合は、同じように学習者一人あたりに一つのIDを付与し、それをファイル名として活用するとよいでしょう。

❸ OPIコーパスの構築

本節では、OPIの文字化データをコーパス化する方法や留意点について考えます。

コンピュータの上で文字を入力したり、編集するための方法はいろいろあります。Microsoft社のWordに代表されるようなドキュメント作成プログラムを使って、docまたはdocxというファイル形式で文字情報を管理する方法が広く使われています。このほかに、コンピュータの上で文字データを運用する形式として、テキストファイルというものがあります。Windowsユーザーの間では、「メモ帳ファイル」とも呼ばれています。

「KYコーパス」をはじめとする多くのコーパスは、テキストファイルで作成されています。テキストファイルが利用されている背景として、データの汎用性に関する問題があります。docやdocx形式の場合、Microsoft社のWordがなければ、ファイルを見ることも編集することも難しいです。しかし、テキストファイルの場合、こういったことはまず起きません。どのOSでもテキストファイルは開くことができ、編集もできます。また、テキストファイルを使うためのフリーソフトウェアとしてたくさんのものが公開されています。以上の理由から、OPIデータをコーパス化したい人にはぜひテキストファイルでデータを管理することをすすめます。

以下では、OPIデータをコーパス化する最初の作業としてテキストファイルを作る作業とテキストファイルに対して検索を行う方法について説明します。

3.1 テキストファイルとは

テキストファイルは、文字だけで構成されており、きわめて単純な構造をしています。Windowsでは、テキストファイルであることを示すのに .txt という拡張子を使う習慣があります。なお、拡張子が.txt でなくても、実際の中身はテキストデータであるようなファイルも多くあります(例えば、ウェブで使用されるHTMLファイル)。テキストファイルのアイコンとしては、右のようなものが使われています。

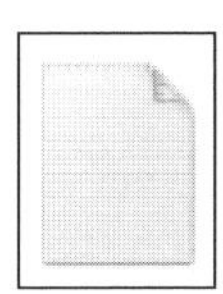

テキストファイルは、「一太郎」やMicrosoft Wordなどのファイルに比べ、見た目は非常に地味ですが、コンピュータ上で文字データを扱う上で、もっとも基本的かつ汎用的な形式です。このような理由から、コーパスのように多様な目的での利用が想定されるデータベースは、テキストファイル形式で作られているものがほとんどです。

3.2 テキストファイルを使うメリット

コーパス開発でテキストファイルが支持される背景には、以下の4つの理由があります。

⑴ 機械的処理に適している。

⑵ ソフトウェアが充実している。

⑶ どのようなコンピュータ環境でも使える。

⑷ 大規模のデータが扱いやすい。

以下では、上記の⑴〜⑷について順に説明します。

1点目は、テキストファイルは文字情報しか含んでいないシンプルなデータなので、検索や集計などの場面で機械的な処理がしやすいということです。

2点目は、ソフトウェアが充実しているということです。テキストファイルを編集するためのソフトウェアは、どのOSにも標準でインストールされています。Windowsであれば「メモ帳」が、Mac OS Xであれば「テキストエディット」が、OSの導入と同時にインストールされます。さらに、「メモ帳」や「テキストエディット」以外にも、テキストファイルを処理するためのさまざまなソフトウェアをインターネットからダウンロードして利用することができます。詳しくは3.3で紹介します。

3点目は、テキストファイルには、特定のシステムに依存しない汎用性があるということです。ドキュメント作成プログラムで作ったデータの場合、特定のソフトウェアの特定のバージョンがない限り、ファイルが開けられなかったり、正常に表示できなかったりする問題が生じません。テキストファイルの場合は、このような問題は起きません。例えば、Windows環境で作ったものを、Mac OSで開いたり編集したりしても問題ありません。

4点目として、テキストファイルは、ファイル内部の情報として文字情報しか持っていないため、装飾機能が多用されるドキュメント作成プログラムのデータに比べてファイルサイズが小さいです。新聞記事1年分でも数十メガサイズで収めることができます。また、ファイルサイズが小さいため、検索作業や編集作業のとき、動作が軽いというメリットもあります。

3.3　テキストファイルを使う

ここから、テキストファイルを使うための方法について説明します。テキストファイルを作ったり、編集したりする作業は、いわゆるOffice系のソフトを用いても行うことができます。しかしOffice系のソフトウェアはあくまで印刷用に整形された文書や図表、プレゼンテーション資料などを扱うためのもので、テキストファイルを処理用のデータとして扱うのには適していません。テキストファイルを処理するためには、専用のエディタを使うことをおすすめします。

以下では、テキストファイルの編集に特化した「テキストエディタ」と呼ばれるソフトウェアを紹介します。

3.3.1　テキストエディタとは

テキストファイルを開き、編集し、保存するためのソフトウェアのことを「テキストエディタ」と言います。テキストエディタは、OSと同時にインストールされている場合が多いです。例えば、Windowsの場合は、「メモ帳」というソフトウェアがOSの導入と同時にインストールされます。

テキストエディタは、OSと同時にインストールされるものだけではありません。高機能テキストエディタと呼ばれるソフトウェアがあります。高機能テキストエディタを使うことで、複雑な置換操作をしたり、大量の文章を瞬時に検索したりすることができます。OPIデータをコーパスとして使いたいのであれば、テキストエディタの操作は必ず覚えておいてください。

Windows用の代表的な高機能テキストエディタとしては、表2のものがあります。なお、ライセンス規程は2019年現在のものであり、変更される可能性があります。

表２　高機能テキストエディタ

テキストエディタ名	ライセンス規定	入手方法
秀丸エディタ	シェアウェア	ウェブサイトよりダウンロード http://hide.maruo.co.jp/
EmEditor	シェアウェア	ウェブサイトよりダウンロード http://jp.emeditor.com/
サクラエディタ	フリーウェア	ウェブサイトよりダウンロード http://sakura-editor.sourceforge.net/

(2019年７月現在)

表２のいずれのソフトウェアも操作性や基本的な機能に大きな違いはありません。はじめて使う人は、無料のものから使ってみるとよいでしょう。なお、「秀丸エディタ」は、シェアウェアではありますが、秀丸エディタフリー制度[注1]がありますので、条件によっては無料で利用できます。

3.3.2　OPIデータのテキストファイル化

OPIのデータをテキストファイルにし、検索を行うことができます。テキストファイル化の方法は、３つあります。

⑴ テキストエディタ上で文字化作業を行う方法
⑵ docもしくはdocxなどのドキュメントファイルをテキストファイルに変換する方法
⑶ docもしくはdocxなどのドキュメントファイルをコピー&ペーストする方法

もっとも簡単な方法は、⑶の方法です。すでにdocもしくはdocxのようなドキュメント形式の文字化済みのOPIデータを持っている人は、ファイルを開き、全文を選択したあと、コピーをします。そして、3.3.1で紹介した「秀丸エディタ」などのテキストエディタ上で、貼り付けの操作を行います。その後、データの保存をすれば、テキストファイルを作ることができます。

注１　学生である場合や教育機関に設置してあるコンピュータで学生が利用する場合、フリーで利用できます。詳細は、https://hide.maruo.co.jp/support/hidemarufree.html (2019年７月閲覧) を見てください。

(2) のテキストファイルに変換する方法でテキストファイルを作ることもできます。例えば、Word上で文字化したものがあれば、そのファイルを開いてから、「名前を付けて保存」を選択したあと、図3のようにファイルの種類を「書式なし (*.txt)」に選択し、保存すればテキストファイルができます。

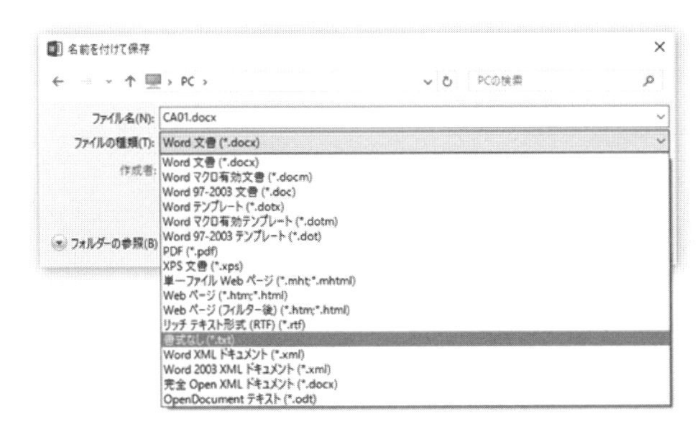

図3　Wordでテキストファイルを作る

(1) の方法は、ゼロから文字化を行う場合のもので、テキストエディタ上で、文字化を行い、それを保存する方法です。もっともシンプルで効率的に作業できる方法なので、これから文字化作業を始めるという方には(1)の方法をすすめます。

3.3.3　テキストエディタによる検索例 1

テキストエディタは、文字を入力したり、編集したり、保存したりといった基本機能のほかに、検索機能も充実しています。テキストエディタの実力を実感するためには、検索機能を使ってみるのがもっとも近道であると言えます。

ここからの説明は、前項までの方法で、すでに手元にテキストファイルがあり、「秀丸エディタ」がインストールされているコンピュータを使うということを仮定して説明していきます。また、説明の都合上、本書では、「KYコーパス」を使いますが、操作そのものはどのファイルであっても同じです。

まず、テキストファイルをクリックしてみてください。秀丸エディタがインストールされている場合は、テキストファイルと秀丸エディタが関連づけられていますので、秀丸エディタが自動で立ち上がるはずです。次に秀丸エディタの上段メニューから「検索>検索」をクリックし、図4の検索ダイアログを呼び出します。

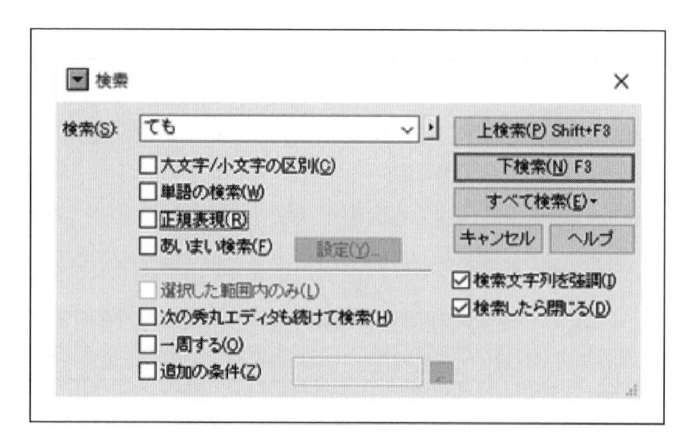

図４　検索ウィンドウの使い方

検索キーワード入力欄に「ても」と入力し、右下にある「検索文字列を強調」にチェックを入れます。「下検索」をクリックします。図5のように検索の結果が黄色でハイライトされます。

3.3.4　テキストエディタによる検索例２

図5のように一つのキーワードを入れ、文章内を検索する程度であれば、Microsoft社の「Word」と大きな差はありません。ここでは、テキストエディタの実力を実感できる事例として、複数のファイルを同時に検索する方法について説明します。

「秀丸エディタ」では、grepという機能を用いることで、複数のファイルに対する検索を行うことができます。grepとは、もともとはUnixのコマンドの一つで、意味は「ファイル全体から（global）正規表現（regular expression）に一致する行を表示（print）する」というものです。Windowsなどにもこの機能が導入され、現在、テキストファイルから文字列を検索する機能として広く使われています。

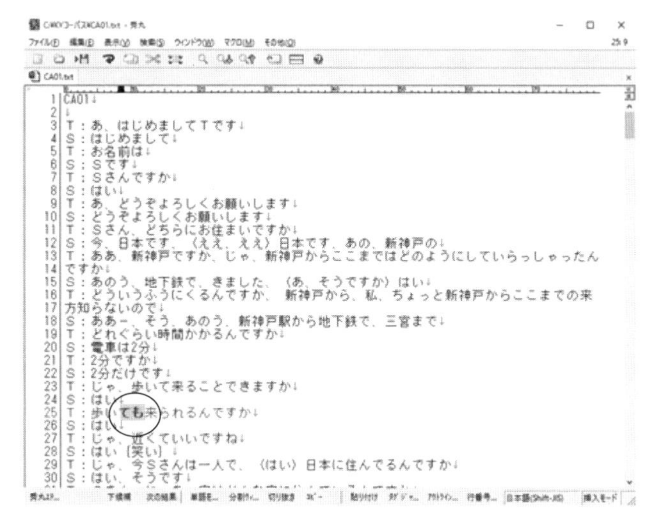

図５　検索結果

grepの実行方法について説明します。まず、「秀丸エディタ」のアイコンをダブルクリックし、ソフトウェアを立ち上げます。次に「秀丸エディタ」の上段メニューから「検索＞grepの実行」をクリックし、下の図６の検索ダイアログを呼び出します。

「検索する文字列」に「ても」と入力します。「検索するファイル」は空白にして、「検索するフォルダ」は複数のテキストファイルが入っているフォルダを指定します。図６では、「C:\KYコーパス」を指定しています。フォルダを指定するには、入力欄の隣の四角いボタンをクリックし、場所を選択します。

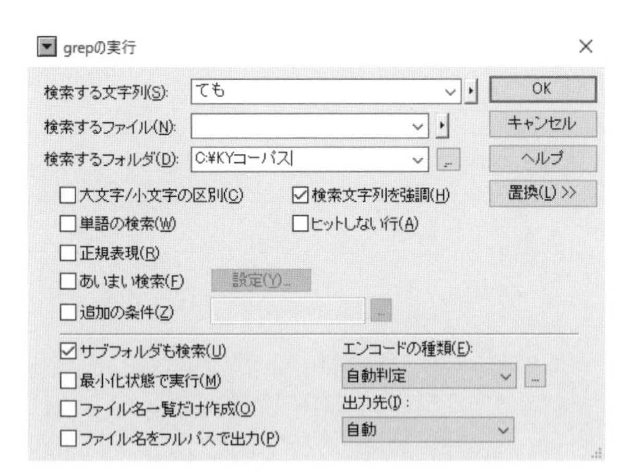

図６　複数ファイルに対する検索

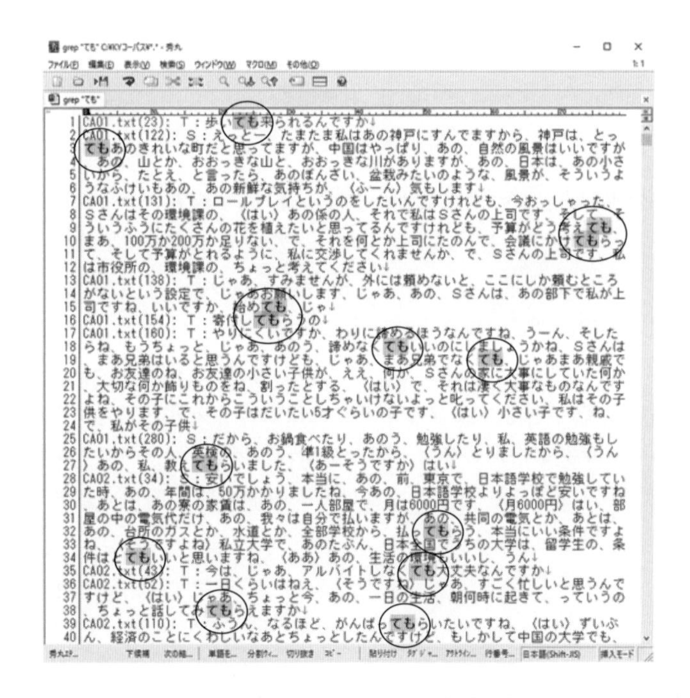

図７　複数ファイルに対する検索結果

図7のとおり、検索結果が表示されます。テキスト本文には、項目の先頭にCA01.txtなどのファイル名、そして行番号が表示されます。例えば、一番上の検索結果だと、CA01.txtというファイルの23行目に「歩いても来られるんですか」という用例が使用されていることを示しています。

このように「grepの実行」オプションを用いれば、検索対象のファイルが10個であっても100個であっても、一度の操作で同時に検索できます。

3.3.5 テキストエディタによる検索例3

テキストエディタを使えば、異形に対する同時検索ができます。

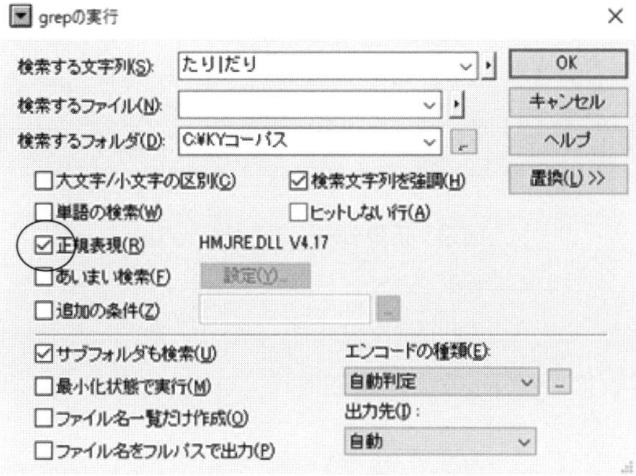

図8 正規表現を使った検索

図8は、「たり」の検索を「|」(パイプ) を使って行う場合の例です。「|」は半角文字で入れてください。この記号は、その前後の文字列の両方とマッチしてほしいときに使います (パイプを入力するには、標準的な日本語キーボードでは、Shiftを押しながら¥を押します)。

正規表現を使った検索を行う場合は、図8のように「正規表現 (R)」にチェックを入れてください。チェックを入れないと、単なる文字として処理されますので、何もヒットしません。図8の検索結果を図9に示します。

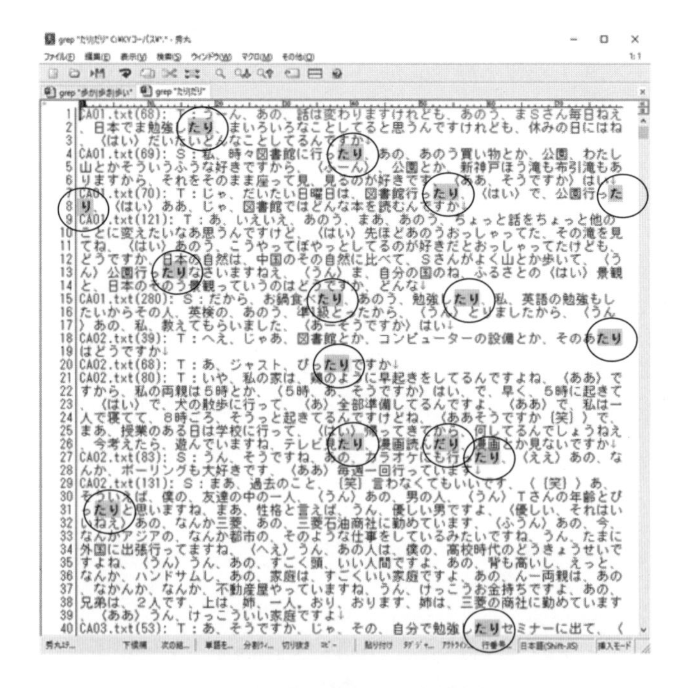

図9　正規表現による検索結果

「|」を使うことで、「勉強し<u>たり</u>、行っ<u>たり</u>、食べ<u>たり</u>」の例に加え、「読ん<u>だり</u>、飲ん<u>だり</u>」などの例も同時にヒットしていることが確認できます。

この正規表現には、いろいろなものがあり、これを活用することで、さまざまな検索ができます。例えば、図10のように「歩.」を入力すると、「歩く」に関するさまざまな活用形を一度に収集することができます。

図10で使用されている「.」は任意の1文字を意味するものです。なお、「..」だと任意の2文字を、「...」だと任意の3文字を意味します。

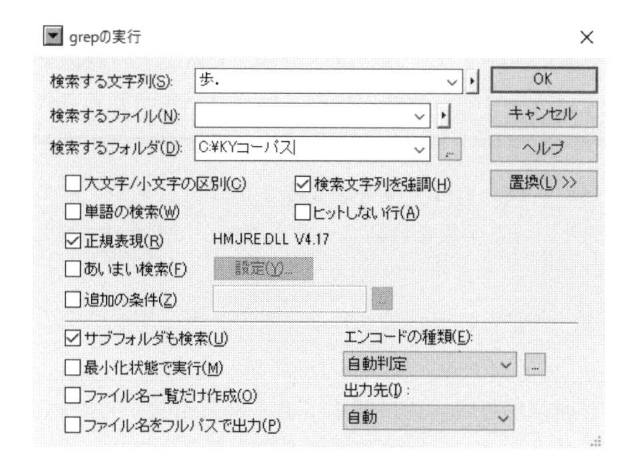

図 10　正規表現による検索

自身のデータを作る場合も、正規表現が使えると、さまざまなメリットがあります。例えば、テキストファイルで作ったデータをエクセルで分析する場合、文字列と文字列の間に、タブを入れると、楽に分析できます。その場合、タブを意味する正規表現「¥t」を使った置換操作をすると楽に作業できます。また、無駄な行を削除したい場合、改行を意味する「¥n」と先頭を表す「^」を組み合わせて、「^¥n」と指定すると、先頭に改行が入っている行、すなわち空白行を見つけ、一括して削除するといった操作ができます。正規表現は、組み合わせについて、さらに勉強してみたい人は、インターネットで「秀丸　正規表現」をキーワードに学習サイトを探してみてください。

タスク1

3.3では正規表現による検索事例を紹介しましたが、皆さんの現場で行った会話例を文字化して、助詞の「を」「に」を同時に検索してみてください。学習者のレベルによってどのような事例が見られるか確認してみてください。

3.4 形態素解析

OPIデータのデータサイズを調べたり、発話全体の特徴を捉えたりする研究を行う場合は、形態素解析というツールが勧められます。形態素解析ツールを使うと、動詞の活用形を基本形に戻すことができるので、基本形による集計や検索ができますし、自身のデータに対して語種や品詞といった情報を自動でつけることができます。詳しくは、李・石川・砂川 (2018) を見てください。

ここでは、形態素解析の基本的な仕組みとウェブシステムとして形態素解析ができるツールを紹介したいと思います。

まず、形態素解析は、語に関するあらゆる情報が書かれた「辞書」の部分と、辞書を使って実際の解析を行う「解析器」の部分で構成されています。MeCabやChaSenといった名前で呼ばれているものが解析器に相当するものです。MeCabやChaSenなどは、無料のソフトウェアとして利用できますが、企業が商用として販売しているものもあり、さまざまなものがあります。辞書は、もっとも広く使われているものとしてIPADicというものがあります。これはChaSenとセットで配布されています。また、「現代日本語書き言葉均衡コーパス (Balanced Corpus of Contemporary Written Japanes, BCCWJ) のために開発されたUniDicという辞書もあります。

次に、形態素解析は入力されたテキストをさまざまな長さで区切りますが、区切る際の基準として使っているのが「辞書」です。「辞書」を参照しながら、テキストを切っていきますが、切り方のパターンは、無数にあり、その中でも、もっともよいものを選ぶため、「生起コスト」(その語がどのくらいよく出現するか) と「連接コスト」(その語がどのような品詞の語とよく使われるか) という計算アルゴリズムを使います。この数値情報を利用して、もっともよい結果を出力するというしくみです。技術的説明は、山崎 (編) (2014) を参照してください。

最後に、形態素解析は辞書と解析器を組み合わせて使うわけですが、これらは工学的な処理のために開発されたものということもあり、マウス操作を前提にしたユーザーインタフェースは用意されていない場合があります。ユーザーインタフェースが必要な人は「WinCha」や「茶まめ」のようなツールを利用するとよいでしょう。

「茶まめ」の場合、ブラウザ上で形態素解析を行うこともできますし、(大きなデータを解析する場合は) ダウンロード版をインストールして使うこともできます。「KYコーパス」程度のサイズのデータであれば、ウェブ上で操作を行っても大きな問題はありません (図 11)。

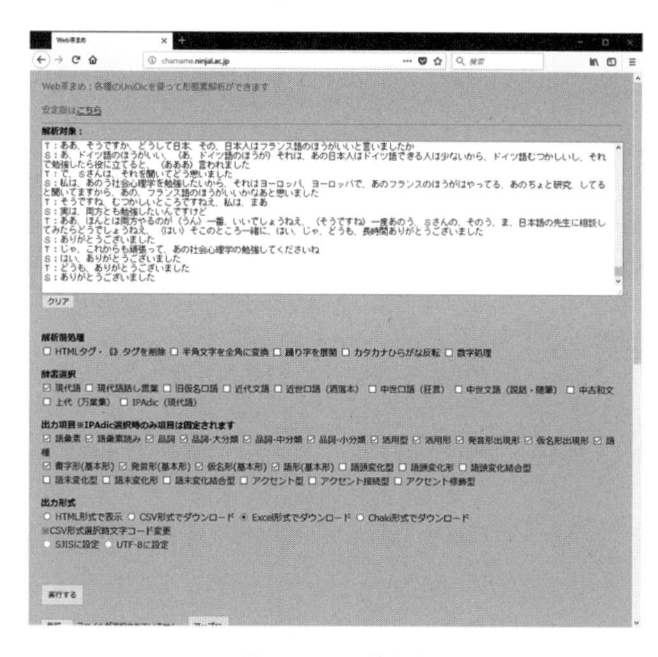

図 11　Web茶まめ

図 11 の「Web茶まめ (http://chamame.ninjal.ac.jp/)」では、テキストボックスにテキストを貼り付けたあと、「出力形式」を選ぶだけで形態素解析ができます。マイクロソフトのOfficeを持っている人は、「Excel形式ダウンロード」をすすめます。

最後に、形態素解析の結果は、100%正しいわけではないことについては注意が必要です。母語話者の書きことばデータであれば、95 ~ 98%程度の精度で解析してくれますが、話しことばや誤用を含むデータであれば、さらに精度が下がると言われています。こうした解析エラーは、大規模なデータに対して大まかな傾向を観察するような研究では、結果に影響するものではありませんが、小規模なデータに対する細かい記述をめざす研究では、分析結果に影響することも考えられますので、解析エラーを手で直すなどの作業が必要になります。

タスク2

3.4で形態素解析を紹介しましたが、学習者の発話を文字化したものがあれば、「Web茶まめ」でデータを解析してみてください。文末表現や学習者の誤用に対して、形態素解析システムがどのような結果を返すか、観察してみてください。

❹ OPIコーパスを使ったレベル判定の検証

ここでは、OPIデータを量的手法によって検証した研究事例を紹介します。Lee & Nakagawa (2016) に基づいて述べます。

Lee & Nakagawa (2016) では、「タグ付きKYコーパス」を使っています。「タグ付きKYコーパス (http://jhlee.sakura.ne.jp/kyc/)」では「KYコーパス」に形態素解析を施し、さまざまな言語的情報をタグとして付与しています。このタグ情報を定量的に分析することで、OPIのレベル判定を検証したり、被験者の全体的な発話の傾向を捉えることができます。例えば、形態素解析ツールで推定した文末に基づいて発話数を計算することができます。この発話数とレベルの関連性を示すデータとして、図12が挙げられます。

図12の横軸は全体の発話数、縦軸は全体の形態素数です。この2つの変量から「KYコーパス」の90名分のデータを配置しています。これを見ると、初級の場合、発話の数としても全体の形態素数としても少なく、「あまり話さない」という特徴が観察されます。一方、中級の場合、初級に比べ、発話数においても、形態素数においても確実に伸びており「よく話す」という特徴が観察されます。そして、上級と超級においては、発話数は中級と同じくらいか少ない場合もありますが、形態素の数が多いことから一発話が長く、「詳しく話す」という特徴が観察されます。

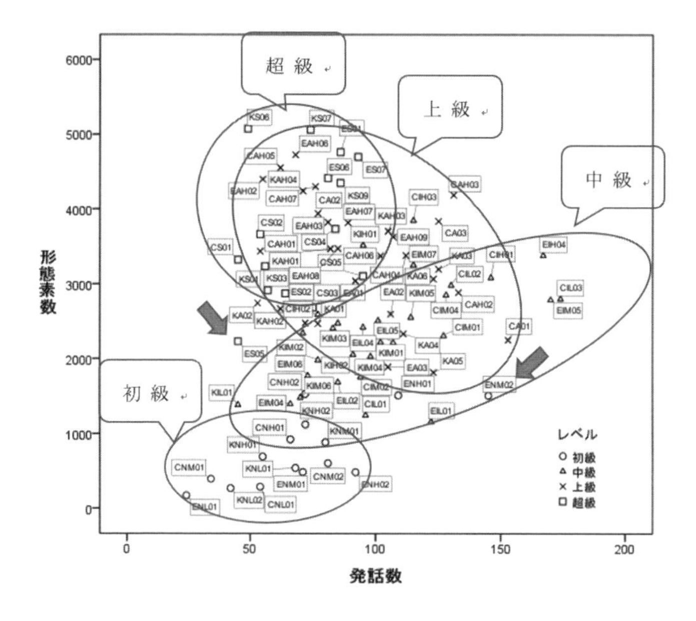

図 12　発話数×形態素数の散布図

このように全体のデータを俯瞰することのもう一つのメリットとして、図 12の→で示した英語を母語とする「初級-中」のENM02と同じく英語を母語とする「超級」のES05の特徴が浮き彫りになります。と言うのは、ENM02は、「KYコーパス」では初級として判定されていますが、発話数や形態素数といった表面的な特徴としては、中級に近いことがわかります。反対にES05は、超級として判定されていますが、全体的に少ない発話量であることがうかがえます。

全体の発話量を捉える別のアプローチとして、一つの発話の平均的な長さという観点から計算する方法があります。全形態素数を全発話数で割るというシンプルな計算方法ですが、これによって、一つの発話に平均していくつの単語が入ってているのかがわかります。図 12の縦軸がそれに相当します。

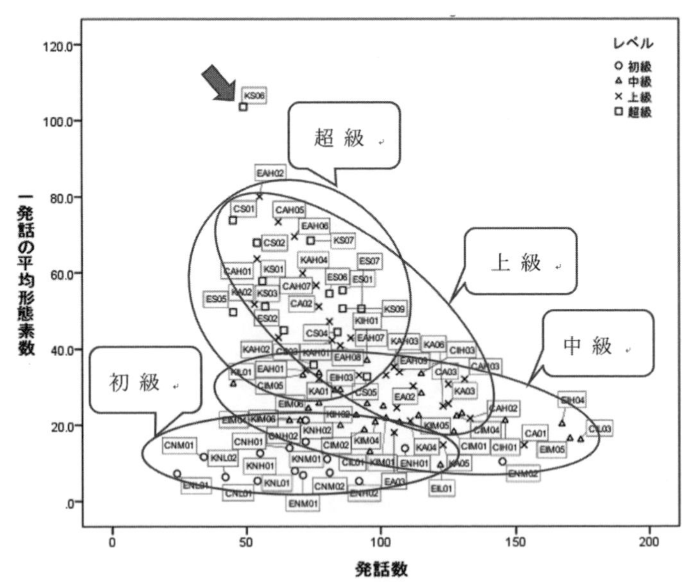

図 13　発話数×一発話の平均形態素数の散布図

図13からわかることとして、初級と中級の学習者は、少ない語彙で「短く話す」という特徴が観察されますが、上級話者は発話数全体が多く、短い発話をたくさん産出するタイプと長い発話を少数個発話するタイプが存在することがわかります。そして、超級に関しては、発話数こそ少ないですが、一発話における形態素数が多く、「長く話す」という特徴が明確に表れています。なお、KS06の場合、一つの発話に平均100形態素で話していて、非常に長い発話をしていることがわかります。

最後に、「タグ付きKYコーパス」には、誤用例に対してもタグがついているので、その情報をもとに、各学習者が全体の発話の中で何回、誤用例を産出するのか確認することができます。

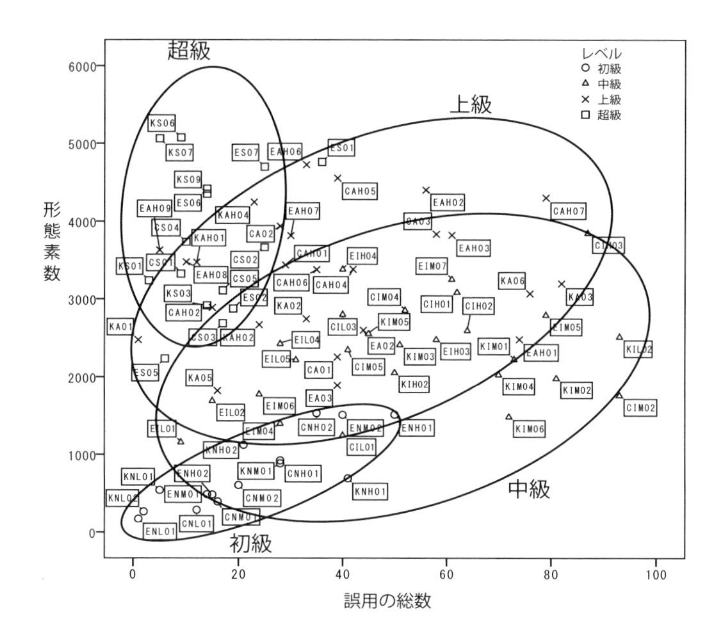

図 14　形態素数×誤用の総数の散布図

図 14では発話の長さを示す形態素数に対して、何回誤用を産出したかを示しています。これを見ると、初級と超級においては、共通する特長として誤用が少なく、中級と上級では、誤用が多いという特徴が観察されます。この事実をOPIの能力レベルに照らし合わせてみた場合、初級では決まり文句など間違わない言い方を使っていること、超級では論理的で正確な言い方を使っていることが示唆されます。なお、中級や上級に関しては、第二言語習得の一般的な傾向として「よく話すが、誤用も多い」という特徴がそのまま反映された結果であると言えます。

❺ まとめ

以上、OPIデータをコーパス化する方法について説明しました。OPIコーパスの草分け的存在である「KYコーパス」の設計に加え、多くのコーパスで採用されているテキストファイルの作り方や活用の方法、さらには、形態素解析の仕組みや方法についても説明しました。

こうしたコーパス化の利点として、以下の3点が挙げられます。

(1) データ管理が効率的に行える。
(2) 他者とデータの共有ができる。
(3) データ同士の比較が容易にできる。

コーパス化は、OPIデータをコンピュータ上で活用するための標準化に相当する行為です。したがって、自分の手元のデータをコーパス化の方法で標準化しておけば、データの削除や追加といった管理の効率化が期待できます。また、「KYコーパス」のような代表的なOPIコーパスのフォーマットに準拠して作業すれば、他者とのデータ共有や他者のデータと自分のデータの比較が楽に行えるというメリットが考えられます。

最後に、本文中のリンクは変わる可能性がありますので、ウェブ検索など行いながら、それぞれのシステムを活用することを勧めます。

タスク3

KYコーパスを入手し、正規表現を使った置換操作をやってみましょう。テスターの発話を一括して削除し、学習者の発話だけ残すには、どのような正規表現が必要か考えてみてください。

参考文献

坂本正 (2017).「第二言語習得論」『日本語教育への道しるべ』pp.1-23. 凡人社.

迫田久美子 (2001).『日本語教育に生かす第二言語習得研究』アルク.

長友和彦 (1993).「日本語の中間言語研究」『日本語教育』81号, pp1-18. 日本語教育学会.

山崎誠 (編) (2014).『書き言葉コーパス』(講座日本語コーパス) 朝倉書店.

李在鎬・石川慎一郎・砂川有里子 (2012).『日本語教育のためのコーパス調査入門』くろしお出版.

LEE, Jae-ho & NAKAGAWA, N (2016). KY corpus, MINAMI, Masahiko (ed.), *Handbook of Japanese Applied Linguistics*, pp.283-312. De Gruyter Mouton.

終章　OPIの過去、現在、未来

ローマは一日にして成らず、OPIもまさしくそのとおりです。OPIがどのような背景で生まれたのか、現在の姿に到るまでの歴史的経緯、そして、これからの姿を知ると、もうあなたもOPIコミュニティに仲間入り。

終章　OPIの過去、現在、未来

三浦謙一

❶ はじめに：ACTFL-OPIの誕生と歴史

この章ではAmerican Council on the Teaching of Foreign Languages（米国外国語教育協会, ACTFL）監修のOral Proficiency Interview（OPI）誕生に至る経緯、それ以後のOPIの発展について述べます。このような歴史的な流れは、現在のOPIの立ち位置をしっかり把握し、今後のOPIを考察する上で必要な知識であると言えます。

1.1　1950年代から1980年代まで

ACTFL-OPIの源流は、1950年代にさかのぼります。戦後間もない1950年代にForeign Services Institute of the U. S. Department of State（アメリカ合衆国国務省外交局, FSI）では、大戦後の世界情勢を考え、政府機関内でさまざまな外国語が話せる人材が不可欠であることが議論されました。それにともない、外国語を使ってどのような職務がこなせるかという外国語運用能力のレベルを定める必要性も指摘されました。その外国語運用能力基準の作成は、Interagency Language Roundtable（省庁間言語円卓会議, ILR）に委託され、作成されたのが、ILRの5段階の言語能力基準です。各基準の概要は次のとおりです。

表1　ILR言語能力基準

0：言語運用能力なし (No Proficiency)
1：初級言語運用能力 (Elementary Proficiency)
2：限定プロフェッショナル言語運用能力 (Limited Working Proficiency)
3：プロフェッショナル言語運用能力 (Professional Working Proficiency)
4：フル・プロフェッショナル言語運用能力 (Full Professional Working Proficiency)
5：母語話者、または、バイリンガル言語運用能力 (Native or Bilingual Proficiency)

(Liskin-Gasparro, 1984, p. 476)

ILRの基準が制定された後、米国の政府機関での言語能力検定、言語教育は、この基準をもとになされました。

その後、米国の多くの教育機関でもこの基準に基づいて外国語教育が議論され、語学教育者は時代に対応する語学教育を模索していきました。そのような中で、1967年に民間レベルでACTFLが結成されました。ACTFLの結成は、新しい時代における効果的な言語教育、評価法を推進し、言語教育者を支援することを旨としました。ACTFLの結成は米国の言語教育において大きな節目であったと言えます。

1982年には、ACTFL、Educational Testing Service (教育試験サービス, ETS)、またアメリカ合衆国政府の言語評価を担当する機関の協力によって、*ACTFL Provisional Proficiency Guidelines*（『ACTFL 暫定版プロフィシェンシー・ガイドライン』）が作成されました。このガイドライン作成の目的は、ILRが打ち立てた5段階の言語能力の評価基準を言語教育の場で応用することでした。主に高等教育機関における基準ということが念頭に置かれたため、国務省の基準の3、つまり「プロフェッショナル言語能力」が大学教育の上限であると判断され、0から3までに対応する「初級」「中級」「上級」「超級」のレベルが規定されました。

表2　ILRの基準とACTFLの基準の対応（『ガイドライン 1982年版』）

ILRの基準	ACTFL
5	超級 (Superior)
4+ 4	超級 (Superior)
3+ 3	超級 (Superior)
2+ 2	上級プラス (Advanced Plus) 上級 (Advanced)
1+ 1	中級-上 (Intermediate-High) 中級-中 (Intermediate-Mid) 中級-下 (Intermediate-Low)
0+ 0	初級-上 (Novice-High) 初級-中 (Novice-Mid) 初級-下 (Novice-Low)

この『暫定版ガイドライン』は、「話す」「書く」「読む」「聞く」の4技能すべてを網羅しています。初級、中級は「上、中、下」の3つのサブレベルに分けられており、上級は、「上級」「上級プラス」の2つのサブレベルのみで、超級はサブレベルなしとなっています。

『暫定版ガイドライン』は、各レベルに「どのような職務をこなすことができるか」という記述がある等、ILRの基準が色濃く反映されてはいるものの、各レベルでは「言語を使って何ができるか」ということが明示されています。この「何ができるか」という基準、言い換えるとプロフィシェンシー(proficiency)という概念は、それまでの語彙、文法中心であった言語教育に新しい風を吹き込み、言語教育者たちに新しい指針を示すものとなりました。

ガイドラインの作成にともない、1982年には、第1回のOral Proficiency Interview (OPI) テスター養成ワークショップが開催されました。そのワークショップは、フランス語とスペイン語を対象とし、米国の30の大学から教育者が参加しました。これを契機に言語教育の場で「話すプロフィシェンシー」に関心が集まり、それ以来、ワークショップは、対象言語の数も増え、さまざまな場所で定期的に開催されるようになりました。

ACTFL創立以来、それまで文法中心、暗記中心だった米国の外国語教育において、次第に「言語を使って何ができるのか」というプロフィシェンシーに基づいた教育に目が向けられるようになりました。また、OPIテスター養成ワークショップを受講し、「話すプロフィシェンシー」とは何であるかを学び、それを実際の教育の場での教授法、カリキュラム作成に応用する教育者の数も年々増えていきました。そのような教育の場でのプロフィシェンシーへの関心にともない、1986年には『暫定版ガイドライン』を改定し、最初の公式なものとなる*ACTFL Oral Proficiency Guidelines 1986*(『ACTFLプロフィシェンシー・ガイドライン1986年版』)が作成されました。このガイドラインは、『暫定版ガイドライン』をさらに大学の学習者向けに改訂したものです。例えば、『暫定版ガイドライン』の職務に関する記述は除外され、一般的な言語機能に焦点が絞られました。レベルは、初級は「初級-下」「初級-中」「初級-上」、中級は「中級-下」「中級-中」「中級-上」のように各3つのサブレベルに分けられており、上級は、「上級」「上級-上」（「上級プラス」という名称は「上級-上」に変えられました）の2つのサブレベルのみ、超級はサブレベルなしとされています。

1986年以降、この『ガイドライン1986年版』は、さらに多くの教育機関で言語教育の指針として活用され、また、ACTFL-OPIにおいて、判定の基準として定着しました。それにともない、ガイドラインの解釈、応用等に関して議論がなされ、数々の研究論文が発行されました。特に話すレベルの記述は、話す能力が上達するということは何を意味し、学習者の効果的な上達のためには何が必要かということを示す「ガイドライン」として1980年代の終わりまでに米国を中心に世界中の多くの教育者、研究者に活用されました。『ガイドライン1986年版』は、このように言語教育に画期的な貢献をもたらしたと言えます。

1.2　1990年代から2000年代初頭まで

このような変化を経て、当初はフランス語とスペイン語だけであったACTFL-OPIは日本語を含むさまざまな言語が追加され、テスター養成ワークショップもアメリカ国内で定期的に行われるようになり、テスター資格保持者の数も増えていきました（日本においては、1990年3月に株式会社アルクの主催ではじめてテスター養成ワークショップ[注1]が開催されました）。それにともない、米国の日本語教育においてもOPIの概念は特に1980年代後半から広く浸透し、活用されるに至りました。

また、OPIが言語プロフィシェンシー測定の基準として定着するにつれ、OPI受験希望者の数も増えました。これに対応するために1992年にはACTFLの付属団体としてLanguage Testing International（LTI）が設立されました。当初OPIは被験者とテスターの面接形式で行われていたので、LTIは被験者の近くに住むOPIテスターにOPIを依頼して

注1　現在では、米国では、年に数回ACTFL主催のワークショップが行われています。これらのワークショップでは、複数の言語のワークショップが同時に開催されますので、全体会等でさまざまな言語のトレーナーの発表を聞いたり、他言語の参加者と交流したりする機会もあります。また、教育機関からの招聘によって一言語、ないし少数の言語のワークショップが開催されることもあります。日本で開かれている日本語OPIワークショップはこれにあたります。

いました。しかし、1990年代半ばごろから電話によるOPIが一般的になるにつれ、時差を考慮に入れてOPIの時間を被験者、テスターに連絡することがLTIの主な業務の一つになりました。

現在に至るまで正式なOPIは、OPIテスターの資格を持つ2人ないしは3人によって正式な判定がなされるという形を取っています。一人のテスターがOPIを行い、判定を出した後、セカンド・レーター（second rater）がテスターのOPIの録音を聞き、判定を出します。テスターとセカンド・レーターの評価が同じであれば、その判定が正式な判定となります。まれに評価が分かれた場合は、サード・レーター（third rater）が録音を聞き、評価が一致したほうの判定が最終の判定とされます。このような判定の依頼もLTIの管轄となっています。また現在では、LTIは、後に述べるWriting Proficiency Test（書く能力のプロフィシェンシー・テスト, WPT）、Oral Proficiency Interview by Computer（OPIc）、そのほかのテストの判定依頼を含むすべてのテストに関する業務を請け負っています。

1990年代半ばまでOPIの活用は大学、企業等が主でしたが、次第に中等教育（中学校、高校）における外国語教育でも注目されはじめました。それにともない、1997年にはModified OPI（簡約版OPI, MOPI）が開発されました。中等教育では上級以上をめざすことはほとんどないことを考慮し、MOPIワークショップでは中級までの測定が焦点とされました。また、中級までを測定するMOPIのテスターの資格（limited certificationと呼ばれています）も付け加えられました。この新たに付け加えられた2日間のMOPIワークショップは初等、中等教育機関で歓迎され、現在に至るまで多くの教育機関がMOPIワークショップを招へいしています。MOPIの導入により、初等、中等教育の外国語教師も積極的にOPIを取り入れ、OPI研究の仲間入りをすることができるようになったと言えるでしょう。

その後もACTFLはOPI以外にもアメリカの初等、中等、高等教育機関の外国語教育において重要な役割を担いつづけていきました。1996年には米国フランス語教育学会（American Association of Teachers of French）、米国ドイツ語教育学会（American Association of Teachers of German）、米国スペイン語、ポルトガル語教育学会（American Association of Teachers of Spanish and Portuguese）とACTFLの協同で21世紀の外国語学習スタンダーズ（Standards for Foreign Language Learning: Preparing for the 21st century, 通称「ナショナル・スタンダーズ」）が作られました。ナショナル・スタンダーズでは主にK-16（幼稚園から大学まで）の外国語学習において、何が必要であるか、何が強調されるべきであるかが具体的に提唱されています。

ナショナル・スタンダーズでは重要な項目として5Cと呼ばれる5つの点（コミュニケーション：Communication、文化：Cultures、つながり：Connections、比較：Comparisons、地域：Communities）が挙げられています。ナショナル・スタンダーズは1999年に中国語、古典言語（ラテン語、古代ギリシャ語）、フランス語、ドイツ語、イタリア語、日本語、ポルトガル語、ロシア語、スペイン語の各言語、文化版が発行され、現在では、アメリカ手話、ヒンディー語、スカンジナビア諸語、アラビア語、韓国語も加わっています（ACTFL, 1999）。1998年には前述のナショナル・スタンダーズの中の「コミュニケーション」における学習者の能力を測る指針がACTFLによって作られました。この指針はACTFL初等中等教育学習者のためのパフォーマンス・ガイドライン（ACTFL Performance Guidelines for L-12 Learners）と名づけられました。このガイドラインの中では学習者の3つの能力（対人コミュニケーション能力：Interpersonal、理解能力：Interpretive、発表能力：Presentational）に焦点が当てられています。ナショナル・スタンダーズに関しては、❷でさらに詳しく述べます。

前述の『ガイドライン1986年版』の活用、研究が活発に行われる中、誤った解釈の可能性、記述自体の曖昧さ等も指摘されました（Breiner-Sanders, Lowe, Miles & Swender, 1999）。また、新しい時代に合った言語教育の必要性にともない、一部の基準を新しいものにすることも必須となり、1999年にガイドラインのSpeaking Proficiency（話す能力）が一部改訂されました。この改訂における主要な点の一つは、超級ベースライン[注2]が明確化されたことです。それまで超級レベルは、ILRの基準の3以上、つまり、3、4、5のレベルにあたると規定されていまし

注2　超級ベースラインとは、超級を満たしている最低限のレベルのことです

た。しかし、『ガイドライン1999年版』は、超級はレベル3に対応する、つまり、レベル3が超級レベルを満たす条件であることが明文化されました。これによって、レベル4の規定にある「場面に合った言語使用」という「フル・プロフェッショナル言語運用能力」、レベル5の規定にある「対象言語、文化の中で長年にわたり言語使用をしてきた教養のある母語話者」がなし得る「母語話者、または、バイリンガル言語運用能力」にあたる記述はACTFLの超級の基準から除かれました。この超級レベルの記述の改訂は、ガイドラインの冒頭に述べられているように「上級-上」のレベルは「上級-中」との関係で判断されるより、「超級」と照らし合わせるほうが効果的であるという点を考慮しての改訂でした(ACTFL, 1999, p.14)。「上」のサブレベルは一つ上の主要レベルの要素が色濃く出ているという特徴がありますから、「上級-上」の判定において、しっかりした超級の規定が必要であるということです。このように、ACTFLのレベルにおける最上級である超級の記述において「超級話者がなし得ること」を明確に定めた点において画期的な改訂であったと言えます。

1999年の改訂のもう一つの主要な点は、上級に「上級-下」「上級-中」「上級-上」のサブレベルが設けられたことです。より多くの被験者がOPIを受験し、またOPIをもとにした言語教育が進むにつれ、初級、中級と同じように上級を3つに分ける必要性が提唱されました。それに対応するため、それまでの「上級-下」「上級-上」のサンプルの詳細な分析によって、下、上のサブレベルが再規定され、新たに「上級-中」のレベルが設けられるに至りました[注3]。

話すレベルのガイドラインの改訂にともない、2001年には書く能力のプロフィシェンシーレベルのガイドラインも改訂されました。主な改訂事項は話すレベルのガイドラインと同じように超級のベースラインがはっきり示されたこと、上級が「上級-下」「上級-中」「上級-上」に分けられたことです。また、この改訂された「書くガイドライン」をもとに書く能力を測るテスト、WPTも開発され、同年にLTIを通し

注3 1999年の改訂後、今日(2019年9月時点)まで、ACTFL-OPIのレベルは「上中下」のサブレベルを含む初級、中級、上級の3レベルとサブレベルのない超級から成り立っています。

て使用が始まりました。日本語においては、2001年にテスター養成ワークショップが開かれ、翌年2002年から実際のテストが始められています。WPTの詳細に関しては次の項を参照してください。

1.3　2000年代初頭から現在まで

今まで述べたように20世紀の終わりから今世紀のはじめにかけてACTFLは、外国語学習スタンダーズの作成、ガイドラインの改訂、WPTの開発等、多くの分野、さまざまなレベルの外国語教育、種々のアセスメントに関わりました。このような貢献はDefense Language Institute（アメリカ国防総省外国語学校, DLI）にも認められ、2002年にはACTFLがDLIのOPIの一部を担うことを依頼されました。しかし、国防総省が使用するOPIは、ACTFLのOPIとは異なるILR方式のOPIです。そのためACTFL-OPIテスターがそのままDLIのOPIをすることはできませんでした。その結果、経験を積んだACTFL-OPIテスターを対象にDLIのOPIテスター養成ワークショップが開かれ、ACTFL-DLI認定テスターが誕生しました。（日本語においてもDLI-OPIテスターの資格を取得したテスターが2002年からLTIを通じてDLIのOPIを受け持っています）ここにおいて、ACTFLのテスターがDLIのテスターを兼ねることにより、ACTFLとDLIがより密接な結びつきを持つことになったと言えます。

ACTFL-OPIは最新テクノロジーも積極的に取り入れてきました。例えば2000年代初頭までLTI監修のOPIの録音はカセットテープでなされていましたが、それがコンピュータによる録音に替わりました。この変化は、テスターが判定を下し、その後、判定官が同じインタビューを聞いて判定するという手順を早めることに貢献し、より迅速に依頼者に正式な結果が届くようになりました。また、2007年にはOPIc（Oral Proficiency Interview by Computer, コンピュータによるOPI）が始まりました。OPIcは文字どおりコンピュータで受験できるOPIで、受験者はコンピュータ画面の人物が発する質問に対して答えを録音します。その答えを判定官が聞いて受験者のプロフィシェンシーを判定するという形式です。日本語においては、2016年から実用化されています。OPIcに関しても、次の節で詳しく述べます。

2001年の「書くプロフィシェンシー」の改訂後、「読解」「聴解プロフィシェンシー」に関しても改訂が進められました。その集大成として2012年に4技能をまとめた*ACTFL Proficiency Guidelines 2012*（『ACTFLプロフィシェンシー・ガイドライン2012年版』）が発行されました。前述のようにガイドラインは1986年に最初にまとめられ、1999年に大きな改訂がなされましたが、2012年版もACTFL-OPIにおいて大きな節目を示すものであると言えます。2012年版のもっとも顕著な違いは各技能のプロフィシェンシーの記述に卓越級(Distinguished)という、超級の上のレベルが加えられたことです。しかし、このレベルの追加はOPI、WPTにおいて超級の上を測定するという意味ではありません。このレベルの記述が加えられた目的は、言語習得において「超級」が一番上のレベルではないことを示し、また、一つ上のレベルを規定することによってさらにはっきりと「超級とは何か」を提示することにあります。また、高等教育での学習者に卒業後の長期的な指針を示すという目的もあります(Swender, 2012, pp.25-26)。

卓越級はILRの4以上のレベルに相当します。

表3　ILRの基準[注4]とACTFLの基準の対応（ガイドライン2012年版）

ILRの基準	ACTFL
5	卓越級（Distinguished）
4+ 4	卓越級（Distinguished）
3+ 3	超級（Superior）
2+ 2	上級-上（Advanced High） 上級-中（Advanced Mid） 上級-下（Advanced Low）
1+ 1	中級-上（Intermediate High） 中級-中（Intermediate Mid） 中級-下（Intermediate Low）
0+ 0	初級-上（Novice High） 初級-中（Novice Mid） 初級-下（Novice Low）

『ガイドライン2012年版』によると、卓越級の話すレベルは次のように定義されています。

注4　ILRの基準の各レベルは現在では、次のように記述されています。0: 言語運用能力なし（No Proficiency）、1: 初等プロフィシェンシー（Elementary Proficiency: 日常的な話題に関して、簡単な会話ができる）、2: 限定プロフェッショナル・プロフィシェンシー（Limited Working Proficiency: 時事問題等についてのインフォーマルな会話に参加でき、話題の詳細を語ることができる）、3: 一般プロフェッショナル・プロフィシェンシー（General Professional Proficiency: 決定事項に関する細かい補足、政策の背景の提示、また、政策の裏づけ等ができる）、4: 上級プロフェッショナル・プロフィシェンシー（Advanced Professional Proficiency: 対象言語の文化における一般概念と異なる概念を明確に伝えられ、会議、講義、議論等において母語話者の中でまとめ役として機能できる）、5: 機能的ネイティブ・プロフィシェンシー（Functionally Native Proficiency: 対象言語が母語として話されている国で高い教育を受けた母語話者と機能的に同等の能力を有し、文化的規範も反映した話し方ができる）詳細は次のサイトをご覧ください。https://govtilr.org/Skills/ILRscale2.htm

「卓越級（ディスティングイッシュ）」レベルの話者は、巧みに正確に、効率よく、効果的に言語を使用することができる。このレベルの話者は、教養高く、考えを明確に述べる言語使用者である。広い範囲にわたって、全世界の包括的な問題や高度な抽象概念について、文化的に適切な形で意見を述べることができる。「卓越級（ディスティングイッシュ）」レベルの話者は、様々な状況において代表者としての役割を果たすために説得したり仮説を使った話しをすることができ、それによって、必ずしも自分の意見ではない立場や見解をも推奨することができる。彼らは、自らの発話やレジスターを文化的に適切なかたちに調整することによって、様々な聴衆（聞き手）に合わせて言語スタイルを変えることができる。「卓越級（ディスティングイッシュ）」レベルでの発話は、非常に複雑で、高い結束性で構成された長い談話である。それと同時に、このレベルの話者は、少ないことばで多くを語るため、しばしば文化や歴史にちなんだ表現を用いることによって、簡潔に話すことができる。このレベルの話しことばは、たいてい、書き言葉の様相を呈している。

非母語話者のアクセントがあること、母語話者に見られる表現の効率性に欠けること、文化に深く根ざした特有の表現は限られていること、また、ごくまれに起こる言語の誤りなどは、このレベルにおいてまだ見られることがある。(ACTFL, 2012)

この記述からわかるように、卓越級の発話には超級以上の能力が要求されています。まず、「全世界の包括的な問題」「高度な抽象概念」について話すことができるという点が挙げられます。超級話者が特定の地域、国の問題に関して意見が述べられるのに対して、卓越級話者は枠のない普遍的真理等に関して発話ができるということです。卓越級の話者には、例えば、「人間の幸福とは何か」といった問題に関して、高度な抽象概念を用いて論じるといった能力が必要とされます。

また、聞き手に合わせて言語レベルを変えることができるということも特徴です。これは、単に「です、ます体」と「常体」の使い分けができるということではなく、公の場でのスピーチ等で「聴衆」に向かって話すという高度なレベルの言語使用をも含んでいます。これには、特別な敬語の使用、スピーチにおける話の進め方、高度に洗練された表現等、さまざまな要素が関係してきます。また、卓越級話者は、ことわざ等の文化に密接に関係した表現、歴史的事実の引用などをおり込んで効果的に話を進めることができます。

卓越級の話者は、「教養高く、考えを明確に述べる言語使用者」とされています。この「教養高い（educated）」言語使用者という表現は、超級話者の記述には該当しないことが1999年のガイドラインにおいて明文化されましたが、『ガイドライン2012年版』においてさらにはっきりと「教養高い言語使用者」は卓越級話者であることが示されました。しかし、注目すべきことは、非母語話者に特有な発音、文法の間違い等があっても卓越級話者となり得るということです。つまり、教養があり、高度な抽象概念に関して話すことができ、聞き手によって言語レベルを変えることができる「母語話者の発話」が卓越級の基準ではないことが示されています。

『ガイドライン2012年版』の発行にともない、ガイドラインをより使いやすくするプロジェクトも遂行されました。例えば、記述のみでは、「超級」と「卓越級」の違いをはっきり認識することは困難です。このような問題を解消するため、各技能の各プロフィシェンシーレベルでは具体的に何ができるのかを明示するサンプル、解説付きのガイドラインがオンラインで公開されました。まず英語におけるサンプル、解説が公開され、それをモデルにさまざまな言語版も作成されました。英語以外の言語のページには翻訳されたガイドライン[注5]も付けられています。

『ガイドライン2012年版』の発行以来、話す、書く以外の能力を測るテストも開発されました。2019年7月現在では、Reading Proficiency Test（読む能力のプロフィシェンシー・テスト, RPT）、Listening Proficiency Test（聞く能力のプロフィシェンシー・テスト, LPT）も作られ、アラビア語、中国語、英語、フランス語、ドイツ語、インドネシア語、イタリア語、日本語、韓国語、ポルトガル語、ロシア語、スペイン語での受験が可能です。

❷ ACTFLプロフィシェンシー・ガイドラインとナショナル・スタンダーズ

1996年にACTFLとさまざまな外国語教育機関によって作成された21世紀の外国語学習スタンダーズ（Standards for Foreign Language

注5　2016年4月1日現在、アラビア語、中国語、英語、フランス語、ドイツ語、日本語、ポルトガル語、ロシア語、スペイン語、トルコ語のページがあります。次のサイトを参照してください。http://www.ACTFL.org/publications/guidelines-and-manuals/ACTFL-proficiency-guidelines-2012（2019年9月9日検索）

Learning: Preparing for the 21st Century, 通称「ナショナル・スタンダーズ」）は、その後、多くの言語、文化版が追加されました。日本語においては、1999年にNational Council of Secondary Teachers of Japanese（全米日本語教師会）と北米日本語学会（Association of Teachers of Japanese, 現全米日本語教育学会, American Association of Teachers of Japanese）の共同で「日本語学習スタンダーズ」として発行されています。

ナショナル・スタンダーズは、5Cと呼ばれる5つの目標から成っています。それらの目標は、次のとおりです。

表6　ナショナル・スタンダーズの目標

目標1	コミュニケーション (Communication) 日本語でコミュニケーションを行う
目標2	文化 (Cultures) 日本文化を理解し、知識を習得する
目標3	つながり (Connections) ほかの教科内容に関連づけ、情報を得る
目標4	比較 (Comparisons) 日本語と母語の比較により言語と文化への洞察力を養う
目標5	地域社会 (Communities) 国内及び国外において多文化・多言語社会に参加する

(National Standards in Foreign Language Education Project, 1999)

ナショナル・スタンダーズの「コミュニケーション」と『ACTFLプロフィシェンシー・ガイドライン』の違いは、ACTFLプロフィシェンシー・ガイドラインが4技能に分けられているのに対し、ナショナル・スタンダーズは、対人コミュニケーション能力（Interpersonal）、理解能力（Interpretive）、発表能力（Presentational）の3つにコミュニケーション技能を分けていることです。ここには「社会生活を営む上で必要とされる包括的な能力」に重点を置くCommon European Framework of Reference for Languages: Learning, teaching assessment（外国語の学習、教授、評価のためのヨーロッパ共通参照枠, CEFR）の影響が色濃く見られます（ACTFLとCEFRの対比に関しては、ACTFL, 2016を参照してください)。また、文化、地域社会といった項目も「他文化、他言語社会」を強く意識したCEFRに負うところが大きいと言えるでしょう。

「コミュニケーション」の各能力の記述は次のとおりです。

表7　コミュニケーションのスタンダーズ

スタンダード1.1：	対話を通して他の人と情報のやりとり、感情の表出、意見の交換をする
スタンダード1.2：	様々な話題について日本語で書かれたものや話し言葉を理解し、解釈する
スタンダード1.3：	様々な話題について、自分の考え、意見及び情報などを口頭で、あるいは書いて発表する

(National Standards in Foreign Language Education Project, 1999)

スタンダード1.1(対人コミュニケーション能力)の例として、「日本語スタンダーズ」には、多くの指導例がつけられていますが、比較のために各学年から一例を挙げます。

表8　対人コミュニケーションの指導例

4年生：	日常的で身近な物、トピックに、人物、イベントなどについて、好きか嫌いかを言い合う。
8年生(中学生)：	イベント、経験、学校などに関することについて、比較して意見や好みを述べたりする。
12年(高校生)：	興味のある日本の地域社会のトピックについて、口頭で話し合ったり、書いたりしてみる。
16年(大学生)：	自分達の地域社会と日本社会で問題となっているトピックについて、その解決策を提案する。

(National Standards in Foreign Language Education Project, 1999)

これをACTFLの基準に照らし合わせてみると、スタンダード1.1は口頭でのコミュニケーション、つまり、OPIのもとになっている「話すプロフィシェンシー」に対応することがわかります。4年生レベルの日常的に身近な物という「場面、内容」、また、覚えた文法を用いて覚えた語彙について話すという「機能、総合的タスク」は、初級をターゲットにしています。これが、8年生のスタンダードになると身の回りの事柄に関して意見、好みを述べるという目標になりますから、ここには、中級レベルの「言語の創造的使用」が関わります。さらに、比較という上級レベルのタスクも盛り込まれているので、中級-中または中級-上が目標であると言えるでしょう。また、12年生では「場面、内容」は、身の回りの話題に加え、地域社会の問題について話せるとされています。ACTFLの基準では、上級に対応していると言えます。また、16年生[注6]では、問題の解決策の提案が目標になっています。ここでは、「意見の叙述」という超級の機能が目標の一つになっていることがわかります[注7]。

スタンダード1.2は、「話し言葉、書き言葉の理解」が中心とされていますので、ACTFLプロフィシェンシー・ガイドラインの読解プロフィシェンシーが関わります。また、スタンダード1.3は「口頭発表、様々な内容に関して書く」ということが中心なので、これらは、「話すプロフィシェンシー」「書くプロフィシェンシー」と密接な関係があります。スタンダード1.2、1.3ともに「日本語スタンダーズ」のサンプルのレベルは、スタンダード1.1に呼応しています。

このように、ナショナル・スタンダーズは、ACTFLプロフィシェンシー・ガイドラインと「技能」の面で違いがありますが、「機能、総合的タスク」「場面、内容」において、ACTFLプロフィシェンシー・ガイドラインがナショナル・スタンダーズの基盤を形成しているということがわかります。

しかし、実際は、米国では、日本語においては、小学校から大学まで続けて日本語を学習する、または学習できるということはまれです。また、学習時間の関係もあり、8年生（中学2年生）で中級、12年生（高校3年生）で上級、16年生（大学4年生）で超級という目標を達成することは、かなりの困難があります。そのような問題を含んでいますが、スタンダーズの有用性は、各コミュニケーション能力が上達するためには、言語を使って何ができなければならないかを具体的に示したこ

注6　言語学習者を小学校から大学4年生まで通年で「16」と扱っていることは特筆に値します。

注7　ここでは、「場面、内容」のカテゴリーからスタンダーズとACTFLプロフィシェンシー・ガイドラインの比較をしています。スタンダーズには、ACTFLの基準の「テキストの型」というカテゴリーがありませんが、「場面、内容」に対応する「テキストの型」は、ガイドラインに相当すると判断しました。

とにあります。言語教育者は、スタンダーズのサンプルをもとに、次にターゲットとすべき場面、トピック、言語能力を明確に知ることができます。日本語学習スタンダーズは、日本語教育者が学習者のプロフィシェンシーを向上させるための具体的な手引書であると言えるでしょう。

3 ACTFLプロフィシェンシー・ガイドラインをもとにしたその他のアセスメント

2001年の「書くプロフィシェンシー」の記述の改訂にともないWPTが開発され、『ガイドライン2012年版』の発行以降、RPT (Reading Proficiency Test)、LPT (Listening Proficiency Test) も作られました。さらに、コンピュータ使用のOPIcに見られるように、テクノロジーの進化にともない、新しい形のOPIも誕生しました。この節では、WPT、RPT、LPT、OPIcとはどのようなものであるかを述べます。これらの情報が「プロフィシェンシー」の可能性を示し、読者がプロフィシェンシー・アセスメントの今後の展開を考察する糧となることを希望します。

3.1 書く能力のプロフィシェンシー・テスト (Writing Proficiency Test, WPT)

WPTは2001年に英語の書く能力を測定するテストとして開発され、さまざまな言語に応用するためのワークショップが開かれました。このワークショップは、主に経験豊かなOPIテスターが参加し、各言語でのWPTの実施の礎を築きました (日本語では2002年から使われるようになりました)。現在では、米国のさまざまな州で中等、高等教育の教員免許取得の一環として用いられています。また、ブリガムヤング大学 (Brigham Young University) をはじめ、多くの大学で日本語学習者の書く能力のアセスメントの手段、プログラムの評価の手段としても利用されています。

WPTの判定は、『ガイドライン2012年版』の「ライティング」の基準をもとに行われます。OPIと同じようにレベルは初級から超級までで、初級から上級までは上、中、下、のサブレベルがあります。ガイドラインには卓越級の記述もありますが、これもOPIと同じように卓越級を示すことによって超級のベースラインはどこかをはっきり示すための記述です。実際のWPTにおいて卓越級の判定はありません。

ガイドラインのライティングの主要レベルの記述は次のとおりです(卓越級を除きます)[注8]。

超級

超級レベルの書き手は、社会的な話題、学術関係の話題、専門分野の話題といった様々な話題について、フォーマル、インフォーマル両域におけるほとんどの種類の通信文書、詳細な要約、報告、研究論文を書くことができる。また、論題の扱い方は、具体的なレベルを超え、抽象レベルに達する。

超級レベルの書き手は、複雑な事柄を説明したり、納得できる議論と仮説を展開することによって、意見を提示し裏付ける能力を有する。また、話題の論じ方は、構文、語彙、書き方の決まりを効果的に使うことにより、精度が高められている。さらに、論点をうまく構成したり、配列を工夫したりして、読み手に何が重要であるかを伝達することができる。構成力と議論の掘り下げ(因果関係、比較、時系列など)によって、論点と論点の間の関係は、一貫して明瞭である。このレベルの書き手は、話題を広範囲に展開することができ、そのため、通常、少なくとも複数の段落を要するが、何ページに及ぶこともあり得る。

超級レベルの書き手は、文法構文、一般・専門の両分野に関する語彙、文字表記、接続表現、句読点について高いレベルの熟達度を有する。このレベルでの語彙は、的確かつ種類が豊富であり、読み手に向かって文章を書いており、文章の滑らかさ(スムーズさ)によって、読み手は容易に読むことがで

注8　各主要レベルのサンプルはガイドラインのサイトを見てください。https://www.actfl.org/publications/guidelines-and-manuals/actfl-proficiency-guidelines-2012/japanese/ライティング

きる。
超級レベルの書き手は、通常、目標言語の文化的パターン、構成パターン、スタイルについては熟達していない。超級レベルでは、パターン化した誤りは見られないが、特に低頻度の構文についてはまれに誤りを起こすこともある。そのような誤りがあったとしても、解釈に支障をきたすことはなく、母語話者がそれによって混乱させられることは稀である。

上級

上級レベルの書き手は、よくある型通りのインフォーマルな通信文やいくつかのフォーマルな通信文を書くことができ、また、物語り文(ナラティブ)、描写、事実的な内容の要約を書くといった能力が特徴である。このレベルの書き手は、明確に伝えるために、言い換えや詳細な説明を使って、現在、過去、未来の主要時制枠で順を追ってできごとを語ったり、描写したりすることができる。このレベルでは、書き手は、最も頻度の高い構文や一般的な語彙をよく習得しており、そのため、非母語話者の文章に慣れていない者にも理解してもらうことができる。

中級

中級レベルの書き手は、簡単なメッセージや手紙、情報の依頼、メモといった実用的な文章のニーズを満たす能力によって特徴づけられる。さらに、文章で、簡単な質問を聞いたり答えたりすることもできる。このレベルの書き手は、自分の興味のある話題や対人交流のニーズについて、ゆるやかなつながりで連ねられた文で、自分なりのメッセージを創造したり、簡単な事実や考えを伝えたりすることができる。
このレベルの書き手は、主に現在形で書く。また、非母語話者の文章に慣れた人が理解できる程度の意味内容を表現するのに必要とされる基本的な語彙と構文を使用する。

初級

> 初級レベルの書き手は、主に単語や語句を使ってリストやメモなどを書くという能力によって特徴づけられる。このレベルの書き手は、簡単な書式や文書などで見られる限られた範囲の決まった情報を書き込むことができ、ごく単純なメッセージを伝達するために、練習したことを再利用して表出することができる。さらに、ある程度の正確さをもって、知っている単語や語句を文字で表したり、アルファベットやかなの文字を複写したり、基礎的な字を模写することができる。
>
> (ACTFL, 2012)

これらの記述に見られるように書くプロフィシェンシーの「機能、総合的タスク」「場面、内容」「正確さ・理解難易度」「テキストタイプ」は、OPIの基準に対応しています。例えば、「機能、総合的タスク」のカテゴリーにおいて、初級では覚えた単語、語句を書くことができ、中級では自分が持つ語彙、文法の知識を使い、自分なりのメッセージが書けるとされています。つまり、言語の創造的使用ができることを意味しています。また、上級ではすべての時制において順を追って詳しく説明文、叙述文を書くことができ、超級では、複雑な事柄を説明する文、抽象概念を使って、自分の意見を述べる文章が書けるという特徴があります。

WPTは、上記の記述に照らして被験者がどのような場面においてどのようなタイプの記述がどのような正確さで産出できるかを測るテストです。与えられた4つのトピックに関して筆記形式、またはコンピュータ入力形式で文章を書くという形です（合計80分）。各トピックは複数のレベルのタスクから成っています。例えば、友人を食事に誘うメッセージ（初級、中級）、時事問題を詳細に説明して、それに関して意見を書く（上級、超級）等、難易度の低いものから高いものまで存在します。もちろん初級の被験者は下のレベルをターゲットにした質問にしか答えられませんので、上級、超級対象の質問に関してはほとんど何も書けない、または簡単な文が産出できるのみという結果になりますが、これらの「サンプル」を総合的に判断して判定がなされます。

WPTの判定は、資格を持ったWPT判定官（WPT rater）によってなされます。OPIと同じように2人の判定官によって判定がなされ、判定が合致していたらその判定が最終判定となります。2人の判定が違っていた場合は、サード・レーターが判定をし、その判定と合致した判定が最終判定とされます。

3.2 読解プロフィシェンシー・テスト（RPT）と聴解プロフィシェンシー・テスト（LPT）

『ガイドライン2012年版』に基づいて読解プロフィシェンシー、聴解プロフィシェンシーのテストも開発され、実用化されています。2019年6月15日現在、アラビア語、中国語、英語、フランス語、ドイツ語、イタリア語、インドネシア語、日本語、韓国語、ポルトガル語、ロシア語、スペイン語の12の言語（聴解はインドネシア語を除く11言語）での受験が可能です。

RPT、LPTともにコンピュータで受験する形式です。両テストとも中級-下、中級-中、上級-下、上級-中、超級の5つのレベルの問題から構成されていて、受験者は複数のレベルの問題を選ぶことが可能です。例えば、自分が中級であると思う受験者は中級-下から始め、自分のレベル以上であると思われるレベルまで進むことができます。（どのレベルまで進むかは受験者に任されています）また、自分が上級の上の方であると思う受験者は上級-下から始め、超級レベルまで進むという選択ができます。

各レベルの問題は5つの読解ないしは聴解に関する質問から構成されています。一つの読解／聴解問題につき3問の質問がつけられており、質問に対する回答は中級レベルではすべて選択形式、上級、超級は選択形式と筆記形式です。受験者の正解率は総合的に分析され、判定がなされます[注9]。

注9　RPT、LPTの詳細は、次のサイトを参照してください。
（RPT）http://www.languagetesting.com/reading-proficiency-test
（LPT）http://www.languagetesting.com/listening-proficiency-test

3.3　コンピュータによるOPI (OPIc)

前述のようにOPIは主に電話を通じてテスターが被験者をインタビューする形式を取っています。前述のLTI (Language Testing International, ランゲージ・テスティング・インターナショナル) が被験者、テスターともに都合のよい時間を調整しますが、被験者の居住地、スケジュール等によって調整が難しい場合もあります。そのような被験者に便宜を図るため、インターネットを導入したOPIcが開発され2007年に実用化されました。日本語においては2016年から使用[注10]が始まっています。

OPIcは、文字通りコンピュータで受験するOPIで、受験者はコンピュータ画面の人物が発する質問に対する答えを録音するという形式です。OPIcは、OPIになるべく近い「インタビュー」にするべく、多くの工夫がなされています。受験者は、まず、仕事、学校、趣味、興味等について、「バックグランド・インフォーメーション」を入力することから始まります。例えば、「趣味」のカテゴリーには数多くの余暇活動が列挙されており、受験者は自分の興味がある活動をその中から選びます。これらの情報をもとにコンピュータが受験者に合った質問を選びます。これは、OPIにおいてテスターが被験者の興味がある話題に関して質問し話題を集める「ウォームアップ」にあたります。これに続き、もう一つのウォームアップの目的である「落ち着いてテストを受けてもらう」ための質問から始まり、続いてさまざまな質問がなされます。テスターの代わりにOPIcでは、画面上のキャラクターが質問をするという形式ですが、この質問は2回までくり返して聞くことが可能です。

OPIでは、テスターはまず主要レベルを確立するためにレベルチェックを行いますが、テスターのいないOPIcでは、受験者がだいたいの自分のレベルを判断し、5つの「フォーム」の中から適当だと思われるものを選びます。各フォームのレベルは次のとおりです。

注10　2019年6月15日現在、日本語のほかに、アラビア語、中国語、英語、フランス語、ドイツ語、イタリア語、韓国語、パシュート語、ペルシャ語 (ファルシ語)、ヨーロッパポルトガル語、ブラジルポルトガル語、ロシア語、スペイン語が既存のOPIc受験可能な言語です。

表9　OPIcのフォーム

フォーム
フォーム１：初級-下から初級-上まで
フォーム２：初級-上から中級-中まで
フォーム３：中級-中から上級-下まで
フォーム４：上級-下から超級まで
フォーム５：上級-上から超級まで

各フォームにおける質問の数は12から17で、これらの質問は、OPIの手順と同じように「ウォームアップ」「レベルチェック」「突き上げ(probe)」「ロールプレイ」「終結部」から成っています。例えば、フォーム２を選んだ場合、レベルチェックは中級の質問がいくつかなされ、突き上げは上級の質問が複数なされます。OPIの手順を踏襲して、2段階上の突き上げはされません。その後、中級レベルのロールプレイ、終結部の質問というように「インタビュー」が進みます。また、レベルチェックのトピックから突き上げをするという手順もOPIと同じです。例えば、被験者の趣味について簡単に述べる（中級）というレベルチェックの質問の後、その趣味に関して詳細に説明する（上級）という質問が置かれる等です。

OPIcのレベル判定は、OPIと同じように2人の判定官（rater）によってなされます。(OPIにおいては、テスターと判定官) 2人の判定官の判定が合致した場合はその判定が最終判定となり、違っていた場合は第3判定官の判定と合致したほうが採択されます。

OPIの受験が基本的に固定電話でなされ、テスターとのアポイント制であるのに対し、OPIcはコンピュータによるインターネット接続と録音の条件さえ整えば受験者が都合のよい場所で都合のよい時間に受験できますから、OPIcの需要は今後も伸びていくと思われます。また、日本語においても2016年から特に韓国のCredu, Samsung等、企業関係の多数の受験者がOPIcを選ぶようになりました。

今後、OPIcがOPIに代わって主流となるかという疑問に関して、Thompson, Cox & Knapp (2016) が興味深い研究を発表しています。その研究の中でThompson, Cox & Knappは、研究対象となったスペイン語学習者たちにOPI、OPIcの両方を受験してもらい、どちらのフォーマットを好むかという調査をしました。その結果、70%がテスターと話すタイプの従来のOPIを選びました。OPIを好む理由として被験者は、「会話中、なんらかのフィードバックが欲しい」「OPIcは自然な会話ができない」「OPIでは答える時間制限がない」等の理由を挙げています(Thompson, Cox & Knapp, 2016, pp.86-87)。反対に、OPIc派は「質問を繰り返して聞くことが可能である」「コンピュータの質問の方が理解しやすい」(pp. 87-88) 等の理由を挙げています。

研究者たちは、この結果をふまえ、「ある機関内でOPIもしくはOPIcを実施する場合、受験者にはどのような形式であるかをしっかり認識させて受験させるべきである」「受験の目的、コスト、受験者の選択を総合的に考慮すべきである」(pp. 90-91) と結論づけています。日本語とスペイン語の違いはありますが、コスト、受験目的、受験者の心理は共通していますので、この結果は日本語のOPIcにもあてはまると思われます。研究者たちの結論のように日本語においてもテスターとの会話形式のOPIとオンラインのOPIcは今後、受験者、受験実施機関のニーズに合わせて共存していくものと思われます。

3.4 AAPPL:プロフィシェンシーに向けてのパフォーマンス・アセスメント

OPIc、WPT、LPT、WPTは、基本的に高等教育以上での言語学習者、職場での言語使用者を対象としています。そのため、用意された質問、話題は、初等、中等教育での言語学習者には向いていないと言えます。その問題を解消するために作成されたのが、The ACTFL Assessment of Performance toward Proficiency in Languages (AAPPL)です。AAPPLにおける「話す能力」(Interpersonal Speaking) のセクションは、OPIcの初等、中等教育機関の学習者向けのものだと言えるでしょう。オンラインで初等、中等教育機関で外国語を学習する被験者になじみ深い話題に関して質問がなされます。例えば、学校生活、友だち、家族といった話題です。被験者は、OPIcと同じように、質問に対する答えを録音し、判定官は録音された答えを話題ごとに判定します。その判定をコンピュータが総合的にまとめ、被験者の最終的なレベルが判定されます。

初等、中等教育の語学学習者の言語能力は、初級、中級が主なレベルですから、AAPPLのレベルは、初級が4レベル（N1、N2、N3、N4）、中級が5レベル（I1、I2、I3、I4、I5）に分けられ、その上は上級（A）とされています。また、各レベルには「上のレベルに上がるにはどうしたらよいか」というフィードバックが付けられて、被験者にレベルが通知されます。この点にも、初等、中等教育学習者のために開発されたテストであることが色濃く反映されています。

AAPPLの書く能力（Interpersonal Writing）のセクションも同じ形式で、オンラインでなされ、判定官が出した判定をもとに最終レベルが決定されます。読解（Interpretive Reading）、聴解（Interpretive Listening）もオンラインでの受験ですが、正しい答えを選ぶ選択式の回答ですので、すべてコンピュータによって採点され、レベル判定がなされます。

❹ OPIの現在と今後の見通し

この節では、米国におけるアセスメントとしてのOPI、語学教育の指針としてのOPIに焦点を当て、OPIの現在と今後の見通しを述べたいと思います。

4.1　雇用の際のOPI

ACTFL-OPIはアセスメントのツールとして米国政府、企業で広く利用されています。政府関係の機関では、アメリカ合衆国空軍、陸軍、海軍、移民局等、さまざまな業種の仕事に従事する人々の外国語のプロフィシェンシーを調べるためにACTFLのOPIが広く利用されています。

加えて、従業員の言語能力測定、または、雇用の際の条件としてOPIを利用している民間企業もあります。例えば、ハワイアン航空は日本語が話せる従業員全員にOPIを課しています。また、同社は新規採用の際にもOPIの結果も考慮して選考を行っています。バンク・オブ・アメリカでは、特別な業務に就く従業員が就業の前にその業務をこなすプロフィシェンシーを有しているかを調べるためにOPIを使用しています。そのほかにOPIを使っている企業には、コカコーラ、キャノン、サムスン等があります(2019年 9月現在)。

このように多くの企業でOPIが利用されている事実は、多岐にわたる企業のOPIの判定への信頼を裏づけています。今後、複雑化する国際ビジネスを背景に、より多くの企業で外国語が話せる従業員が必要とされることが予想されますから、企業でのOPI、OPIcの需要は伸びつづけていくと思われます。

そのほかに、OPIは資格取得の一環としての役割も果たしています。例えば、現在米国の23州[注11]において、中等教育の語学教師(日本語を含む)の免許を取得するために、OPIを受けて一定のレベルに達していることが条件となっています。

前述のように、初等、中等教育で広く目標とされている「ナショナル・スタンダーズ」の「対人コミュニケーション能力」は、OPIの基準が深く関わっています。そのため、外国語教師自身のコミュニケーション能力も各州が定める基準に達していることが必要です。「ナショナル・スタンダーズ」は、米国全州の外国語教育の要となっていますから、今後もより多くの州が教師の免許取得のためにOPIを課していくことが予想されます。

4.2　語学教育におけるアセスメントとしてのOPI

OPIは、米国において120を越える大学でさまざまな言語を学習する学生のアセスメントとして用いられています。学習者のOPIの結果は、カリキュラム作成、プログラムの評価、学習者の上達度の測定等の目的のために役立てられていますが、そのような教育機関の数は年々増えつづけています。日本語においては、ブリガムヤング大学、ペンシルバニア大学(University of Pennsylvania)、ノートルダム大学(University of Notre Dame)をはじめ、多くの大学の日本語プログラムが一定の期間日本語を学習した学習者の話す能力を測るために活用しています。ま

注11　アラスカ、アリゾナ、アーカンソー、コネチカット、デラウェア、フロリダ、ジョージア、ハワイ、メーン、メリーランド、ニュージャージー、ニューヨーク、ノースカロライナ、オハイオ、オクラホマ、ペンシルバニア、テキサス、ユタ、バーモント、バージニア、ワシントン、ウィスコンシン、ワイオミング

た、近年では、少数ではありますが、ブリガムヤング大学のように学習者にOPIのみならずWPTも課している大学もあります。

留学の成果を測るために学習者にOPIを義務づける機関、奨学金も存在します。例えば、米国クリティカル・ランゲージ奨学金（Critical Language Scholarship）がその例です。この奨学金が受給された学生は、米国政府が指定する「クリティカル・ランゲージ」[注12]を目標言語の国で夏期の8週間または10週間学習します。奨学金の条件としてアラビア語、ペルシャ語においては1年間、中国語、日本語、ロシア語は2年、大学で対象言語を履修していることが必要とされていますが、これらの言語では、学習者の夏期留学前と後のプロフィシェンシーを比較するため、出発前と帰国後にOPIを受けることが義務づけられています。また、留学前に対象言語の履修が課せられていない言語の学習者も帰国後OPIを受けることになっています。

ミドルベリー大学日本校（Middlebury College School in Japan）[注13]でも2014年からOPIを利用しています。このプログラムは、1学期または通年の留学生を受け入れていて、学生は、ランゲージ・プレッジ（language pledge）という誓約書にサインをし、留学中は、特別な場合を除き、日本語のみを使うことを誓わねばなりません。また、授業のほかに日本人学生のクラブ活動に参加することが奨励され、インターンシップ、ボランティア活動等を通じて、生の日本語を習得することに重点が置かれています。それらの活動、プレッジ、授業を通して学生が身につけた総合的な日本語運用能力を測定するため、ミドルベリー大学日本校では、留学のはじめと終わりに学生にOPI受験を義務づけています。2つの結果を比較することによって各学生の上達度を測るだけでなく、学生へのフィードバック、カリキュラム作成等に役立てているということです。

ミドルベリー大学日本校のように留学生全員にOPIを受けさせる

注12　アラビア語、アゼルバイジャン語、ベンガル語、中国語、ヒンディー語、インドネシア語、日本語、韓国語、ペルシャ語、プンジャビ語、ロシア語、スワヒリ語、トルコ語、ウルドゥー語を指します。スペイン語、フランス語のように主要な言語ではありませんが、米国にとって「重要な（critical）」言語であるとみなされています。

注13　ミドルベリー大学が日本においている日本語、日本文化学習のためのサテライトキャンパス

ことは、今までは時間、費用の面から非常に困難でしたが、今後、OPIcによって時間、費用の負担を軽減することが可能になりました。OPIcの普及によって、より多くの留学機関がOPIを利用するようになると予想されます。

4.3　語学教育の指針としての ACTFLプロフィシェンシー・ガイドライン

戦後、米国においては、「アーミー・メソッド (Army Method)」等のオーディオリンガル (Audio-lingual) 法による言語教育が主流でした。これは、構造主義言語学に基づいた教授法で、学習者が産出できる文法パターンの数を増やすことによる言語習得に重点が置かれています。この教授法では、まず、学習者は正しい文法が使われている文や会話を暗記します。次に、暗記したものをもとに「正しい」文が即座に産出できるように口頭練習を重ねていき、多くの暗記したものを組み合わせることによって「会話」が「構築」できるようになるというステップの方法です。

オーディオリンガル法の目標は、パターンを定着させることです。例えば、学習者はまず、次のような会話を暗記します。

A：田中さんがマラソン大会で優勝したって知っていますか。
B：へえ、すごいですね。あの人、何でもできるんですね。
A：そうですね。うらやましいですね。

この会話の中のパターンの一つは、「田中さんがマラソン大会で優勝したって知っていますか」です。これを定着させるために、授業で教師は学生に「マラソン大会で優勝した」という表現をほかの表現に変えて会話パートナーの学生と「会話する」ように指示します。例えば、「ピアノが上手だ」「小説を出版した」等の表現です。この際、教師は学習者に、発音、イントネーション、文法、流暢さに関してフィードバックを与え、この会話が即座に正しく産出できるようになるまでくり返し練習させます。オーディオリンガル法とは、このような即座に産出できるパターンを増やすことによって実際の生活での場面に対応できるようにすることを主眼とした教育法です。

しかし、1970年代、1980年代になると、このような暗記中心の教授法に疑問が投げかけられました。まず、オーディオリンガル法における学習者の受動性です。オーディオリンガル法では、架空の「田中さん」に関しての会話を覚えたり、ある場面において、覚えたものを用いて即座に反応できたりすることが重要視されていますが、学習者が本当に言いたいこと、学習者の個性といったものには重点が置かれていません。このような教育法に反対して、言語教育では言語使用の本来の主体である「学習者／言語使用者」に焦点が置かれるべきであるという考えが出されたのがこの時期です。また、言語はパターンの集大成であるという文法中心の考え方も見直されました。

このような時期に学習者中心のオーセンティックなコンテクストにおける言語教育を奨励するために提唱されたのがコミュニカティブ・ランゲージ・ティーチング (Communicative Language Teaching, CLT)、またはコミュニカティブ・アプローチ (Communicative Approach) です(両者は名称が違うだけで同じものですので、ともに以下CLTとします)。Nunan (1999) によると、CLTには重要な5つのポイントがあります。

> (1) 目標言語での会話を通じてコミュニケーションを学習することが重要である。
> (2) 学習の場にオーセンティックなコンテクストの導入を奨励する。
> (3) 学習者に言語のみならず言語学習の過程にも着目する機会を提供するべきである。
> (4) 学習者個人の経験は、教室における言語学習の重要な要素である。
> (5) 教室内の学習と教室外の活動を結びつけることを奨励する。
>
> (Nunan, 1999, p.279, 筆者訳)

このような提唱がなされ、言語教育が変わろうとしていた時代に、さらに言語教育に新しい門戸を開いたのがOPIの理念です。CLTは、学習者主体のオーセンティックな言語使用を旨とした言語教育という土壌を作りましたが、そのような土壌で学習者を育てる指針というものが必要となりました。言い換えると、オーセンティックな言語使用の中で「言語が上達するということは何を意味し、何を語学教育の目標とするべきか」を明確にする必要があったということです。ここにおいて、1982年に作られたACTFLプロフィシェンシー・ガイドラインは、そのニーズに応え、オーセンティックな言語使用の中でのプロフィシェンシーを明示することにより、カリキュラム、教授法、アセスメントにおいて、重要な方向づけを与えました。

まず、カリキュラムにおいて、それまでは、1学期に教科書の何課進むかという非常に機械的な目標が主でした。これは、教科書を使う以上、目標の一つにせざるを得ない項目ではありますが、ガイドラインがプロフィシェンシーの概念を明確にするまでは、唯一の目標となっていたのが現状でした。しかし、ガイドラインを活用することにより、教科書の何課まで進むかという目標に加え、学習者が目標言語の国、文化圏において何ができるようになるかという目標を掲げることが可能になりました。例えば、2学期目の終わりまでに「中級-下」をめざす等です。つまり、中級-下の言語能力である「言語を使って日常生活に最低限必要な言語活動ができる」「文レベルが維持できる」等の具体的な能力に焦点が当てられるようになったということです。

次にカリキュラムにともない、そのカリキュラムのゴールを達成するための教授法、授業内容においてもガイドラインは重要な指針として利用されるようになりました。例えば、話す能力の中級-中をプログラムのゴールとして掲げた場合、中級の能力である「言語を使って創造ができる」「文レベルが維持できる」「簡単な質問ができる」等の能力は維持できている必要があります。これは、OPIにおけるフロア（下限）と同じです。さらにサブレベルの「中」が目標ですから、一つ上のレベルの上級の要素も学習者の発話の中に見いだせなければならないことになります。これを達成するために、日ごろの授業において、被験者の能力をいかに上級に近づけるかを念頭に置いた練習をさせ、指導を行うことが必要になります。上級の能力には、「段落レベルの発話」「身の回りの話題」だけではなく、「地域、社会の話題について話せる」「不測の事態に対応できる」等が含まれますので、これらの能力を全体的に身につけさせることが必要になります。このように、CLTが推奨される中、ACTFLプロフィシェンシー・ガイドラインはアセスメント、カリキュラム、教授法において具体的な目標を掲げる手引きとしての役割を担ったと言えるでしょう。

例えば、筆者が教鞭を取る米国フランクリン & マーシャル大学(Franklin & Marshall College)の日本語プログラムにおいてもカリキュラム、授業内容において、『ガイドライン2012年版』を、広く活用しています。当大学は2学期制(各学期は13週間)で、日本語1年は50分授業が週5回、日本語2年は週4回、3、4年は、それぞれ週3回行われています。このカリキュラムの中で教科書の何課まで進むかという予定以外に、どのレベルのプロフィシェンシーをめざすかということが目標に掲げられています。各学期に目標とする「話すプロフィシェンシーレベル」は次のとおりです。

「+」は、そのレベルの上のほうを意味します。中級-中がくり返されているのは、中級-中の幅が広いこと、また、日本語3年で授業数が週3回になることを反映しています。

表10　フランクリン & マーシャル大学における目標
(話すプロフィシェンシー)

	1学期	2学期
日本語1年	初級-上	初級-上+
日本語2年	中級-下	中級-下+
日本語3年	中級-中	中級-中
日本語4年	中級-中+	中級-上

これらの目標にしたがい、授業には、文法、語彙の学習以外に、学習者を話すプロフィシェンシーの目標のレベルに到達させるため、さ

まざまな練習が盛り込まれています。例えば、日本語1年の2学期では初級-上+、つまり中級の能力に近い能力が目標とされています。この目標に到達するため、中級の能力である「言語を使って創造できる」「文レベルが維持できる」「簡単な質問ができる」「簡単な会話が維持できる」に焦点が当てられ、授業案が作成されます。一例としては、「言語を使って創造」「会話の維持」の練習をさせるために、「トピック会話」という練習が行われています。これは、「旅行」「将来の夢」「夏休み」といった身の回りの話題(中級レベル)についての2人で行う会話です。この会話において重要なことは、1人の学生が責任をもって会話を始め、発展させるということです。いきなり「どこに旅行したいですか」では、会話になりません(初級レベル)ので、「Xさんは、旅行が好きですか」等の前置き的な会話から始めて、過去の旅行の経験、行きたい場所等に関して自然な形で「言語を使って創造する」練習をするという趣旨のタスクです。また、中級に到達している日本語2年以上のレベルでは、上級を考慮に入れ、上級の能力を培うための練習を多く取り入れた練習を行っています。

まだまだプロフィシェンシーを基盤にした市販の初級の教科書は少ないですが、米国においては、筆者の大学のように、既存の教科書を使い、プロフィシェンシーの要素を補った語学教育をしている教育機関が多くなりつつあります。

このような教育法をACTFLは「Prochievement」と呼んでいます。Prochievementとは、proficiencyと従来のachievement(アチーブメント:学習した新しい語彙や文法が産出できるようになること)が融合した語学教育です。語学教育において、文法の定着、語彙の定着等、「学習して覚えたもの」(achievement)は必要不可欠ですが、それ以上に、「どのようなオーセンティックな場面で学習した事柄が使えるか」「どのような人に理解され得るか」「テキストの型」等のプロフィシェンシーを考慮した教育がProchievementです。今後、コミュニカティブ・アプローチの原点である「話者」を重視した言語教育のため、プロフィシェンシーの概念がますます教育の場で利用されることが望まれます。

タスク1

Prochievementの授業では実際にどのような活動が可能であるか考えてみましょう。

4.4 プロフィシェンシー・アセスメント特別グループ (Proficiency Assessment Special Interest Group)

この章を通じて述べているように、多くの教育者、研究者がACTFL-OPIを多くの分野で利用していますが、OPIのテスターの資格を取り、研究、アセスメント等に生かそうとする人たちは年々増えています。例えば、ACTFL-OPIが受験可能な言語のOPIテスターの総数は、2011年には500人強であったのに対し、2013年には700人強になり、2016年には1,000人に達しました。この数は、33の言語のテスターの数ですが、この中で日本語のテスターの数は、総数の29%で第1位となっています(Amadei, 2016, p.13)。この数字から日本語教育者のOPIへの高い関心がうかがわれます。

2015年のACTFLの年次総会においても多くの言語のテスターがOPIに基づいた研究発表をしました。その一環として、日本語においても、プロフィシェンシー・アセスメント特別グループ(Proficiency Assessment Special Interest Group, Proficiency Assessment SIG)が研究発表パネルを組みました。パネルのタイトルはProficiency, Authenticity and Practicality in Japanese Instruction(日本語教育におけるプロフィシェンシー、オーセンティシティーと実用性)で、ペンシルバニア大学の高見智子氏、ダートマス大学(Dartmouth College)の石田まゆみ氏、フランクリン&マーシャル大学の大元久美氏と筆者がOPIの理論をもとにビジネス日本語、ポップカルチャーを使用した授業の実践報告、聴解プロフィシェンシー等に関しての発表をしました。

この特別グループ(Special Interest Group、SIG)に関しての情報を添えておきたいと思います。このグループはAmerican Association of Teachers of Japanese(全米日本語教育学会, AATJ)のSIGとして

2012年に発足しました。プロフィシェンシー、特にOPIに関して関心が集まる中結成されたSIGの目的は次のとおりです。

⑴ 諸処の教育機関におけるプロフィシェンシー・ガイドラインをもとにしたカリキュラム作成に関する討論の場を設ける。また、ガイドラインを応用し、中等教育と高等教育のつながりを考える場を提供する。
⑵ プロフィシェンシーを考慮した授業案、実践報告等を共有する場を設ける。
⑶ プロフィシェンシーに関する研究を奨励し、ACTFL、日本語教育学会等の学会でSIGとしてパネル発表をする。

このプロフィシェンシー・アセスメントSIGは、毎年11月のACTFLの学会と3月または4月に開催される全米日本語教師会セミナーにおいてパネル発表をしています。パネルは、会員の数が増えるにつれ、発表内容も多岐にわたるようになりました。今後もOPIワークショップを通じて会員が増えつづけることが予想され、ますます活発に多くの分野での研究発表がなされると思われます。

また、近年、中等教育に携わる日本語教育者から、OPIをもとにしたアセスメント、教材などに関する意見交換の場がほしいとの要請があり、現在、SIG内で分科会を作ることを検討しています。分科会の設立は、⑴の「中等教育と高等教育のつながり」を、より効果的に、かつスムーズに遂行する目的があります。OPIによって、今後、日本語教育者は横のつながりだけではなく、縦のつながりも強固になっていくでしょう。

このように、言語教育においてOPIは多岐にわたり活発に利用されており、各教育機関での活用に関しても学会等で盛んに情報交換されています。OPIテスターの数の増加から判断して、今後もOPIは教育現場、研究の場でますます広く、深く応用されていくことが予想されます。

❺ おわりに

以上、米国におけるACTFL-OPIの誕生と歴史、ACTFLプロフィシェンシー・ガイドラインをもとにしたさまざまなアセスメント、OPIの現在と将来の展望を概観しました。筆者はACTFL-OPI, ILR OPI、WPT、OPIc、AAPPLに関わってきましたが、それらを通じて感じることは、日本語学習の目的は過去20年間で非常に多岐にわたるようになったということです。以前にはビジネス、研究目的が多かったのですが、最近ではアニメ等ポップカルチャーの影響も顕著に見られますし、留学後、再び日本に行って仕事をするためという学習者も少なくありません。また、それにともない、学習者のプロフィシェンシーの幅も広くなってきたようです。このように多様化する学習者のニーズに応えるため、より多くの教育者がプロフィシェンシーの概念を教育、アセスメント等に応用していくことを願ってやみません。

タスク 2

日本の英語教育においてプロフィシェンシーの概念を取り入れてカリキュラム作りをするとしたら、どのようなカリキュラムが理想でしょうか。

タスク 3

今後、「プロフィシェンシー」の概念を用いたアセスメント、日本語教育はどのような場でなされ得るでしょうか。

参考文献

牧野成一・鎌田修・山内博之・齊藤眞理子・荻原稚佳子・伊藤とく美・池﨑美代子・中島和子 (2001). 『ACTFL-OPI入門—日本語学習者の「話す力」を客観的に測る』アルク.

ACTFL (1982). *ACTFL Proficiency Guidelines*. Yonkers, NY: ACTFL.

ACTFL (1986). *ACTFL Provisional Proficiency Guidelines*. [http://www.ACTFL.org/sites/default/files/pdfs/public/ACTFLProficiencyGuidelines1986.pdf] (2016年 2月 17日検索)

ACTFL (1999). *Standards for Foreign Language Learning: Preparing for the 21th Century*. [http://www.ACTFL.org/sites/default/files/pdfs/public/StandardsforFLLexecsumm_rev.pdf](2016年 2月 16日検索)

ACTFL (2012). *ACTFL Proficiency Guidelines 2012*. [http://www.ACTFL.org/publications/guidelines-and-manuals/ACTFL-proficiency-guidelines-2012] (2016年 2月 17日検索)

ACTFL (2016). *Assigning CEFR Ratings to ACTFL Assessments*. [http://aapl.ACTFL.org/sites/default/files/reports/Assigning_CEFR_Ratings_To_ACTFL_Assessments.pdf] (2016年 6月 14日検索)

Breiner-Sanders, K. E., Lowe, P. Jr., Miles, J. & Swender, E. (1999). *ACTFL proficiency guidelines—Speaking revised 1999. Foreign Language Annals, 33 (1)* , 13-18.

Breiner-Sanders, K. E., Swender, E., & Terry, R. M. (2001). *Preliminary Proficiency Guidelines—Writing Revised (2001)*. [http://www.ACTFL.org/sites/default/files/pdfs/public/writingguidelines.pdf] (2016年 2月 16日検索)

Brown, T. & Bown J. (Eds.)(2015). *To Advanced Proficiency and Beyond: Theory and Methods for Developing Superior Second Language Ability*. Washington, D.C.: Georgetown University Press.

Council of Europe (2001). *Common European Framework of Reference for Languages: Learning, Teaching, Assessment*. Cambridge: Cambridge University Press.

Bärenfäner, O. & Tschirner, E. (2012). *Assessing Evidence of Validity of Assigning CEFR Ratings to the ACTFL Oral Proficiency Interview (OPI) and Oral Proficiency Interview by Computer (OPIc)* . Prepared for Language Testing International, White Plains, NY.

Interagency Language Roundtable. Interagency Language Roundtable Language

Skill Level Descriptions – Speaking. [https://govtilr.org/Skills/ILRscale2.htm](2019年 6月 11日検索)

Liskin-Gasparro, J. E. (1984). The ACTFL Proficiency Guidelines: Gateway to Testing and Curriculum. *Foreign Language Annals*, October, 1984.

Liskin-Gasparro, J. E. (2003). The ACTFL Proficiency Guidelines and the Oral Proficiency Interview: A Brief History and Analysis of Their Survival. *Foreign Language Annals, 36 (4)*, 483-490.

Language Testing International. Oral Proficiency Interview by Computer (OPIc). [http://www.languagetesting.com/oral-proficiency-interview-by-computer-OPIc] (2016年 2月 17日検索)

National Standards in Foreign Language Education Project. (1999). Standards for Foreign Language Learning in the 21st Century: 21世紀の外国語学習スタンダーズ「日本語学習スタンダーズ」[https://www.jpf.go.jp/j/urawa/world/kunibetsu/syllabus/pdf/sy_honyaku_9-2USA.pdf#search='ナショナルスタンダード+日本語'] (2016年 3月 29日検索)

North, B. (2007) . The CEFR Illustrative Descriptor Scales. *The Modern Language Journal, 91* (4) . 656-659

Nunan, D. (1991) . Communicative Tasks and the Language Curriculum. *TESOL Quarterly 25* (2) . 279–295.

Parry, T. (2014) . OPI Testing at the Defense Language Institute Foreign Language Center.[http://www.fbcinc.com/e/LEARN/e/Assessment/presentations/tuesday/OPI_Workshop_ (Parry) _-_LEARN_2014.pdf] (2016年 3月 16日検索)

Swender, E. (2012) . Introducing the ACTFL Proficiency Guidelines 2012: ILR plenary presentation January 6, 2012.[https://www.govtilr.org/Publications/ACTFL%20Guidelines%202012%20ILR%20Presentation%201.6.pdf] (2016年 3月 16日検索)

Thompson, G. L., Cox, T. L., & Knapp, N. (2016) . Comparing the OPI and the OPIc: The Effect of Test Method on Oral Proficiency Scores and Student Preference, *Foreign Language Annals, 49* (1) , 75-92.

おわりに

今、日本社会は、外国人の受け入れ、日本語教育の充実、そして多文化共生社会づくり等の課題に直面しています。2019年4月に「改正入管法」が施行され、外国人の受入れに関して変化が起こりました。大きな特徴として、これまで高度人材しか受け入れないという方針だった日本が、「特定技能」という在留資格を創設し、仕事のために来日する外国人を認める方向に舵を切りました（2019年9月現在では、14分野に限られています）。こうした大きな環境の変化から、「外国人に対する会話能力をどうやって測ればいいのか」といったことが教育界だけではなく、行政、企業などでもさまざまな議論が起こってきました。

日本語教育の世界でも、ここ数年大きな変化が起きています。ここでは、2つのことを挙げることにします。1つは、2018年3月に文化審議会国語分科会が出した「日本語教育人材の養成・研修の在り方について（報告）」です。そこには、日本語教育人材の資質･能力として「コミュニケーションを通じてコミュニケーションを学ぶという日本語教育の特性を理解していること」が明記されています。

また、6月には「日本語教育推進法」が成立し、日本語教育の推進によって、「多様な文化を尊重した活力ある共生社会の実現」をめざすことが目的として掲げられました。多文化共生社会において求められているのは、「人と人とをつなぐコミュニケーション力」であり、今後ますます「コミュニケーションのための日本語教育」は重要になってきます。こうした流れの中で、さまざまな場面において、コミュニケーション力、特に口頭能力を評価する場面が増え、OPIの果たす役割は重要になってくると言えます。

OPIは、学習者／日本語使用者の口頭能力を明確な基準のもと、評価することができる口頭能力インタビュー試験です。そして、本書のサブタイル『OPIによる会話能力の評価～テスティング、教育、研究に生かす～』が示すように、さまざまな形で教育現場において活かすことができるものです。また、OPIを軸として、多様な研究が可能になっできます。「マニュアル」にも記されているとおり、OPIは「妥当性と信頼性を有する口頭能力の評価」としてテスティングに、「応用・適用の可能性も多数」あり、教育分野にも研究分野にもさまざまな形で生かすことができます。

ここで、OPIの考え方を生かしつつ、「多くの人が、簡単に実施することができる会話試験」の開発について触れておきます。これまで述べてきた社会の変化に応える形で、2013年からJOPT（Japanese Oral Proficiency Test）科研がスタートしました。1対1の対面式ではあるものの、「質問固定型、視覚的プロンプトの使用、所要時間15分、領域別（A=アカデミック、B=ビジネス、C=コミュニティ、K＝介護）」などの特徴があります。詳しくは、サイト http://jopt.jp/ を見てください。（本書の著者である鎌田修、李在鎬、嶋田和子も関わっています）。これからも、OPIを活用し、OPIをベースにして、各教育現場で、また社会全体として新たな会話試験が生まれてくることを願っています。

日本語教育において大きな変化の波が起きている中で、本書を世に出せたことは、とても意義あることだと考えます。なお、本書の内容に関してACTFLより執筆許可をいただきました。ここに感謝の意を表します。

索引

数字

5C 215
21世紀の外国語学習スタンダーズ 032, 215, 221, 245

A

AAPPL 232, 233, 243
AATJ 241
ACTFL 002, 029, 134, 210, 211
ACTFL初等中等教育学習者のためのパフォーマンス・ガイドライン 215
ACTFL Oral Proficiency Interview Tester Training Manual 003, 028, 029, 045
ACTFL Performance Guidelines for L-12 Learners 215
ACTFL Proficiency Guidelines 033, 034
ACTFL Provisional Proficiency Guidelines 003, 211
ACTFLプロフィシェンシー・ガイドライン 029, 033, 034, 042, 060, 212, 218, 221, 222, 224, 225, 236
Advanced 004, 039, 040, 042, 043, 060, 153, 190, 211, 219, 244
American Association of Teachers of Japanese 222, 241
American Council on the Teaching of Foreign Languages → ACTFL

C

Can-do statements 031, 042, 099, 109, 113-115, 137
CEFR 025, 222, 223, 244, 245
Common European Framework of Reference for Languages: Learning, teaching assessment → CEFR

D

Defense Language Institute → DLI
Distinguished 218
DLI 217

E

Educational Testing Service → ETS
ETS 028, 029, 058, 211
ETS Oral Proficiency Testing Manual 028, 058

F

Foreign Services Institute of the U. S. Department of State → FSI
FSI 002, 210

G

Global Task 010, 043, 045, 113

H

HAJACテスト 099, 104, 107, 108

I

ILR → 省庁間言語円卓会議
Interagency Language Roundtable → 省庁間言語円卓会議
Intermediate 004, 039, 040, 043, 052, 060, 153, 190, 211, 219

K

K-16 215
KYコーパス 153, 154, 156, 182, 184,

186-191, 195, 197, 203-208

L
Language Testing International → LTI
Listening Proficiency Test → LPT
LPT 221, 225, 229, 232
LTI 213, 214, 216, 217, 230

M
MOPI 214

N
Novice 004, 040, 043, 060, 153, 190, 211, 219

O
OPIc 015, 214, 217, 225, 230-232, 234, 236, 243, 244, 245
OPI テスター養成マニュアル 003, 089
Oral Proficiency Interview 002, 003, 029, 057, 058, 210, 212, 217, 244, 245
Oral Proficiency Interview by Computer → OPIc

P
probe → 突き上げ
Prochievement 240, 241
proficiency 004
proficiency-oriented instruction 031, 032

R
Reading Proficiency Test → RPT
RPT 221, 225, 229

S
Superior 004, 039, 040, 043, 060, 153, 190, 211, 219, 244

T
The ACTFL Assessment of Performance toward Proficiency in Languages → AAPPL

Y
Yes/No Question 017

あ
アセスメント 021, 084
アチーブメント・テスト 004, 006, 033
アドバイザリーOPI 090, 118
アメリカ合衆国国務省外交局 → FSI

い
言い差し文 127, 144
一貫して遂行 046, 047, 048
イントネーション疑問文 017, 018
インフォーマル 011, 052, 053, 056, 066, 078, 126, 127

う
ウォームアップ 013, 035, 037, 061, 062

お
オーセンティック 110

か
下位区分 004, 040, 045-048
階層性 044, 047, 048
開放型の質問 072-075
下位レベル 004, 008, 011, 012, 045, 047, 049, 060, 097
下限 013, 016, 019, 023-025, 035-037, 039, 049, 060, 061, 063-065, 069-073, 078, 165
仮説質問 018

語り 011, 012, 075, 096, 146
カリキュラム・デザイン 088, 089, 109
仮測定 038

き
機能的な言語能力 030
逆ピラミッド 007, 008, 091

く
くり返し 144

け
敬語 010, 014, 015, 065, 098, 179, 180
形成的評価 098
敬体 010, 015
結束性 045, 054, 174
言語活動のプール仮説 051
言語的挫折 012, 013, 060, 063, 064, 066, 069, 070, 075, 077, 082, 084, 133, 166

こ
口語(的)段落 057, 066, 075, 076, 114, 116, 117, 126
行動目標 113-115, 137
コミュニカティブ・アプローチ 009
語用論的能力 010, 019, 091
コンテクスト 031

さ
サブレベル 060, 063-065, 069-072, 074, 124, 188, 190
暫定版プロフィシェンシー・ガイドライン 003, 211

し
シーリング 013, 035, 060, 071, 166
自己教育力 141, 142, 147
事実や情報を求める疑問文 017, 018
質問の型 016, 017, 134
自動化 157, 160, 161, 164
社会言語学的能力 010, 019, 091
終結部 013-015, 021, 023, 061, 066, 067, 101, 105, 106, 134, 166
終助詞 118, 135, 142, 154, 171, 172, 183
熟達度 004, 005, 007, 010, 024, 025, 032
主要境界 007, 012, 047, 048
主要レベル 008, 011, 043-049, 060-065, 069-071, 124
上限 013, 016, 019, 025, 035-037, 039, 049, 060, 061, 063, 069-072, 166
常体 010, 014, 015
省庁間言語円卓会議 002, 040, 210
叙述 056, 060, 064, 068, 070, 076, 081, 082
シングルスケール 101, 102
真正性 112, 115, 117
信頼性 048, 049

す
ストラテジー 010, 137, 141, 163, 165
スパイラル 038, 100-102, 106, 111-114, 117, 134, 137, 138

せ
セカンド・レーター 142
接触場面 137, 138, 140
選択疑問文 017, 018
全米日本語教育学会 → AATJ

そ
総合的タスク 010, 011, 043, 045, 050, 052
即時的かつリハーサルをした上のものではない場面 034

た
待遇表現能力 014
対話力 134-136, 147, 150
タスク先行 023, 114, 115
縦軸志向 032
妥当性 048, 049, 155, 160, 161
単語的人間 011
段落的人間 011

ち
沈黙の容認 128

つ
突き上げ 012-014, 016, 018, 023, 025, 036-038, 061, 063-066, 069-072, 075, 078, 100, 134, 156, 166

て
ティーチャートーク 020
丁寧体 014
テキストタイプ 010, 011, 044, 048, 050, 052-054, 062, 066, 068, 069, 091, 114, 116, 123, 126, 127

と
倒置 144
トリプルパンチ 019, 064, 065, 078-080, 083

な
ナショナル・スタンダーズ 215, 221, 222, 224, 234
ナレーション 008, 043, 060, 063, 066, 068, 070, 075, 076, 078, 126

に
日本語OPI研究会 153

は
パターン化 053, 054, 069, 071, 093, 111
発話単位 153
発話データ 028, 040, 046, 048-050, 120, 152, 158, 163, 168
浜松版日本語コミュニケーション能力テスト → HAJACテスト
ばらばらの文 066, 068, 114, 116
判定可能なサンプル 016
判定基準 008, 011, 062, 066, 116, 125, 126, 185
判定尺度 007, 008, 028, 040, 043, 045, 048, 055, 091
判定不可 049, 071, 072
反論 019, 079, 083

ひ
非言語的な指標 069
否定的証拠 046
非日常的な言語活動 054
描写 008, 043, 056, 063, 066, 069, 070, 075, 078, 126, 133

ふ
フィードバック 088, 091, 092, 094, 096-098, 100-102, 106, 124, 142, 182
フィラー 127, 131, 135, 142, 154, 166
付加疑問文 017, 018
複段落 009, 011, 057, 066, 114, 116, 117, 126, 157
複段落的人間 011
不測の事態 065, 066, 075, 078, 126
普通体 014
プレリュード 080

フロア 013, 035, 060, 071, 074, 075, 165

プロフィシェンシー志向の教育 022, 031
プロフィシェンシー・テスト 006
文化能力 024, 025
文的人間 011
文脈化 114, 116

へ

米国外国語教育協会 → ACTFL
閉鎖型の質問 072

ほ

ポライトネス 031

ま

前置き型疑問文 017, 018

め

メタ知識 031

ゆ

有意味な質問 128

ら

らせん状 016, 018, 100, 113, 114

り

理解難易度 062, 066, 068, 069, 091, 113, 123, 126, 127
流暢さ 010, 012, 019, 069, 091

れ

レベルチェック 013, 014, 016, 023, 036, 037, 061-066, 069-072, 075, 078, 100, 134, 165, 166

ろ

ロールカード 014
ロールプレイ 013-015, 023, 037-039, 061, 065, 075, 078, 098, 100-102, 105, 106, 110, 114, 134, 166, 172

わ

ワークショップ 002, 003, 020, 036, 057, 089, 122, 135, 141, 212-214, 217, 225, 242

著者プロフィール

鎌田 修（かまだ おさむ）

南山大学客員研究員。1977年から1992年までアメリカ滞在、その間、アムハースト・カレッジ（講師）、アイオワ大学（助教授）を経て、帰国、2002年まで京都外国語大学（教授）、その後、南山大学（教授）に異動、2017年に定年退職。ミドルベリー大学夏季日本語学校（1981-1987, 非常勤）にてOPIに接し、とりこになる。1988年OPIテスター、1991年よりOPIトレーナー。

主な著書・論文：『日本語の引用』(2000, ひつじ書房,単著)、『日本語教授法ワークショップ』(1996, 2005改訂, 凡人社, 共著)、『生きた素材による中級から上級への日本語』(1998, 2012改訂, ジャパンタイムズ,共著)、『プロフィシェンシーを育てる』(2008, 凡人社,共著)、『対話とプロフィシェンシー』(2012, 凡人社, 共著)、『談話とプロフィシェンシー』(2015, 凡人社, 共著)。

関心のあること：ことば、人間、社会のつながりとプロフィシェンシー

嶋田 和子（しまだ かずこ）

アクラス日本語教育研究所　代表理事。いくつかの日本語学校勤務を経て、イーストウエスト日本語学校に勤務。教務主任、副校長を務めた後、2012年に退職し、研究所を設立。その後早稲田大学大学院、清泉女子大学等の非常勤講師を務める。1998年OPIテスター資格取得、2005年よりOPIトレーナー。

主な著書・論文：『目指せ、日本語教師力アップ―OPIでいきいき授業』(2008, ひつじ書房, 単著)、『プロフィシェンシーを育てる―真の日本語能力をめざして―』(2008, 凡人社, 共著)、『ワイワイガヤガヤ　教師の目、留学生の声』(2009, 教育評論社, 単著)、『できる日本語 初級』(2011, アルク)、「日本語学校における教師研修の課題と可能性―学び合う教師集団とネットワーキング」『日本語教育』172号 (2019, 日本語教育学会)。

関心のあること：介護の日本語教育

三浦 謙一（みうら けんいち）

米国ミドルベリー大学、ノースウェスタン大学、ハーバード大学、テンプル大学勤務を経て、現在、フランクリン&マーシャル大学教育特任教授。ミドルベリー大学夏期講習においても2013年まで21年教鞭を執る。1994年OPIテスター資格取得、1999年よりトレーナー。WPT、OPIc、AAPPLレーター。米国政府OPIにも関わる。

主な著者・業績:「A Room with a View:『つながり』による日本語教育とプロフィシェンシー（基調講演）」(2018, SEATJ: 米国南東部日本語教育学会予稿集)、「アメリカの日本語教育の今とこれから」(2017, 第11回OPI国際シンポジウム予稿集)、「ACTFLProficiency Guidelines 2012 解説（オンライン）」(2016, ACTFL)：日本語スピーキング、リスニング担当。

最近興味をもっていること：学習者の多様性に対応した日本語教育

牧野 成一（まきの せいいち）

1968年に米国イリノイ大学で言語学の博士号を取得。イリノイ大学及びプリンストン大学名誉教授。1991年代から2019年まで日本、フランス、韓国でOPI ワークショップのトレーナー。

主な著書:『ことばと空間』(1978, 東海大学出版会, 単著)、『くりかえしの文法』(1980, 大修館書店, 単著)、『日英共通メタファー辞典』*/A Bilingual Dictionary of English andJapanese Metaphors* (2017, くろしお出版, 共著)、*A Dictionary of Advanced Japanese Grammar* (2008, ジャパンタイムズ出版, *共著*)、『日本語を翻訳するということ—失われるもの、残るもの』(2018, 中公新書,単著)。その他論文多数。

現在の研究／執筆予定のテーマ：「ウチ」と「ソト」の空間概念を使ってどこまで日本語と日本文化を共通に説明できるか。

奥野 由紀子（おくの ゆきこ）

広島大学大学院修了。博士（教育学）。京都外国語大学非常勤講師、横浜国立大学講師、准教授を経て、現在首都大学東京・准教授。2001年にACTFL OPIテスター資格取得。OPIを用いた研究、教育を継続中。

主な著書：『日本語教師のためのCLIL入門』(2018, 凡人社, 共著)、『超基礎日本語教育』(2019, くろしお出版,共著)、『コーパスで学ぶ日本語学日本語教育への応用』(2018, 朝倉書店, 共著)、『中級から上級への日本語なりきりリスニング』(2016, ジャパンタイムズ出版,共著)、『日本語教育のための書きことばコーパス』(2014, ひつじ書房,共著)、『生きた素材で学ぶ 新・中級から上級への日本語ワークブック』(2013,ジャパンタイムズ,共著)、『第二言語習得過程における言語転移の研究』(2005, 風間書房,単著)、『日本語教育のためのコミュニケーション研究』(2012,くろしお出版,共著）等。

現在の主な関心：「内容＋言語」の教育、言語習得と思考の深まり、子どもの日本語教育支援

李 在鎬（り じぇほ）

筑波大学人文社会系准教授を経て，現在，早稲田大学大学院日本語教育研究科・教授。タグ付きKYコーパスの開発およびテスト開発の科研研究に参加中。

主要業績：『日本語学習者コーパスI-JAS入門ー研究・教育にどう使うか』(2020, くろしお出版, 共著)，『ICT×日本語教育：情報通信技術を利用した日本語教育の理論と実践』(2019, ひつじ書房, 編著),『文章を科学する』(2017, ひつじ書房, 編著)他。

現在，関心もっている分野：1）自動処理技術の言語教育への応用，2）コンピュータ基盤の日本語教育のための理論構築，3）50年後の日本社会を見据えた日本語教育。

OPIによる会話能力の評価

―テスティング、教育、研究に生かす―

2020年 2月 20日　初版第 1 刷発行

編 著 者　鎌田修，嶋田和子，三浦謙一

著　　者　牧野成一，奥野由紀子，李在鎬

発　　行　株式会社凡人社

〒 102-0093　東京都千代田区平河町 1-3-13

TEL：03-3263-3959

カバーデザイン　株式会社クオリアデザイン事務所

ISBN 978-4-89358-970-5